권력은 총구에서 나왔다

박정희 vs 마오쩌둥

권력은
총구에서
나왔다

박정희 vs 마오쩌둥

한국·중국 독재 정치의 역사

박형기 지음

알렙

반신반인이라는 말을 한국에서 처음 듣고……

2013년 11월 14일, 박정희 전 대통령(이하 존칭 생략)의 생일. 박정희의 고향 경상북도 구미시에서 기념행사가 열렸다. 남유진 구미 시장은 이 자리에서 "박정희 전 대통령은 반신반인(半神半人)으로, 하늘이 내렸다란 말밖에는 할 말이 없다"고 했다.

물론 고향 사람들에게 박정희는 반신반인일 것이다. 심지어 전두환도 고향에서는 영웅일 것이다. 그리고 요즘 한국에서는 웬만하면 신이라고 불리는 등 '신'이란 단어가 인플레이션을 겪고 있으니 좀 과장된 표현이라 칠 수도 있다.

그렇다 해도 박정희가 반신반인이라고 불릴 자격이 있을까? 산업화 세력에게는 그렇겠지만 민주화 세력에게 박정희는 오히려 그 반대에 가까울 것이다.

그동안 박정희에 대한 평가는 주로 국내의 시각으로 진행됐다. 이제 국제적으로 시야를 좀 넓혀보자. 멀리 갈 것도 없이, 이웃 나라의 지도자들과 비교해 보면 박정희가 과연 반신반인의 자격이 있는지를 금방 알 수 있다. 일본은 제외하자. 일본의 위인들은 동양 평화의 공적이라는 원죄에서 벗어날 수 없기 때문이다. 그렇다면 남는 것은 중국이다. 마침 중국에는 반신반인 이라고 불리는 지도자가 있다. 바로 마오쩌둥(毛澤東, 모택동)이다.

중국인들이 가장 좋아하는 지도자는 그들을 굶주림에서 벗어나게 해준 덩샤오핑(鄧小平, 등소평)이 아니라 마오쩌둥이다. 마오는 중국 혁명 과정에 서는 눈부신 활약을 했다. 그러나 집권 후에는 수천만 명을 아사(餓死)시키 는 등 실정을 거듭했다. 그래도 중국인들은 덩보다 마오를 훨씬 더 좋아한 다. 택시 기사들이 마오의 초상화를 부적처럼 택시에 붙여놓고, 일반 백성 들이 집에 마오의 초상화를 걸어놓을 정도다. 명실상부하게 반신반인인 셈 이다.

필자가 중국 취재 여행을 다닐 때, 중국인들에게 "왜 당신들은 잘살게 해 준 덩샤오핑보다 수천만 명을 아사시킨 마오쩌둥을 더 좋아하느냐"고 물으면 약속이나 한 듯 "덩샤오핑은 우리에게 돈을 벌게 해주었다. '마오주시(毛主席, 그들은 반드시 이렇게 부른다)'는 우리의 체면을 살려주었다. 돈은 언제라도 벌 수 있지만 한번 깎인 체면은 영원히 회복할 수 없다"는 답을 듣곤 했다.

마오는 집권 후 대약진운동(1958~1960년 초)을 펼쳤다. 경제 논리를 무시 하고 노력 동원 등을 통해 경제를 발전시키려 했다. 이 과정에서 흉년이 겹 쳐 수천만 명이 아사했다. 마오는 대약진운동 실패로 당권을 위협받자 문화 혁명(1967~1976년)을 일으켰다. 문화혁명은 마오가 홍위병(紅衛兵)을 동원 해, 권력을 다시 쟁취한 사건이었다.

문화혁명 당시 혁명 영웅, 지식인 등이 하방(下放, 정신개조를 위해 농촌이 나 공장 등 노동 현장에 보내짐)을 당하는 등 헤아릴 수 없는 고초를 겪었다. 특히 당시 2인자이던 국가 주석 류샤오치(劉少奇, 류소기)는 홍위병들에게 맞 아 죽다시피 했다. '광란의 10년'이었다.

그런데도 마오는 반신반인이다. 중화 민족의 자존심을 살려주었기 때문 이다.

마오는 3개 제국주의와 맞섰다. 미국, 소련, 그리고 일본 제국주의다. 마오는 중국공산당 창당 발기인 열세 명 중 한 명이었지만, 그가 공산당 당권을 잡는 데에는 15년이 걸렸다. 중국공산당 초기 당권은 소련 유학파들 손에 있었다. '28인의 볼셰비키'라고 불리던 소련파들은 혁명의 중심은 노동자이며, 도시 봉기를 일으켜야 한다고 고집했다. 그러나 마오는 국민의 90% 이상이 농민인 중국은 혁명의 중심이 농민이고, 농촌을 먼저 해방한 뒤 도시를 포위해야 한다고 주장했다. 따라서 도시 봉기에 반대하고 농촌 소비에트 건설에 주력했다. 지금 생각해 보면 너무도 당연한 논리지만, 소련파의 도그마를 깨는 것은 지난한 일이었다. 사실 대장정(1934~1936년)은 피난길이었다. 소련파의 무모한 도시 봉기가 모두 실패함에 따라 국민당의 손길이 덜 미치는 서북쪽으로 도망가는 길이었다. 마오는 대장정 도중, 준이(遵義, 준의)에서 개최된 공산당 확대 간부회의에서 소련파를 꺾고 당권을 잡았다. 마오가 중국공산당에서 소련 제국주의 세력을 몰아낸 것이다.

마오쩌둥은 만주를 점령한 일본을 국공합작(국민당과 공산당의 합작, 1924~1927년을 1차, 1937년을 2차 국공합작이라고 한다)을 통해 중국에서 몰아냈다. 공산당의 가능성을 일찍 간파한 국민당의 장제스(蔣介石, 장개석, 1887~1975)는 외부의 적인 일본보다 내부의 적인 홍군을 먼저 없애야 한다고 생각했다. 그는 "일본이 옴이라면 공산당은 암"이라고 말하곤 했다. 이에 따라 여러 차례 초공전(剿共戰, 공산당 섬멸전)을 벌였다. 그러나 초공전으로 인한 대장정은 오히려 마오에게 날개를 달아주었다. 마오는 대장정을 통해 당권을 장악했고, 유일 리더십 체제를 확보했다. 그는 국민당 군대의 손길이 덜 미치는 서북쪽으로 도망갔지만, 선전은 이렇게 했다. "만주를 점령한 일본에 맞서기 위해서"라고. '항일' 이슈를 선점한 것이다. 그런 마오에게 기회가 왔다. 동북 군벌인 장쉐량(張學良, 장학량, 1901~2001)이 장제스를 납치·감금하고 항일을 위한 국공합작을 요구한, 시안(西安, 서안)사건(1936년 12월 12일)이 발생한 것이다. 장제스는 장쉐량의 직속상관이었다. 그럼에도 장쉐량이 공산당 편을 든 것은 민심이 거기(국공합작)에 있었기 때문이었다. 마오는 대의명분을 이용, 일본 제국주의 세력을 중국 땅에서 몰아냈다.

그리고 마오쩌둥은 미국의 지원을 받던 국민당을 대만으로 쫓아냈다. 미국은 세계에서 면적이 가장 큰 소련이 공산화한 뒤 세계에서 인구가 가장 많은 중국마저 공산화한다면 세계의 절반이 공산화한다고 보았다. 그래서 국민당을 물심양면으로 도왔다. 미국은 장제스의 부인인 쑹메이링(宋美齡, 송미령, 1897~2003)에게 미국 의회에서 연설할 기회를 주는 것은 물론, 항공기 등 최신 무기를 국민당에 아낌없이 지원했다.

믿기지 않겠지만, 소련도 공산당이 아닌 국민당을 도왔다. 소련은 공산당이 중국을 해방하기 전까지 공산당이 아니라 국민당을 그들의 파트너로 삼고 있었다. 당시 소련이 동북아시아에서 가장 중요하게 여긴 것은 만주를 점령한 일본 제국주의 세력의 팽창을 막는 것이었다. 이를 위해 소련은 항일을 위한 민족통일전선을 중국과 결성하려 했고, 공산당이 아닌 국민당을 그 대상으로 삼았다. 공산당의 세력이 미약하다고 판단했기 때문이다. 따라서 소련은 공산당이 중국을 해방하기 전까지 장제스의 국민당 정부를 중국의 유일한 합법 정부로 인정했다. 소련은 이념이 아니라 국익을 최우선하고 있었던 것이다.

그러나 마오는 자본주의 최강국 미국과 사회주의 최강국 소련 모두의 지원을 받은 장제스를 작은 섬, 대만으로 쫓아냈다. 장제스는 질 수 없는 전쟁을 졌고, 마오는 이길 수 없는 전쟁을 이긴 것이다. 마오는 당시 가장 강력한 제국주의 세력이던 미국, 소련, 일본과 직간접적으로 싸웠고, 결국 승리했다. 중국 인민들이 마오에 열광하는 핵심은 바로 이것이다.

근현대 중국인들이 가장 열망한 것은 '자존심 회복'이었다. 아편전쟁 이후 중국은 종이호랑이로 전락했다. 천하의 중심 국가인 '중국(中國)'이 서구 열강의 반식민지가 됐다. 게다가 만만하게 보았던 일본에게마저 국토를 유린당했다. 중화 민족의 자존심이 떨어질 대로 떨어져 있었다. 그런 중국인의 자존심을 다시 일으켜 세운 지도자가 바로 마오다. 중국 인민들의 말대로 돈은 언제든지 벌 수 있다. 그러나 한번 잘못 쓰인 역사는 다시는 바로잡을 길이 없다. 마오는 비록 인민을 굶주리게 했지만 당시 가장 강력하던 제국주의 세력을 모두 몰아내고 중국의 역사를 바로 세웠다. 이 때문에 마오는 중국인들에게 반신반인의 대접을 받고 있는 것이다.

2014년 한국 일각에서는 박정희를 분명 반신반인으로 떠받들고 있다. 필자 역시 경제적 업적만 본다면 그럴 수 있겠다는 생각을 한다. 박정희와 가장 닮은 중국 지도자가 덩샤오핑이다. 둘 다 경제로 제2의 건국을 했기 때문이다. 덩샤오핑이 "가난이 사회주의는 아니"라며 개혁개방을 하지 않았다면 중국도 소련처럼 붕괴됐을 것이다. 그러나 덩샤오핑 덕분에 중국은 소련의 전철을 밟지 않았다. 오히려 중국은 미국과 어깨를 나란히 하는 'G(government)-2'가 됐다. 그러나 그는 천안문 학살을 지시한 독재자였다.

경제를 일으킨 독재자 박정희, 반신반인인가? 귀태인가?

박정희도 기아선상을 헤매던 조국을 근대화했다. 2013년 현재 중국의 국내총생산(GDP)은 9조 달러, 한국은 1조 2000억 달러다. 그러나 1인당 GDP는 한국이 2만 4000달러, 중국이 6500달러다. 중국은 나라가 크고 사람이 많기 때문에 전체 GDP는 크지만 1인당 GDP는 작다. 경제 수준의 바로미터는 전체 GDP가 아니라 1인당 GDP다. 경제 규모는 작지만 경제 수준은 우리가 앞서 있다는 의미다. 덩샤오핑의 개혁개방보다 박정희의 "잘살아 보세"가 더 빨랐기 때문이다. 단군 이래, 우리가 경제 발전 단계에서 중국을 앞선 적이 있었을까? 박정희의 공이 절대적이다. 그러나 박정희는 유신독재를 자행했다. 덩과 박, 둘 다 나라의 경제를 일으킨 지도자였지만 독재자였다.

　그러나 덩과 박은 결정적인 차이가 있다. 덩과 박은 동시대 사람이다. 덩은 1904년생이고, 박은 1917년생이다. 아시아 모든 민족의 '공공의 적'이던 일본이 만주를 점령한 뒤 태평양전쟁(1941년)을 일으켰을 때, 이들은 각각 30대와 20대였다. 마오는 이미 중년기(1893년생)였다. 중국의 마오와 덩은 일본 제국주의를 타도하는 데 선봉에 섰다. 그러나 박정희는 일본군(만주군) 장교로서 일본 제국주의의 선봉에 섰다.

　당시 만주는 한중일 동북아시아 3국의 영웅들이 총출동해 자웅을 겨루던 각축장이었다. 중국공산당의 마오쩌둥과 국민당의 장제스가 항일 명분 아래 합작해 일본에 맞서고 있었다. 덩샤오핑은 팔로군 129사단 정치위원으로 항일 전쟁에 직접 참전했다. 북한의 김일성(1912~1994)도 동북 항일 연군(조선과 중공의 항일 합작 부대)을 이끌고 있었다. 그리고 전후 자민당을 창당, 일본 정계를 주름잡던 기시 노부스케(岸信介, 1896~1987)도 만주국 최고위 관료로 만주를 지배하고 있었다. 그리고 일개 중위에 불과했지만, 박정희도 만주에 있었다.

　이들은 훗날 모두 한 나라의 통치자가 됐다. 이들은 그저 그런 통치자가 아니라 각국의 역사에 지울 수 없는 발자취를 남긴 통치자들이었다. 마오와 덩은 중화인민공화국 주석, 장제스는 대만 총통, 김일성은 북한 주석, 기시 노부스케는 일본 총리, 박정희는 대한민국 대통령이 됐다. 마오쩌둥, 덩샤오핑, 장제스, 김일성이 항일의 기치 아래 한 편에 섰고, 기시 노부스케와 박정희가 일본 제국주의 편에 섰다. 동북아시아 3국의 영웅 중 일본인이 아님에도 동양 평화의 공적, 일본의 편에 선 인물은 박정희가 유일했다.

　조국의 독립이 아니라 일제의 침략 전쟁에 앞장선 박정희에게 반신반인이라는 수사는 어울리지 않는다. 그렇다고 박정희가 강상중 · 현무암이 제기한 '귀태(鬼胎, 작가 시바 료타로의 조어로, 태어나서는 안 될 사람)'라는 주장도 수긍하기 힘들다. 사람이 제 의지로 태어나기도 안 태어나기도 힘들지 않은

가! 박정희는 긍정적인 면과 부정적인 면을 모두 갖고 있다. 조국 근대화의 기수라는 점은 긍정적인 측면이다. 그러나 친일을 했고, 쿠데타로 집권한 뒤 민주 세력을 탄압한 것은 부정적인 측면이다. 부정적인 측면이 존재할지라도 박정희가 없다면 한국의 현대사는 논하기 힘들 것이다. 박정희의 부정적인 측면은 오욕의 역사이지만 그래도 우리가 보듬고 가야 할 우리의 역사다.

그동안 산업화 세력은 박정희를 미화해 왔고, 산업화 세력으로부터 탄압을 받던 민주화 세력은 박정희의 경제개발 업적을 애써 무시해 왔다. 이에 따라 박정희에 대한 평가는 극단적으로 갈리고 있다. 진영 논리의 틀에 갇혀 박정희에 대한 객관적인 평가가 이뤄지지 않고 있는 것이다. 이에 따라 저자는 국제적 시각으로 박정희를 재평가해 보는 것이 박정희를 객관화할 수 있는 방법 중 하나일 것이란 생각을 했다. 중립적 서술을 하려 노력했고, 한국의 시각이 아닌 국제적 시각으로 사건의 본질에 접근하려 힘썼다. 판단은 독자의 몫이다.

독자의 이해를 돕기 위해 마오쩌둥, 덩샤오핑, 박정희 개인의 일생을 각 장으로 독립해서 서술한 것이 아니고, 각각의 집권 과정, 집권 후 독재화 과정 등 테마별로 나누어 기술했다. 일반적인 역사 서술 방식과 좀 다를 수 있으나 위의 3인을 비교하는 데 더욱 효과적이라고 판단했기 때문이다. 그리고 본문 중간중간에 이들의 리더십에 돋보기를 들이댄 박스 글 열두 개를 삽입했다. 동북아 영웅 3인의 열두 색깔 리더십을 비교, 음미할 수 있을 것이다.

앞으로 박정희, 마오쩌둥, 덩샤오핑을 적나라하게 해부할 것이다. 특히 과연 박정희가 반신반인의 자격이 있는지를 천착할 것이다. 이제 동북아시아 영웅 3인의 인생 역정을 탐험해 보는 시간 여행을 떠나보자.

2014년 가을
박형기

차례

3부 **"잘살아 보세" vs 개혁개방:**
베이징 컨센서스, 서울 컨센서스

4부 독재 권력은 어떻게 합리화되었는가?
마오쩌둥, 덩샤오핑, 박정희의 권력 재구축 과정

1

제1부 독재자와 권력자

한국 · 중국 독재 권력의 세 얼굴

1장
'자주'의 마오쩌둥 vs '보편'의 덩샤오핑

번신물망모택동(飜身勿忘毛澤東)
치부물망등소평(致富勿忘鄧小平)

번신은 몸을 뒤집는다는 말로 신분이 바뀐 것을 뜻한다. 치부는 돈을 버는 것이다. 신분이 바뀐 것은 마오쩌둥 덕이니 마오쩌둥을 잊어서는 안 되고, 잘살게 된 것은 덩샤오핑 덕이니 덩샤오핑을 잊어서는 안 된다는 말이다. 즉 마오쩌둥이 인민을 신분의 굴레에서 벗어나게 했고(정치적 해방), 덩샤오핑이 인민을 먹고살게 했다(경제적 해방)는 말이다. 오늘의 중국을 있게 한 두 영웅의 업적을 한마디로 압축한 말이다.

마오쩌둥은 구질서를 깨뜨리고 신중국을 열었다. 덩샤오핑은 그 바탕 위에 중국 경제를 일으켜 세웠다. 그래서 중국 역사가들은 마오를 '파(破)의 지도자', 덩을 '입(立)의 지도자'라고 부른다. 깨뜨린 후에야 세울 수 있다. '파'와 '입'은 마오와 덩의 관계를 그 어떤 단어보다 잘 설명해 준다.

자주의 지도자 vs 보편의 지도자

중국인들은 마오와 덩을 파와 입의 지도자라고 부르지만 저자는 '자주'와 '보편'의 지도자라고 정의하고 싶다. 마오가 '자주'를 상징한다면 덩은 세계의 보편 질서를 따른 '보편'을 상징하는 지도자라고 할 수 있다.

마오가 없었다면 신중국은 없었을 것이다. 덩이 없었다면 발전된 중국은 없었을 것이다. 마오가 아니라 미국을 등에 업은 장제스가 중국을 통일했더라면 중국은 제2의 일본이 됐을 것이다. 지금보다 더 잘살 수 있었겠지만 자주를 잃었을 것이다. 미국의 핵우산 아래로 들어간 일본이 미국을 넘어서지 못하는 것처럼 중국도 영원히 미국을 따라잡지 못할 것이다. 그러나 마오는 미국을 비롯한 제국주의 세력을 모두 몰아내고 중국의 자주를 확보했다. 여기에서 그쳤다면 마오도 레닌이나 스탈린, 김일성 등 철 지난 사회주의의 지도자 중 하나에 불과했을 것이다.

그러나 마오는 운 좋게도 덩샤오핑이라는 걸출한 후배를 만났다. 그 덕분에 지금도 천안문 광장에 그의 초상화가 걸려 있다. 만약 덩의 개혁개방이 없었더라면 중국도 소련의 전철을 밟았을 것이다. 덩 때문에 중국은 사회주의 국가 중에서 거의 유일하게 번영을 누리고 있다.

중국과 소련이 결정적으로 다른 점은 중국은 일찍 세계 경제체제, 즉 세계무역기구(WTO)에 들어간 것이다. 중국은 2001년 WTO에 가입했다. 세계의 보편적 경제 질서에 편입한 것이다. 이에 비해 소련은 WTO에 가입하지 못했고, 연방 붕괴 이후인 2011년에야 러시아가 WTO에 가입했다. 중국은 정치는 세계 유일 초강대국 미국의 영향에서 벗어나 자주를 확보하고, 경제는 WTO에 들어가 세계의 보편 질서를 따랐다. 중국은 덩과 마오 덕분에 '자주'와 '보편' 둘 다를 확보한 것이다.

그러나 둘의 개인적 관계는 애매했다. 일단 그들은 혁명 전우였다. 마오가 선배였고, 덩은 후배였다. 그리고 마오는 덩의 재능을 아꼈다. 덩도 마오

마오쩌둥(왼쪽)과 덩샤오핑(오른쪽)은 혁명 전우이자 정치적 라이벌, 때로는 동지였고 때로는 적이었다.

의 노선을 따랐다. 그러나 문화혁명 이후 이들은 정치적 라이벌이 됐다. 덩은 문화혁명 때 마오가 타도를 외치던 '주자파(走資派, 자본주의 노선을 걷는 당권파)'의 2인자였다. 실제 덩은 하방을 당하며 절치부심의 세월을 보내야 했다. 그리고 마오는 끝까지 덩에게 대권을 물려주지 않았다. 덩은 자력으로 대권을 쟁취했다. 이들은 때로는 동지였고, 때로는 적이었다.

그러나 각자의 노선을 밟은 결과, 중국에 자주와 보편을 선물했다. 이로 인해 중국은 초강대국 미국을 위협하는 유일한 나라가 됐다. 결과적으로는 이들은 '환상의 콤비'였던 것이다.

한마디로 마오가 신중국의 아버지라면 덩은 신중국의 어머니였다. 마오는 중국에 침입한 모든 도둑(외세)들을 몰아내고 중국이라는 집안을 지켰다. 덩은 그 바탕 위에 알뜰살뜰 살림을 꾸려 중국이라는 집안을 먹고살게 했다. 현대 중국인들은 부모를 잘 만난 행운아들인 셈이다.

2장
박정희, 마오쩌둥, 덩샤오핑 권력의 유형

　박정희, 마오쩌둥, 덩샤오핑은 공통점이 많다. 이들은 모두 무력으로 정권을 잡았고 독재자였다. 박정희는 유신, 마오쩌둥은 문화혁명, 덩샤오핑은 천안문 학살을 지시했다.

　이들은 젊은 시절 대부분을 전장에서 보냈기 때문에 '권력은 총구에서 나온다'는 사실을 아주 잘 알았다. 마오는 대장정은 물론 항일 전쟁, 국공 내전을 지휘하는 등 젊은 시절을 모두 전쟁터에서 보냈다. 마오는 '20세기의 손무(『손자병법』의 저자)'라고 불릴 정도로 뛰어난 군사 전략가였다. 그의 신출귀몰한 게릴라전술은 제3세계 혁명의 전범이 됐다. 특히 한국전 당시 중공군의 게릴라전술은 미군을 경악게 했을 정도였다. 덩샤오핑도 항일 전쟁과 국공 내전 과정에서 탁월한 군사적 재능을 발휘한 유능한 지휘관이었다. 덩은 국민당과 공산당의 마지막 대결이던 화이하이(淮海, 회해) 대전에서 국민당 군대를 궤멸해 국공 내전을 공산당의 승리로 이끈 장본인이었다. 박정희도 만주에서 팔로군과 싸웠고, 한국전쟁에도 참전했다. 이들은 모두 군대에서 단련된 인물들이었고, 무력으로 정권을 쟁취했다.

그러나 이들은 결정적인 차이가 있다. 마오와 덩은 정당성이 있었다. 그러나 박정희는 정당성이 없었다. 박정희는 헌정 질서를 무너뜨렸다. 그러나 마오와 덩은 헌정 질서를 무너뜨리지 않았다. 정확히 말하면 무너뜨릴 헌정 질서가 없었다. 중국은 1911년 쑨원(孫文, 손문)이 신해혁명을 일으켜 청조를 타도하고 중화민국을 건국했다. 그러나 위안스카이(袁世凱, 원세개)의 반정으로 곧바로 공화정이 막을 내렸다. 따라서 중국 인민들은 유사 이래 지금까지 단 한 번도 제대로 된 보통선거를 경험해 본 적이 없다. 반정에 성공한 위안스카이는 스스로를 황제라 칭하고 나라 이름을 '중화제국'이라고 명명했다. 그는 81일간 황제 노릇을 했다. 그러나 역사의 시계를 거꾸로 돌릴 수는 없었다. 그를 반대하는 운동이 전국적으로 일어났다. 그의 직계 부대가 반란을 일으킬 정도였다. 이후 중국은 군벌, 국민당, 공산당의 결투장이 됐다. 그 결투의 최종 승자가 마오와 덩이었다. 이들은 국민의 절대다수인 농민을 무장시켜 권력을 쟁취함으로써 난세를 평정한 영웅이 됐다. 특히 농민군의 우두머리이던 마오쩌둥은 '농민의 영웅'이었을 뿐 아니라, 서구 열강에 의해 반식민지로 전락한 중국 땅에서 모든 제국주의 세력을 몰아내고 신중국을 건설한 '민족의 영웅'이었다.

이에 비해 한국은 해방 이후 1948년 대한민국 정부 수립과 함께 민주주의를 채택했다. 따라서 정치를 하고 싶다면 출마해 국민의 선택을 받는 것이 '규칙'이었다. 그러나 박정희는 이 같은 규칙을 무시하고 총칼로 정권을 잡았다. 국민은 군인에게 나라를 지키라고 총칼을 쥐어 줬다. 그러나 박정희는 정권을 잡기 위해 국민으로부터 위임받은 총칼을 사용했다. 박정희가 정치를 하고 싶었다면 군복을 벗고 출마해 국민의 심판을 받았어야 했다.

마오쩌둥은 민족의 영웅이었지만 집권 후 대약진운동, 문화혁명 등 실정을 거듭했다. 특히 그는 대약진운동으로 중국 경제를 붕괴 직전까지 몰고 갔다. 붕괴 직전의 중국 경제를 다시 일으켜 세운 지도자가 바로 덩샤오핑이다. 박정희도 기아선상을 헤매던 한국의 경제를 일으켜 세웠다. 박정희와 덩샤오핑은 경제로 제2의 건국을 한 공통점이 있는 것이다.

젊은 시절 외국을 많이 경험한 박정희와 덩샤오핑은 집권 후 세계의 보편 질서를 따라야 한다는 사실을 잘 알고 있었다. 박정희는 만주 군관학교에서 만주를, 일본 육군사관학교에서 일본을 경험한 뒤 해방 후 한국군 장교로 근무하던 중 미국에 유학해 미국을 직접 경험한, 당시로서는 보기 드문 코즈모폴리턴(국제인)이었다. 덩샤오핑 또한 젊은 시절 대부분을 프랑스와 소련에서 보냈다. 덩샤오핑은 중국공산당 내에서 중화인민공화국 초대 총리와 외무부장(장관)을 겸임한 저우언라이(周恩來, 주은래)에 이어 최고의 국제통이었다.

실제 이들은 집권과 함께 조국을 세계의 보편 질서에 편입시켰다. 박정희는 국민의 엄청난 반대에도 한일 국교 정상화를 추진함으로써 한미일 삼각동맹에 가입했다. 한미일 삼각동맹은 전후 동북아시아의 보편 질서였다. 박정희는 한미일 삼각동맹에 가입함으로써 안보와 경제 발전이라는 두 마리 토끼를 잡을 수 있었다.

덩샤오핑도 집권 이후 대외에 문호를 개방했다. 덩샤오핑은 중국을 발전시키기 위해서는 선진국의 기술과 자본을 들여와야 하고, 안정적인 경제성장을 위해서는 미국 등 선진국과 좋은 관계를 유지해야 한다는 사실을 잘 알고 있었다. 그는 집권 직후 잇따라 일본과 미국 방문에 나서 양국과 국교를 정상화했다. 중국은 과거에 일본과는 중일전쟁을, 미국과는 한반도에서 전쟁을 벌였다. 사실 한국전쟁은 한반도를 무대로 해 미국과 중국이 벌인 전쟁이었다고 해도 과언이 아니다. 특히 한국전쟁 후반은 미국과 중국이 전면전을 치른 국제전의 성격이 강했다. 중국에 있어 일본과 미국은 한때 전면전을 불사하던 불구대천의 원수였다. 그러나 중국은 나라 경제를 발전시키기 위해 이들의 자본과 기술이 필요했다. 그리고 안정적인 경제성장을 위해서는 무엇보다 평화가 긴요했다.

박정희와 덩샤오핑이 조국을 세계적 보편 질서에 편입시킨 덕분에 한국과 중국은 빠르게 경제를 성장시킬 수 있었다. 이들 때문에 중국은 미국과 유일하게 어깨를 나란히 하는 경제 대국으로 성장했고, 대한민국은 세계 15위권의 경제 대국이 됐다. 경제적 관점으로만 볼 때, 박정희와 덩샤오핑 모두 반신반인의 자격이 충분하다.

그러나 박정희와 덩샤오핑에게는 결정적인 차이가 있다. 덩샤오핑이 중국 땅에서 일제를 몰아내기 위해 청춘을 바쳤을 때, 박정희는 일제를 위해 젊음을 바쳤다. 이뿐 아니라 덩샤오핑은 박정희보다 훨씬 세련된 통치술을 구사했다.

마오쩌둥과 덩샤오핑, 박정희의 집권 후 리더십을 보면 마오쩌둥과 박정희는 비슷한 점이 많다. 그러나 덩샤오핑은 사뭇 다르다. 박정희와 마오쩌둥 리더십의 핵심은 폭력이었다. 정치 지도자들이 리더십이 바닥났을 때 동원하는 것이 폭력이다. 박정희와 마오쩌둥은 반대 세력을 억누르기 위해 무자비한 폭력을 행사했다. 특히 이들은 문화혁명과 유신이라는 '체제'를 동원했다. 마오는 대약진운동 실패로 권력을 위협받자 문화혁명을 일으켜 권력을 탈환했다. 박정희는 더 이상 법률에 의한 정상적 통치가 불가능해지자 유신을 선포했다. 유신과 문화혁명 기간 수많은 사람이 박정희와 마오쩌둥에 의해 희생됐다. 이들은 야만적인 방법으로 정적을 제거하거나 억눌렀다. 마오의 제물은 류샤오치, 펑더화이(彭德懷, 팽덕회) 등이었고, 박정희의 제물은 김대중, 장준하 등이었다.

마오쩌둥, 덩샤오핑, 박정희, 이 세 독재자 중 그나마 정당한 리더십을 행사한 인물은 덩샤오핑이다. 덩샤오핑도 집권 후 폭력을 쓴 적이 있다. 덩은 천안문 사건을 진압하기 위해 군대를 동원했다. 그러나 이는 일시적 폭력이지 구조적 폭력은 아니었다. 이에 비해 문화혁명과 유신은 일시적 폭력이 아닌 구조적 폭력이었다.

덩샤오핑은 천안문 사건 이후 이에 대한 책임을 지고 모든 공직에서 물러났지만 그래도 중국을 통치했다. 권력이 아닌 권위를 빌렸기 때문에 가능한

일이었다. 박정희의 유신과 마오쩌둥의 문화혁명은 그들이 죽자마자 부정
됐다. 이들이 권위가 아닌 권력으로 통치했기 때문이다. 권력이 아닌 권위로
통치한 덩샤오핑의 개혁개방은 지금도 계속되고 있다. 덩샤오핑은 마오쩌
둥, 박정희보다 한 차원 높은 리더십을 구사한 것이다.

그럼에도 덩샤오핑은 중국에서 반신반인의 대접을 받지 못하고 있다. 중
국에서 반신반인의 대접을 받고 있는 현대 인물은 마오쩌둥이 유일하다. 덩
샤오핑은 개혁개방이라는 탁월한 업적, 마오와 함께 중국공산당을 이끌고
항일 전쟁에도 직접 참전한 정당성, 그리고 마오와 박정희보다 한 수 위의
리더십을 갖추었음에도 반신반인의 경지에 오르지 못했다. 한 나라의 지도

자를 평가할 때 가장 중요한 기준이 정당성 또는 정통성이기 때문일 것이다.

이는 한국도 마찬가지다. 한국 현대사에서 가장 존경받는 인물은 단연 김구 선생이다. 김구 선생은 각종 여론조사에서 한국 현대 인물 중 가장 존경받는 인물 1위를 도맡아 한다. 김구 선생은 업적이 거의 없다고 해도 과언이 아니다. 그는 독립운동을 했다. 그러나 독립은 김구의 광복군이 아니라 미국에 의해 이뤄졌다. 미국이 일본에 원자폭탄을 투하하자 일본은 항복했고, 이에 따라 한국은 독립했다. 김구 선생은 또 정권 쟁취에도 실패했다. 그만의 업적을 쌓을 기회조차 잡아보지 못한 것이다. 그럼에도 김구 선생은 대한민국 현대사에서 가장 존경받는 인물이다. 그가 대한민국의 정통성을 오롯이 간직하고 있기 때문이다. 중국에서도 국민을 먹여 살린 덩샤오핑이 아니라 국민을 굶주리게 했지만 중국 현대사의 정통성을 한 몸에 구현한 마오쩌둥이 반신반인의 대접을 받는 것과 같은 맥락이다.

반신반인이라는 단어는 아무에게나 쓸 수 있는 것이 아니다. 업적도 업적이지만 무엇보다도 정당성을 완벽하게 갖추어야 한다. 박정희보다 정당성을 더 갖추고 한 차원 높은 리더십을 행사한 덩샤오핑도 반신반인의 반열에 오르지 못했다. 하물며 일제 타도의 선봉에 서기는커녕 일제 침략 전쟁의 첨병 노릇을 했고, 헌정 질서를 유린해 가며 집권한 박정희가 반신반인이라고 불릴 자격이 있을까?

2

권력은 총구에서 나왔다

박정희, 마오쩌둥, 덩샤오핑의 권력 쟁취 과정

1장
박정희와 군사 쿠데타

한류의 기초는 산업화

한국에서 중국으로 수출하는 상품 중 최고의 히트 상품은 무엇일까? 필자는 단연코 '한류'라고 생각한다. 삼성 휴대폰, 현대 자동차도 있지만 이것을 소비할 수 있는 중국인은 10% 내외다. 그러나 중국 인민 대다수는 한국 문화를 소비하고 있다.

필자는 얼마 전 동북 3성을 둘러볼 기회가 있었다. 중국의 최북단 헤이룽장(黑龍江, 흑룡강) 성의 어느 시골 마을에서 필자는 생각지도 못한 한류의 현장을 목격할 수 있었다. 이름 없는 시골 터미널 인근의 어느 다방이었다. 타임머신을 타고 20~30년 전으로 되돌아간 느낌이었다. 그런데 거기에서 흘러나오는 음악이 'K-pop(한국 가요)'이었다. 다방 여종업원에게 무슨 뜻인 줄 알고 듣느냐고 물었더니, 아는 것도 있지만 모르는 것이 더 많다고 했다. 가사의 뜻을 몰라도 멜로디가 좋아서 듣는다고 했다. 마치 우리가 1970년대 다방에서 뜻도 모르는 팝송을 들으며 커피를 홀짝거리던 모습과 흡사했다.

헤이룽장 성은 중국의 북쪽 끝 변방이다. 단군 이래 한국 문화가 중국 사회의 변두리까지 이토록 깊숙이 침투한 적이 있었을까? 덩샤오핑의 개혁개방보다 박정희의 '잘살아 보세'가 더 빨랐기 때문이다. 산업화로 인해 우리는 문화를 소비할 수준이 됐고, 그 문화가 발전함에 따라 이를 수출하게 된 것이다. 산업화가 한류의 기초를 다진 것이다.

그러나 산업화보다 더욱 중요한 것이 있다. 바로 민주화다. 중국인들이 한국 문화에 열광하는 이유는 딱 한 가지다. 재미있기 때문이다. 지금 중국인들은 공산당이 허락한 영화와 노래만 듣고 봐야 한다. 마치 우리가 1970년대 유신 시절 건전 가요, 건전 영화만 보고 들어야 했던 것과 같다. 건전 가요와 건전 영화는 재미가 없다. 소재가 제한돼 있기 때문이다. 그러나 한국은 민주화 이후 소재의 제한이 없어졌다. 대통령도 개그의 소재가 된다. 따라서 한국의 문화 콘텐츠는 재미있을 수밖에 없다.

돈(산업화)만 가지고는 좋은 문화 콘텐츠를 만들 수 없다. 중국이 그 사실을 증명하고 있다. 중국은 우리보다 경제 규모가 여덟 배가량 크다. 그리고 중국은 동양 문화의 발상지였다. 그러나 그들은 세계는 물론, 같은 문화권인 한국인을 감동시킬 만한 문화 콘텐츠를 만들어내지 못하고 있다. 돈은 충분하지만 자유가 없기 때문이다. 중국인들이 좋은 문화 콘텐츠를 생산할 능력이 없는 것은 아니다. 반환 전 홍콩은 아시아 영화 산업의 메카였다. '홍콩 누아르'라는 새로운 영화 장르를 개척할 정도였다. 한국인들도 한때 홍콩의 영화에 열광했다. 그러나 반환 이후 홍콩의 영화 산업은 퇴락했다. 자유정신이 없어졌기 때문이다. 그 공백을 한국 영화가 메우고 있다. 한국의 문화가 대륙의 변두리까지 깊숙이 스며든 것은 산업화와 민주화라는 양 날개가 있었기에 가능했다. 산업화가 인프라를 깔았다면, 민주화가 화룡점정을 했다고 할 수 있다.

필자는 80년대 학번, 이른바 486세대다. 1980년대 대학생들은 대부분 짱돌 한 번쯤은 던져보았을 것이다. 필자도 흉내만 조금 냈다. 당시 시위 문제로 아버지와 논쟁을 많이 벌였다. 필자는 아버지를 거의 논파할 수 있었다. 그러나 아버지의 딱 한 가지 주장에는 입을 다물 수밖에 없었다.

"민주화가 밥 먹여 주냐!"였다. 이 말만 나오면 필자는 할 말이 없었다. 그리고 30년이 지났다. 이제 필자는 아버지께 말할 수 있다.

"네, 민주화가 밥 먹여 줍니다."

국외에서는 한국의 산업화와 민주화가 시너지 효과를 내고 있다. 그러나 국내에서는 민주화 세력과 산업화 세력이 서로 소 닭 보듯 하고 있다. 사실 거의 원수지간이다. 그러나 민주화와 산업화는 서로 연결돼 있지, 따로 떨어져 있는 가치가 아니다. 산업화가 돼서 먹고살 만해지니 민주주의라는 가치에 눈을 떴고, 민주화로 인해 자유가 극대화되면서 한류 등 창의성이 필요한 산업도 발전하고 있는 것이다. 양 세력은 국가를 앞으로 나아가게 하는 두 바퀴다. 양 세력의 협력이 강화된다면 엄청난 시너지 효과를 낼 것이다. 민주화 세력과 산업화 세력의 화해, 더 나아가 양 진영을 아우르는 지도자의 출현을 고대하며 박정희의 삶 속으로 들어가 보자.

박정희만큼 한국 현대사에서 논란이 많은 지도자는 없을 것이다. 경제로 제2의 건국을 한 지도자, 주식회사 대한민국의 CEO, 독재자, 변신의 귀재, 친일파 등. 그에게 붙는 수식어는 극명하게 갈린다. 친일 경력, 독재 등으로 일부에서는 박정희의 경제적 업적마저 부정한다. '국민이 목숨 바쳐 경제를 일으켜 세웠지 박정희가 한 게 무엇이냐'는 것이다. 그러나 김대중 전 대통령이 노벨 평화상 수상 연설에서 "저는 한국에서 민주주의와 인권, 그리고 민족 통일을 위해 기꺼이 희생한 수많은 동지들과 국민들을 생각할 때 오늘의 영광은 제가 차지할 것이 아니라 그분들에게 바쳐져야 마땅하다고 생각합니다"라고 말한 것처럼 김대중 혼자 민주화를 이룬 것은 아니다. 그러나 김대중은 민주화의 대표 단수다. 마찬가지로 산업화에서는 누가 뭐래도 박정희가 대표 단수다. 박정희의 경제적 업적은 분명하다. 다만 아쉬운 점은 부당한 방법으로 집권했고, 친일파였다는 점이다. 만약 그가 독립군 출신이었고 집권 과정도 정당했더라면 중국의 마오쩌둥과 덩샤오핑을 합쳐 놓은 '초인'이 됐을 것이다.

친일파 박정희

해방 직후 한국 사회에는 주홍글씨가 두 개 있었다. 친일파와 빨갱이였다. 친일파 또는 빨갱이라는 수식어만 붙으면 매도당했다. 그런데 박정희는 친일파였고, 또 빨갱이였다. 이러한 전력에도 대한민국의 대통령이 됐다. '변신의 귀재'다.

2014년 한중일 3국 정상은 박근혜, 시진핑(習近平, 습근평), 아베 신조(安倍晋三)다. 이들의 공통점은 모두 정치 명문가 출신이라는 것이다. 이들의 할아버지 또는 아버지는 모두 만주를 무대로 치열한 공방전을 벌였다. 아베 신조의 외할아버지가 바로 기시 노부스케다. 전후 일본 정계를 주름잡던 그는 젊은 시절 만주를 경영한 만주국 최고위 관료였다. 기시 노부스케의 사위가 아베 신타로(安倍晋太郎) 전 일본 외상이고, 그의 아들이 현 총리 아베 신조다. 그리고 시진핑의 아버지 시중쉰(習仲勳, 습중훈)은 중국공산당 서북지역 최고위 간부였다. 당시 중국공산당은 항일을 위해 국민당과 합작을 하고 있었다. 공산군은 국민당 군대인 팔로군에 편입돼, 만주를 점령한 일본군과 싸웠다. 그리고 박정희다. 박정희는 조선인임에도 일본군 장교로서 팔로군과 싸웠다. 박정희와 기시 노부스케가 한 배를 탔고, 시중쉰은 이들과 맞섰다. 한중일 3국 정상의 조상들이 만주에서 몸을 일으킨 셈이다. 이들 뿐만 아니라 마오쩌둥, 덩샤오핑, 장제스, 김일성이 항일의 기치 아래 모여 용기와 지모를 겨루고 있었다. 당시 만주는 동북아 세력 다툼의 최전선이었던 것이다.

일제는 1931년 9월 18일 만주사변을 일으키고 만주 일대를 점령했다. 일제가 만주를 점령한 이유는 심모원려(深謀遠慮)의 다목적 카드였다. 만주는 지정학적으로 절묘한 위치를 차지하고 있었다. 광활한 만주 벌판은 식량 및 원료 공급 기지였다. 그리고 일본 과잉인구를 배출할 수 있는 새로운 '프런티어(개척지)'이기도 했다. 또한 일본 제국을 지키는 데 아주 중요한 전략적 요충지였다. 만주를 점령하면 이남인 식민지 조선을 완벽하게 통치할 수 있었다. 만주가 조선 독립군의 근거지였기 때문이다. 1910년 한일병탄 이후 우당 이회영 선생 등 애국지사와 의병들이 만주로 대거 망명해 독립운동을 했다. 우당 선생은 신흥무관학교를 설립하는 등 무장 독립 투쟁의 선봉에 섰다. 이에 따라 만주는 항일 독립운동의 근거지가 됐다. 그런 만주를 식민지화한다면 조선의 독립군은 발붙일 곳이 없을 터였다. 그렇다면 식민지 조선의 통치 또한 쉬워질 것이었다. 실제 일제의 만주 점령은 엄청난 효과를 발휘했다. 조선 백성들은 만주를 휩쓴 일본 제국의 국력에 전율했다. 이에 따라 독립운동은 급속도로 약화됐다. 이와 반대로 조선의 친일파, 특히 부르주아계급에게 일제는 이제 은혜로운 식민 모국이 됐다. 일제가 조선의 부르주아계급이 만주에 진출, 돈을 벌 수 있는 기회를 열어주었기 때문이다.

일본이 만주를 점령하면 소련의 동진도 막을 수 있었다. 소련은 사회주의 혁명에 성공한 뒤 팽창정책을 쓰고 있었다. 특히 부동항을 확보하기 위해 호시탐탐 북중국을 노리고 있었다. 이뿐 아니라 일본이 만주를 차지하면 중원도 노릴 수 있었다. 만주는 지정학적으로 중요한 전략적 땅이었다. 만주를 손에 넣는다면 일본은 천년 제국을 꿈꿀 수 있었다.

일본의 생명선, 만주

특히 만주는 일본 경제에 큰 활력소가 될 수 있었다. 1920년대 후반 미국발 대공황으로 세계는 물론 일본도 경기가 좋지 않았다. 만약 일제가 만주를 점령하면 경제 위기도 벗어날 수 있었다. 만주에서 대규모 플랜테이션을 통해 식량 문제를 해결할 수 있었다. 그리고 각종 공업을 일으키면 일본의 실업자도 구제할 수 있을 터였다. 더 나아가 풍부한 지하자원을 이용해 일본 중공업의 기초를 다질 수 있었다. 따라서 만주는 일본 제국이 자급자족을 실현하기 위해서는 반드시 점령해야 할 땅이었다. 한마디로 만주는 일제의 생명선이었다.

조선인들에게도 만주는 기회의 땅이었다. 일본이 만주를 점령하자 한반도에도 '만주열(滿洲熱)'이라는 만주 붐이 일었다. 1930년대 만주는 조선 농민에게는 배고픔을 벗어나게 해줄 희망의 땅이었다. 많은 농민이 먹고살기 위해 만주로 갔다. 독립운동가들에게는 항일 투쟁의 근거지였다. 친일파에게는 일본 제국의 또 다른 식민지에 빌붙어 출세할 수 있는 기회의 땅이었다.

이즈음 조선총독부는 '선만일여(鮮滿一如, 조선과 만주는 하나다)'를 내세우며 조선인의 만주 이주를 적극 권장했다. 천년 제국의 모태가 될 만주국을 건설하는 데 수많은 인력이 필요했을 것이다. 조선총독부의 적극적인 이주 권장 덕분에 일제 말기 재만 조선인 인구는 200만 명에 가까웠다. 당시 한반도의 전체 인구가 2500만 명 수준이었다. 조선 인구의 약 8%가 만주에 살았던 셈이다.

특히 일부 조선인에게 만주는 야망의 땅이었다. 이제 갓 탄생한 만주국의 통치 시스템은 아직 느슨했고, 통치가 미치지 않는 광대한 땅이 존재했다. 그만큼 출세할 기회도 많았다. 게다가 일제는 '오족협화(五族協和)'라는 슬로건 아래 조선인의 만주 이주를 부추겼다. 오족협화는 다섯 민족이 서로 협력해 낙원을 건설한다는 뜻이다. 오족은 일본인, 한족, 만주족, 몽골족, 조선인이었다. 오족 중 식민지 백성인 조선인은 일본인 다음가는 지위에 있었다. 당시 민족 서열은 일본인, 조선인, 한족, 만주족, 몽골족 순이었다. 만주는 '중국판 엘도라도'였던 것이다. 이 엘도라도에 가려는 조선의 야심가들이 늘고 있었다. 이들은 식민지 조선에서의 차별을 만주에서 상쇄할 수 있을

대구사범 5학년 때의 박정희. 박정희는 사범학교 졸업 후 문경공립보통학교에 교사로 부임해 근무했다. 그러나 큰 칼을 차고 싶었던 박정희는 남들이 다 부러워하는 교직을 그만두고 만군에 지원했다.

것이라는 '희망'을 품었다.

그러나 그 희망은 '환상'이었다. 일제는 식민지 백성들을 만주국 체제에 흡수시킨 뒤 친일 세력으로 양성, 조선인 항일 세력을 몰아내려 했다. 그들 입장에서는 이이제이(以夷制夷)의 수법이었다. 일제는 만주국의 행정, 사법, 군사, 경찰 조직에 조선인들을 충원, 친일 세력을 구조적으로 재생산하려 했다. 이에 따라 능력과 충성심이 검증된 조선총독부 소속 조선인 관리들이 대거 만주국으로 재배치됐다. 이러한 과정을 통해 수많은 재만 조선인 친일파가 탄생했다.

큰 칼 차고 싶었던 식민지 청년

만주국에서 군인으로 출세할 야망을 가진 젊은이들도 있었다. 조국의 해방이 아니라 오로지 일신의 출세에만 관심이 있는 젊은이들이었다. 그중 한 명이 박정희였다. 만주국에서 군인으로 출세하려면 장교가 되어야 했다. 장교가 되려면 봉천군관학교나 신경군관학교에 입학해야 했다. 그 군관학교에 입학하기 위해 일제에 충성을 맹세하는 혈서를 쓴, 기특한 식민지 청년이 박정희였다.

박정희는 1917년 경상북도 선산군 구미면 상모리에서 출생했다. 부친 박성빈(朴成彬)과 모친 백남의(白南義) 여사 사이에서 5남 2녀 중 막내로 태어났다. 마오쩌둥, 덩샤오핑이 부농의 집안에서 태어난 데 비해 박정희는 가난한 소작농의 아들로 태어났다. 박정희 집안은 국무총리를 지낸 창랑 장택상 집안의 소작농이었다.

어려운 환경이었지만 박정희 어머니는 교육열이 높았다. 그녀는 셋째 아들 박상희를 상모리 마을에서 처음으로 신식 학교인 구미공립보통학교에 입학시켰다. 박정희도 1926년 구미공립보통학교에 입학, 1932년 졸업했다. 공부를 썩 잘했던 박정희는 그해 4월 구미공립보통학교 사상 최초로 명문 대구사범학교에 합격했다. 박정희는 1937년 사범학교 졸업 후 경상북도 문경의 문경공립보통학교에 훈도(교사)로 부임해 1940년 2월까지 근무했다.

그러나 큰 칼을 차고 싶었던 박정희는 남들이 다 부러워하는 교직을 그만두고 만군에 지원했다. 박정희는 1930~1940년대 '선만일여', '내선일체(內鮮一體, 일본과 한국은 하나다)'의 분위기 속에서 출세를 위해 일제에 적극 협력한 식민지 청년의 전형이었던 것이다.

박정희 리더십 읽기 1: 가난 극복

　박정희가 부유한 가정에서 태어났더라면 한국은 이렇게 빨리 근대화되지 않았을 것이다. 박정희는 배고픔이 무엇인지를 뼈저리게 체험하며 유·소년기를 보냈다. 따라서 지긋지긋한 가난에서 벗어나야 한다는 의지가 유달리 강했다.

　생전에 박정희는 최측근이던 김정렴 비서실장에게 "내가 왜 이렇게 작은 줄 알아. 어렸을 때 못 먹어서 그래"라고 고백한 적이 있을 정도로 가난했다. 물론 당시는 모두 가난했다. 일부 조사에 따르면 국민의 80%가 끼니를 걱정하는 상황이었다. 박정희는 초등학교 시절 도시락을 제대로 싸 갈 수 없는 형편이었다. 이는 유독 자존심이 강했던 소년 박정희에게 씻을 수 없는 마음의 상처였을 것이다. 항상 배가 고팠던 박정희는 배불리 먹는 것에 대한 열망이 가득한 소년이었다.

　박정희는 도시락을 싸 오지 못할 때는 친구 집에 가서 얻어먹었다. 친구 이준상의 집이었다. 이준상의 아버지는 구미 읍내에서 한약방을 했다. 구미읍의 유지였던 셈이다. 그러나 이준상은 다리가 불편해 친구들의 놀림감이었다. 박정희는 이준상의 수호천사가 돼주는 대신 점심을 싸 오지 못한 날에는 그의 집에 가서 밥을 얻어먹었다.

　박정희는 초등학교 시절 1등을 도맡아 했고, 늘 급장(반장)을 했다. 그는 학교생활에 거칠 것이 없는 우등생이었다. 그러나 가난은 그를 주눅 들게 했을 것이다. 유달리 자존심이 강했던 박정희에게 이 같은 소년기의 체험은 반드시 가난을 극복해야 한다는 의지를 단련시켰을 것이다. 그가 집권 후 경제개발에 병적일 정도로 집착한 것은 어린 시절 이 같은 체험과 크게 관련이 있을 것이다. 박정희의 개인적 가난은 그 자신에게는 불행이었지만 우리 국민에게는 행운이었다. 그의 가난 극복 리더십이 경제 발전으로 이어졌기 때문이다.

혈서로 충성을 맹세하다

박정희는 1939년 만주 신경(新京, 지금의 長春)군관학교에 지원했다. 이때 그는 나이 제한에 걸려 낙방했다. 나이 제한은 19세였다. 박정희는 이미 22세였다. 박정희는 모병 담당자에게 견마의 충성을 다하겠다는 간곡한 편지와, '한번 죽음으로써 충성함 박정희(一死以テ御奉公 朴正熙)'란 혈서를 써 이듬해 군관학교에 입학할 수 있었다. 박정희가 일제에 충성을 맹세한 편지는 다음과 같다.

> 일계 군관 모집 요강을 받들어 읽은 소생은 일반적인 조건에 부적합한 것 같습니다. 심히 분수에 넘치고 송구하지만 무리가 있더라도 반드시 국군에 채용시켜 주실 수 없겠습니까…… 일본인으로서 수치스럽지 않을 만큼의 정신과 기백으로서 일사봉공(一死奉公)의 굳건한 결심입니다. 확실히 하겠습니다. 목숨을 다해 충성을 다할 각오입니다…… 한 명의 만주국군으로서 만주국을 위해, 나아가 조국을 위해 어떠한 일신의 영달을 바라지 않겠습니다. 멸사봉공(滅私奉公), 견마(犬馬)의 충성을 다할 결심입니다.
>
> ──『친일인명사전』(민족문제연구소, 2009)

여기서 말하는 조국은 조선이 아니라 일본이다. 식민지 청년의 일본 제국에 대한 충성심이 눈물겹다. 박정희의 혈서와 편지는 일본인들을 감동시키기에 충분했다. 그의 혈서 지원은 화제가 됐다. 그 미담(?)이 《만주신문》(1939년 3월 31일자)에 실렸다. 이 기사를 읽은 아리카와 게이이치(有川圭一) 관동군 대좌(대령)가 나섰다. 아리카와 대좌는 박정희의 대구사범학교 시절 교련 교관이었다. 그는 박정희를 총애했다. 총검술을 가르칠 때는 자세가 나오는 박정희를 항상 시범 조교로 불러냈다. 아리카와 대좌는 이런 조선인이야말로 황국 신민의 모범으로 특별히 배려해야 한다며 박정희를 적극 지원했다. 이 덕

박정희가 만주군 예비소위일 때인 1944년 6월경 일본군 소조(상사 계급) 복장을 하고 찍은 사진이다.

분에 박정희는 이듬해 군관학교 시험을 볼 수 있었고, 결국 합격했다.

박정희의 편지와 혈서는 2009년 『친일인명사전』을 편찬한 민족문제연구소가 발굴해 세상에 알려졌다. 그런데 이에 앞서 박정희가 혈서를 쓴 사실을 적시한 사람이 있었다. 조갑제 전 월간조선(현 조갑제닷컴) 대표였다. 그는 자신의 저서 『박정희』에서 박정희가 혈서까지 쓰게 된 과정을 상세히 묘사했다. 박정희의 동료 교사 유증선 씨의 증언에 따른 것이었다. 조갑제 대표는 유증선 씨와의 인터뷰를 통해 다음과 같은 사실을 밝혔다.

1938년 5월경 숙직실에서 같이 기거하면서 박 선생이 "저는 아무래도 군인이 되어야겠습니다. 제 성격이 군인 기질인데 문제는 일본 육사에 가려니 나이가 많다는 점입니다. 만주 군관학교는 덜 엄격하다고 하지만 역시 나이가 걸립니다"라고 말했다. 우리는 어떻게 하면 만주 군관학교 사람들이 환영할 수밖에 없는 행동을 할 것인가를 연구하다 내가 문득 생각이 나서 "박 선생, 손가락을 잘라 혈서를 쓰면 어떨까"라고 했다. 그는 즉각 찬동했다.

박정희는 즉시 행동에 옮겨 바로 옆에 있던 학생 시험용지를 펴더니 면도칼을 새끼손가락에 갖다 대 손가락을 찔러 피를 낸 뒤 핏방울로 시험지에다 '진충보국 멸사봉공(盡忠報國 滅私奉公)'이라고 써서 만주로 보냈다.

편지가 만주에 도착하는 데 일주일쯤 걸릴 때였다. 한 보름이 지났을까. 누군가 만주에서 발행되는 신문에 박 선생 이야기가 실렸다고 말했다. 며칠 뒤 아리카와 대좌가 보낸 편지가 박 선생 앞으로 도착했다. 박 선생은 "아리카와 대좌가 그렇게 군인이 되고 싶으면 자기에게 한 번 다녀가라고 했다"고 나한테 말했다. 며칠 뒤 박 선생은 만주에 다녀왔다. 아리카와를 만난 모양이었다. 그는 옆구리에 동양사 등 몇 권의 책을 끼고 왔는데, "한번 시험을 쳐보라고 했으니 해볼 수밖에 없지"라고 말했다.

혈서가 '盡忠報國 滅私奉公'이 아니라 '一死以テ御奉公 朴正熙'라는 점만

빼고 전후가 정확히 맞아떨어지는 증언이다.

다카키 마사오 또는 오카모토 미노루

박정희는 1940년 입교한 다음해 '다카키 마사오(高木正雄)'로 창씨개명했다. 당시 일제는 창씨개명을 요구하기 시작했다. 만주도 예외는 아니었다. 만주 군관학교는 한국인 생도들에게 1주일간의 휴가를 주며 고향에 가서 창씨개명을 하게 했다. 高木正雄의 木(목)은 박(朴)에서, 正(정)은 정희(正熙)에서 따온 것이다. 박정희가 창씨개명을 한 것이 특별한 친일 행각은 아니다. 당시 전 국민의 80%가량이 창씨개명을 했다.

그러나 박정희가 '오카모토 미노루(岡本實)'라는 이름으로 제2의 창씨개명을 했다는 주장도 있다. 참고로 일제강점기 전 시기를 통틀어 창씨개명을 두 번 한 사람은 극렬 친일파였던 이영근 한 사람뿐이었다. 재미 언론인 문명자 씨(2008년 작고)는 1999년 저서 『내가 본 박정희와 김대중』에서 "만주 군관학교 시절 박정희의 창씨명은 다카키 마사오. 그곳을 졸업하고 일본 육군사관학교에 편입했을 때 박정희는 창씨명을 완전히 일본 사람처럼 보이는 오카모토 미노루로 바꾼다"라고 기록했다. 실제 2005년 도쿄 대학교에서 출판한 『일본 육해군 총합 사전』 2판에는 박정희가 '오카모토 미노루'로 소개돼 있다. 제2의 창씨개명은 아직은 '설'에 머물고 있다. 진보 매체인 《오마이뉴스》는 "공문서 등 공식 기록으로 확인된 적이 없다"며 사실이 아닐 가능성에 무게를 두고 있다. 또 오카모토 미노루라는 이름이 북한에서 시작된 네거티브 전략이라는 지적도 있다. 그러나 분명한 것은 박정희가 만주 군관학교에 입학하기 위해 일본 제국에 충성을 맹세하는 혈서를 쓸 정도로 식민화된 청년이었다는 점이다.

앞서 박정희의 길을 간 식민지 청년이 있었다. 백선엽이었다. 백선엽은 평양사범학교를 졸업하고 박정희보다 한 발 앞서 만주국 군관학교에 입학해 있었다. 박정희와 똑같은 인생행로다. 둘 다 사범학교에서 사관학교로, 선생에서 군인으로 변신했다. 백선엽은 1920년생으로 1917년생인 박정희보다 세 살 아래였다. 그러나 군 경력은 박정희보다 1기 선배였다. 훗날 백선엽은 박정희가 좌익 혐의로 숙군의 위기에 몰릴 때, 구원의 손길을 내민다.

박정희는 2년간 군사교육을 수석으로 마쳤다. 대구사범학교 시절 꼴찌를 맴돌던 박정희는 군사학교에서는 수석을 차지했다. 그는 천생 군인이었던 것이다. 그는 졸업식에서 졸업생 대표로 졸업사를 낭독했으며, 만주국 황제 푸이(溥儀, 부의. 일본은 만주국을 세우면서 청나라 마지막 황제인 푸이를 황제로 하는 괴뢰정권을 수립했다)가 하사하는 금시계를 받았다. 박정희는 만주 군관학교 졸업 후 1942년 일본 육군사관학교 3학년에 편입했다. 그리고 1944년 일본 육군사관학교를 57기로 졸업했다. 졸업 성적은 외국인 대대 300명 중 3등이었다. 박정희는 졸업 후 1945년 8월 15일 광복 때까지 만군 8단에 배속돼 만주군 중위로 복무했다. 8단의 주요 임무는 팔로군을 공격하는 것이었다.

당시 많은 조선 청년들이 만주로 갔으며, 만군 중위를 한 것이 적극적 친일은 아니라고 주장하는 사람들도 있다. 실제 기회의 땅 만주로 식민지 조선의 청년들이 많이 갔다. 그러나 군인, 특히 장교로 간 인물은 극소수에 불과했다. 일제 때 만주 군관학교(1932~1945)를 나와 장교로 임관한 조선인은 모두 67명이었다. 연평균 4.8명인 셈이다. 일본 육사(1911~1945)를 나와 장교로 임관한 조선인은 총 63명이었다. 1년에 1.75명꼴이다. 희소성으로 보자면 가히 인간문화재급이었다. 극소수이긴 하지만 이들 중 항일 전선에 뛰어든 인물도 있었다. 일본 육사 졸업자 중 다섯 명, 만주 군관학교 졸업생 중 한 명이 항일운동에 투신했다.(강상중 · 현무암, 『기시 노부스케와 박정희』, 이목 옮김(책과 함께, 2012)) 이들은 일제에게서 배운 군사기술을 조국의 독립을 위해 썼다. 그러나 박정희는 일제가 패망한 날을 넘겨 가면서까지 일제에 충성했다. 박정희는 1945년 8월 17일까지 팔로군 소탕 작전에 참여했다.

사병은 남자라면 누구나 될 수 있다. 그러나 장교는 아무나 할 수 있는 것이 아니다. 특히 일제강점기 시절, 식민지 백성이 일본군 장교가 되는 것은 쉽지 않았을 것이다. 식민지 백성에게 총을 쥐어 주는 일이었다. 그 총이 식민 종주국인 일본을 향할 수도 있을 터였다. 뼛속까지 친일파가 아니고서는 황군의 장교가 될 수 없었을 것이다.

더욱 중요한 것은 박정희가 만군의 주요 임무 중 하나가 독립군 소탕이라는 사실을 알았을 것이란 점이다. 박정희가 만군에 지원한 시기를 전후해 관동군은 '3년 치안 숙정 계획'을 제정한 뒤 많은 병력을 동원, 만주 일대의 항일 세력을 소탕하고 있었다. 특히 일제는 간도특설대 등 각종 특수부대를 만들어 조선인 항일 무장 세력을 집중 공격했다. 그리고 이와 관련된 기사가 국내 신문에 생중계되고 있었다. 박정희가 이를 몰랐을 리 없다. 박정희가 독립군을 직접 소탕했다는 증거는 없다. 실제 그는 팔로군과 주로 싸웠다. 그러나 최소한 그가 만군의 주요 임무 중 하나가 독립군 소탕이라는 사실을 알고도 만군에 자원한 것은 사실일 것이다.

박정희가 만군 장교로 천황 폐하에게 충성하는 동안 그와 다른 길을 가는 식민지 청년들도 있었다. 유신 시절 박정희의 '저격수'였던 장준하와 김준엽(고려대 총장을 지냈다) 등은 일제에 징병되었다가 일본군을 탈출해 6000리를 걸어서 독립군 진영으로 들어갔다. 박정희가 일신의 영달을 위해 만군에 입대했을 때, 이들은 조국의 독립을 위해 가시밭길을 선택한 것이다.

국민 모두가 독립군이 될 수는 없었다. 그러나 독립군을 소탕하는 것이 주요 임무 중 하나이던 만군에 복무한 것은 아무리 변명해도 민족에 대한 반역이다. 박정희가 만군에 끌려갔다면(징병) 친일은 성립하지 않는다. 그러나 박정희는 혈서를 써가면서까지 만군에 '자원'했다.

한편 박정희의 친일 문제는 아직도 진행 중인 사안이다. '친일 반민족 행위 진상 규명 위원회'(약칭 '친일규명위')는 박정희를 친일파로 분류하지 않았다. 친일규명위는 2005년 5월 31일부터 2009년 11월 30일까지 활동한 대통령 소속 위원회로, 친일 반민족 행위 조사 대상자를 선정하는 등의 일을 했다. 설립 근거는 2004년 3월 22일 공포된 '일제 강점하 친일 반민족 행위 진상 규명에 관한 특별법'과 그 시행령이었다.

친일규명위가 발표한 친일 인사는 모두 1005명으로 민간단체인 민족문제연구소의 『친일인명사전』에 수록된 4389명보다 적다. 박정희는 친일규명위가 선정한 친일 인사 명단에는 빠졌지만 민족문제연구소의 『친일인명사전』에는 포함돼 있다. 박정희가 친일규명위의 친일 인사 명단에서 빠진 것은 특별법 시행령이 입증 가능한 구체적 행위를 기준으로 친일 반민족 행위를 판단하도록 규정했기 때문이다. 당시 친일규명위의 사무처장을 지낸 정운현 씨는 저서 『친일파는 살아 있다』에서 박정희가 친일 인사 명단에서 빠진 이유를 다음과 같이 설명했다.

우선 특별법 제2조 10항(일본 제국주의 군대의 소위 이상의 장교로서 침략 전쟁에 적극 협력한 행위—저자 주)을 만족시키려면 박정희가 침략 전쟁에 적극 협력한 행위를 입증해야 한다. 위원회는 중국 현지 조사를 포함해 다각적인 조사 활동을 벌였으나 만주군 보병 8단 근무 이상의 구체적인 자료를 입수하지 못했다. 게다가 혈서 관련 신문 자료가 발굴될 당시 위원회는 이미 업무 처리를 마치고 보고서를 인쇄하고 있었다.

결국 박정희가 적극적으로 친일을 했다는 구체적 증거인 충성 맹세 혈서와 편지가 약간 늦게 발견된 셈이다. 정운현 씨는 "비록 위원회 보고서에는 그의 이름이 빠졌지만 그의 만주 행적까지 없어지는 것은 아니다. 아울러 그의 친일 관련 자료가 추가로 발굴될 가능성도 여전히 남아 있다"고 덧붙였다.

만주 인맥 탄생

박정희는 만군 장교로 근무하던 시절 향후 자신의 출세에 결정적 영향을 미치는 만주 인맥을 형성했다. 백선엽, 정일권 등이다. 박정희를 살려준 생명의 은인인 백선엽은 만군 시절 항일 독립투사를 때려잡던 간도특설대의 기관총·박격포 중대 지휘관이었다.

간도특설대는 만주국 최강의 특수부대로 모두 740명이었고, 그중 절반이 조선인이었다. 간도특설대는 1938년 9월 조선인 항일 무장 세력을 전멸하는 것을 목적으로 출범했다. 간도특설대는 일제의 패망으로 해산될 때까지 동북 항일 연군과 팔로군에 대해 모두 108차례 토벌을 강행했다. 그들에게 살해된 항일 전사와 민간인은 모두 172명이었다. 그 밖에 많은 사람이 체포되거나 고문, 약탈, 강간당했다.(『친일인명사전』(민족문제연구소, 2009)).

조선인 항일 무장 세력을 소탕한 백선엽은 해방 이후 국군으로 변신해 한국전쟁 때, 최연소 육군 참모총장이 됐다. 그리고 대한민국 최초로 육군 대장이 됐다. 독립군을 때려잡은 인물이 일제로부터 해방된 나라의 첫 번째 육군 대장이 된 것이다. 백선엽은 생전에 독립군을 토벌한 사실을 시인했다. 그는 1993년 일본에서 출간한 저서 『대게릴라전──아메리카는 왜 졌는가』에서 당시의 일을 다음과 같이 기록했다.

우리들이 추격했던 게릴라 중에는 많은 조선인이 섞여 있었다. 주의주장이 다르다고 해도 한국인이 독립을 위해 싸우고 있었던 한국인을 토벌한 것이기 때문에 이이제이를 내세운 일본의 책략에 완전히 빠져든 형국이었다. 그러나 우리가 전력을 다해 토벌했기 때문에 한국의 독립이 늦어졌던 것도 아닐 것이고, 우리가 배반하고 오히려 게릴라가 되어 싸웠다고 해서 독립이 빨라졌다고 할 수도 없을 것이다. 그렇다 하더라도 동포에게 총을 겨눈 것은 사실이었고 비판을 받더라도 어쩔 수 없다.

박정희 정권 아래서 최장수 총리를 지낸 정일권도 만군 출신이다. 그는 만군 헌병 대위를 지냈다. 그는 봉천군관학교를 졸업한 뒤 일본 육사에 편입했다. 일본 육사를 졸업(55기)하고 만주로 돌아와 헌병 대위로 근무했다. 일제 패망 후 전범으로 소련에 끌려가다 기차에서 뛰어내려 탈출했다. 해방 후 고향인 북한으로 갔다 월남했다. 백선엽, 정일권 모두 북한 출신이다. 북한은 만주에서 독립운동을 한 김일성이 정권을 잡았다. 독립운동을 한 인물이 정권을 잡은 곳에서 만군 출신이 살기는 쉽지 않았을 것이다. 정일권은 이승만 정권 때 육군 참모총장을 지냈고, 허정 과도정부 시절 미국 대사로 재임한 뒤 하버드 대학 유학 중 5·16쿠데타가 일어나자 박정희의 지시로 미국 조야에 쿠데타 지지를 호소했다. 1960년대 박정희가 한일 국교 정상화를 추진할 때는 외무장관과 국무총리를 겸임했다. 그는 1964년부터 1970년까지 최장수 총리를 지냈다. 일제로부터 독립했다는 나라의 대통령과 국무총리 모두, 독립군을 소탕하는 것이 주요 임무 중 하나인 만군 출신이었던 것이다.

박정희가 5·16쿠데타를 일으켰을 때, 만군 인맥은 큰 역할을 했다. 박정희보다 1기 선배인 이주일, 김동하, 윤태일, 박임항, 방원철 등이 5·16쿠데타에 적극 가담했다. 그리고 만군 출신들은 해방 후 군부에서 요직을 독차지했다. 한때 정일권 육군 참모총장, 백선엽 1군 사령관, 강문봉 2군 사령관 등 한국군의 핵심이 모두 만주 인맥으로 채워진 적도 있었다.

만군 출신들이 약진한 이유는 미군이 이들을 우대했기 때문이다. 해방 이후 한국에 처음 등장한 정부는 미국의 군정(군사정부)이었다. 해방이 우리 힘으로 이뤄진 것이 아니었기 때문이다. 미국 군정은 애초에 김구의 광복군을 제휴 대상으로 생각하지 않았다. 광복군은 일제에 강력하게 저항한 전투적 민족주의 세력이었다. 미국 군정은 제국주의에 순응할 줄 아는 일본군 출신들을 선호했다. 미군은 '일본군에 복무한 군인들은 프로잽(Pro Jap)이 아니라 프로잡(Pro job)이었다'는 논리를 개발했다. 프로잽은 일본을 찬성한다는

만주군 중위 시절의 박정희(앞).

뜻으로 친일파라는 의미고, 프로잡은 직업을 찬성한다는 의미다. 즉 일본군에 복무한 조선인들은 직업인으로서 일본군에 복무했을 뿐 친일파라고 할 수 없다는 것이다.

일본군 출신 인맥은 크게 두 가지였다. 일본 육군사관학교 출신과 만주 군관학교 출신들이었다. 이중 일본 육군사관학교 출신들은 엘리트 의식이 강했다. 따라서 출세와 자존심 중에서 택하라면 자존심을 선택하는 인물이 많았다. 그러나 만주 군관학교 출신들은 엘리트 의식이 덜했다. 이들은 자존심과 출세 중에서 택하라면 출세를 선택할 인간 군상들이었다. 만주 군관학교 출신 또한 당초에는 일본 육사를 원했을 것이다. 그러나 여의치 않자 '꿩 대신 닭'인 만주 군관학교를 지원했을 것이다. 나이 제한에 걸린 박정희도 일본 육사 대신 입학 사정이 덜 엄격한 만주 군관학교를 선택했다. 만주 군관학교 출신들은 일본 육사 출신에게 일종의 콤플렉스를 가지고 있었을 것이다. 만주 군관학교 출신들이 일본 육사 출신들을 이기는 방법은 그들보다 더 출세하는 것뿐이었다. 따라서 만주 군관학교 출신들은 출세에 훨씬 목말라 있었을 것이다.

그리고 지리적 영향도 있었을 것이다. 일본은 섬나라지만 만주는 대륙이다. 섬나라는 아기자기하지만 대륙은 광활하다. 인간은 지리적 영향을 받을 수밖에 없는 존재다. 대륙에서 활동한 사람들이 선이 굵은 데 비해 섬에서 활동한 사람들은 섬세하다. 특히 1930년대 만주는 '동양의 서부'였다. 만주는 온갖 인간 군상이 다 모인 곳이었다. 눈 뜨고 코 베이는 세상이었다. 이런 곳에서 단련된 인간들은 안정된 환경인 일본에서 생활한 사람들보다 훨씬 생존력이 강했을 것이다.

박정희와 만주 군관학교 동기이자 훗날 박정희가 5·16쿠데타를 일으켰을 때, 이에 맞서는 이한림은 자신의 회고록 『세기의 격랑』에서 당시 만주의 분위기를 다음과 같이 전했다.

만주의 광활한 자연은 매력적이었다. 그곳은 무궁무진한 자원의 신천지였다. 야성적인 풍광, 대륙성 기후, 뚜렷하게 중국적인 것만도 아닌 혼합 민족적 요소는 묘한 매력으로 작용했다…… 만주는 일제가 삼키기에는 너무 광활한 땅이었다…… 국가의 행정, 법, 질서가 미치지 못하는 공지(空地)는 사람들을 활달하게 만든 것 같다. 남성적인 역동성이 살아 있었다. 이런 만주 땅의 특징은 나를 소극적인 것, 우유부단한 것, 엉거주춤한 중간파 기질을 혐오하도록 만들었고 강렬한 것, 적극적인 것, 분명한 것을 열망하도록 변화시켰다.

한편 광복군 출신들은 해방 후 국군에서 크게 할 일이 없었다. 광복군 출신 중 국군에서 거의 유일하게 출세한 인물이 철기 이범석 장군이었다. 이범석 장군은 초대 국무총리 겸 국방장관을 맡았다. 이승만과 개인적 친분이 있었기 때문이다. 그러나 이범석 장군도 세력이 커지자 이승만에게 숙청을 당하다시피 했다. 또 중국 인민군 포병의 아버지로 불리는 무정 등 중공군 출신도 있었지만 이들은 거의 북한으로 갔다. 사회주의 이념을 공유할 수 있었기 때문일 것이다. 그들은 '연안파'라 불릴 정도로 세력을 형성했으나 한국전쟁 이후 김일성에 의해 모두 숙청됐다. 중국 국민당 군대 출신도 있었지만 이는 극소수에 불과했다.

박정희와 기시 노부스케

박정희는 만주에서 일본 인맥과도 연결되는 발판을 마련했다. 일본 권부와 직접 연결되는 루트를 확보한 것이다. 바로 기시 노부스케다. 만주에서는 서로 알지 못했다. 박정희가 신경군관학교에 입학해 만주 생활을 시작했을 때, 기시는 본국으로 돌아갔다. 따라서 둘은 만주에서 조우할 기회가 없었다. 설령 둘이 같이 만주 생활을 했다고 해도 그들은 만날 수 없었을 것이다. 기시는 만주국을 실질적으로 지배한 최고위 관료였고, 박정희는 일개 중위에 불과했다. 시쳇말로 노는 물이 달랐다. 그러나 한일 국교 정상화 과정에서 둘은 운명처럼 조우했다. 기시는 "만주국은 내가 그린 작품이다"고 말할 정도로 만주국에 대한 애착이 강했다. 따라서 만군 출신인 박정희를 각별히 대했다. 기시에게 박정희는 한때 같은 배를 탔던 후배였다.

만주국에는 황제, 국무원 회의, 총무청이 있었다. 황제와 국무원 회의는 꼭두각시에 불과했다. 실질적으로 만주국을 지배하는 곳은 총무청이었다. 총무청 장관은 실권이 없는 만주인이 맡았다. 그 때문에 실질적인 권력자는 총무청 차장이었다. 총무청 차장이 바로 기시 노부스케였다. 기시는 경제개발 5개년 계획을 실행하는 등 만주를 계획경제의 실험장으로 삼았고, 상당한 성과도 올렸다. 일본은 만주를 점령함으로써 미국발 대공황으로 인한 경제 위기를 비교적 빨리 극복할 수 있었다. '경제개발 5개년 계획'이란 친숙한 구호에서 짐작할 수 있듯이 박정희의 경제개발 모델은 기시의 만주국이었다고 해도 과언이 아닐 정도로 박정희의 경제개발과 기시의 실험은 유사했다.

기시 노부스케의 본명은 사토 노부스케(佐藤信介)다. 일본 최장기 총리(연속 임기 기준)를 지냈고, '비핵 3원칙(핵무기를 만들지도, 갖지도, 반입하지도 않는다)'으로 노벨 평화상을 수상한 사토 에이사쿠(佐藤榮作)의 친형이다. 사토 노부스케로 태어난 기시는 어릴 때 자식이 없던 부유한 기시 가문으로 입양돼 기시 노부스케(岸信介)가 됐다. 기시는 1920년 도쿄 제국대학 법과를 졸업하고 농상무성에 들어가 신진 관료의 리더가 됐다. 기시는 1936년 만주국으로 파견돼 만주국을 운영하다 1941년 도조 히데키(東條英機) 내각의 상공대신으로 국내에 복귀했다. 기시는 패전과 함께 A급 전범으로 분류돼 미국 군정에 의해 형무소에 수감됐으나 1948년 불기소 처분으로 석방됐다. 미국 군정의 방침이 민주화에서 반공으로 바뀌었기 때문이다. 미국 군정은 반공을 위해 전쟁 전의 관료들이나 정치인들의 노하우가 필요했다.

기시가 전후 일본 정치에 남긴 주요 업적은 보수 합동과 안보 개정이었다. 공산 세력에 대항하기 위한 강력한 보수 단일 정당, 즉 자유민주당(자민당)이 그의 주도하에 창당됐다. 그는 1955년 자유당과 민주당을 통합해 자민당을 만들고, 1957년부터 1960년까지 56~57대 총리를 지냈다. 일본은 자민당 일당독재라고 해도 과언이 아닐 만큼 자민당이 정계를 압도하고 있다. 자민당 소속이 아닌 후보가 총리가 되는 것은 가뭄에 콩 나듯 한다. 기시는 전후 일본 정치를 석권하는 자민당을 탄생케 한 장본인이었다. 즉 전후 일본 정치의 틀을 결정한 룰-메이커(rule-maker)였던 것이다.

　안보 개정은 미일 안보 조약을 강화하는 것이었다. 기시는 공산 세력의 확산을 막기 위해 미국과의 안보 조약을 더 강화해야 한다고 생각했다. 야당은 안보 조약이 개정되면 일본이 미국이 일으킨 전쟁에 참여할 수밖에 없다며 안보 조약 개정을 반대했다. 그러나 자민당은 의회에서 날치기로 새로운 안보 조약을 통과시켰다. 국민들은 자민당의 날치기를 민주주의에 대한 도전으로 받아들이고, 전후 최대의 시위를 벌였다. 국민의 반대가 거세지자 기시는 1960년 총리직을 사임해야 했다. 그러나 그는 자민당 창당 최대 주주로서 막후에서 영향력을 계속 행사했다. 특히 얼마 후 친동생인 사토 에이사쿠가 총리가 됨에 따라 그의 막후 영향력은 더욱 증대됐다.

　사토 에이사쿠는 1964년부터 1972년까지 61, 62, 63대 일본 총리를 지냈다. 한국과 일본은 1965년 국교 정상화 협정에 서명했다. 사토 에이사쿠가 총리로 재직할 때, 한일 국교정상화가 이뤄진 것이다. 기시 노부스케는 자신의 작품인 만주국 출신인 박정희와 정일권이 이끄는 한국과 국교 정상화에 각별한 신경을 썼고, 막후에서 막강한 영향력을 행사했다. 그는 한일 국교 정상화 이후 개인 자격으로 한국을 방문하는 등 박정희 정권에 각별한 관심을 기울였다. 기시는 일본 극우 세력의 상징이자 한일 국교 정상화를 막후에서 이끈 장본인이었다.

　한일 국교 정상화를 위해 해방 후 일본 각료로서는 처음으로 한국을 방문한 시나 에쓰사부로(椎名悅三郎) 외상도 만주국 출신이다. 시나 외상은 만주국 시절 총무청 산업부 국장이었다. 기시 노부스케의 직계 부하였던 것이다. 기시가 상공대신으로 국내에 복귀하자 시나는 상공차관으로 그를 보좌했다. 시나는 기시의 심복이었던 것이다. 시나 외상은 자신이 쓴 『동화와 정치』란 책에서 "일본이 대만·조선·만주를 합방, 경영한 것이 제국주의라고 일컬어진다면 그것은 영광 있는 제국주의다"라고 말할 정도로 극우 인사였다.

그는 1965년 2월 17일 한국을 방문해 과거를 반성하는 성명을 발표했다. 그는 "일한 양국은 예로부터 일의대수(一衣帶水, 겨우 냇물 하나를 사이에 둔 가까운 이웃이란 뜻──저자 주)의 인국(隣國, 이웃 나라──저자 주)으로 사람의 교류는 물론 문화적으로나 경제적으로 깊은 관련이 있었으나 양국 간 오랜 역사 중에 불행한 시간이 있었음은 참으로 유감스러운 일로 깊이 반성하는 바입니다"라고 밝혔다.(조갑제, 『박정희』(조갑제닷컴, 2007)에서 재인용)

'국제 미아'가 된 박정희

만주군 8단(연대급 규모)에서 중위로 근무하던 박정희는 1945년 8월 15일 일본이 패망하자 졸지에 국제 미아가 됐다. 박정희는 당시에 조선이 독립된 사실도 몰랐다. 작전 중이었기 때문이다. 그는 해방된 지 이틀 후인 8월 17일에야 그 사실을 알았다.

일본의 항복으로 만주국도 망했다. 이에 따라 만주국 소속이던 만군 8단도 설 자리가 없어졌다. 당시 만군 8단 단장은 탕지룽(唐際榮, 당제영)이란 중국인이었다. 그는 일본이 패망하자 일본과 조선 출신 장교들을 무장해제한 뒤 일본인들은 일본군에 인계하고, 박정희 등 조선인 세 명은 8단에 남아 있게 했다. 한때 한솥밥을 먹던 것에 대한 의리였을 것이다. 당시 박정희는 탕

지룽의 부관이었다. 탕지룽은 마오쩌둥 편에 설까, 장제스의 편에 설까를 고민하면서 정국을 관망하고 있었다. 이 사이 박정희 등 조선인 장교 세 명은 탕 단장에게 작별 인사를 한 뒤 귀국을 위해 베이징으로 갔다.

박정희 등은 베이징에서 광복군 평진대대에 들어갔다. 평진(平津)대대는 북평(北平)에서 平, 천진(天津)에서 津을 딴 이름이다. 북평은 지금의 북경(北京)이다. 북경은 당시 장제스가 남경(南京)을 수도로 삼았기 때문에 북경에서 수도를 뜻하는 경(京)을 빼고 대신 평화를 뜻하는 평(平)자를 넣어 북평으로 불리고 있었다. 평진대대의 광복군은 독립군이 아니라 귀국하기 위해 모여든 조선인 집단에 불과했다. 학병 출신으로 광복군이던 박기혁(연세대 부총장을 지냈다)은 "고향으로 돌아가기 위해서 그런 집단을 만든 것이다. 배편을 기다리면서 규율이 있어야 했고, 그래서 군사 편제로 조직됐다"고 밝혔다.(조갑제, 『박정희』(조갑제닷컴, 2007)) 진짜 광복군이던 장준하도 이와 비슷한 증언을 했다. 장준하는 저서 『돌베개』에서 "일본이 항복하기 전까지 일본군 통역이나 위안소 포주들까지도 하루아침에 광복군 모자를 하나씩 얻어 쓰고 독립 운동가를 자처하는 목불인견의 꼴이었다. 광복군의 세를 불리기 위해 과거를 불문하고 독립 운동가의 이름을 마구 나눠주었던 것이다. 아무나 들어오면 귀히 맞아들여 광복군 모자를 하나씩 씌워 주었다"라고 썼다.

일각에서는 박정희가 광복군 평진대대 출신이기 때문에 독립운동을 했고, 심지어 박정희가 일본군에 위장 취업한 광복군 비밀 요원이었다는 주장도 나온다. 전혀 사실무근이다. 보수 논객 조갑제마저 저서 『박정희』에서 박정희 시절, 모 인사가 박정희의 만군 시절을 미화한 책을 발간하자 박정희 자신이 이를 질책했다고 적시하고 있다. 박정희가 광복군 비밀 요원이었다면 유신 시절 그의 만군 경력은 신화화됐을 것이다. 박정희는 독립운동과 전혀 무관했다. 박정희는 큰 칼을 차고 싶어서, 즉 군인으로 출세하고 싶어서 만주로 갔고, 만군 장교로서 일본 제국의 수명이 다할 때까지 알뜰하게, 일제에 견마의 충성을 다했을 뿐이다.

평진대대의 주요 임무(?)는 배를 기다리는 것이었다. 이들은 해방 후 1년이 다 되어가던 1946년 5월 6일 천진항에서 미국 해군 수송선에 탑승할 수 있었다. 이들은 5월 8일 부산항에 도착, 꿈에 그리던 조국 땅으로 돌아왔다. 박정희는 귀국 후 1946년 9월 조선경비사관학교(육군사관학교 전신)에 입학해 3개월간의 교육을 마치고 육군 소위가 됐다. 일본군에서 한국군으로 옷을 갈아입은 것이다. 당시 박정희에게 조선경비사관학교를 소개한 인물이 훗날 5·16 때 박정희와 대립각을 세우는 이한림이었다.

남로당 활동

1946년 9월 대구와 구미에서 좌익 폭동이 발생했다. 박정희의 셋째 형인 박상희가 구미 지역 폭동을 주도했다. 박상희는 이 과정에서 경찰의 총격에 의해 사망했다. 박상희는 박씨 집안에서 대통령 감이라고 불릴 정도로 큰 기대를 받고 있었다. 이때를 계기로 박정희는 좌익으로 기울기 시작했다. 이후 박정희는 군내에 조직된 남로당에 가입해 활동했다. 박정희는 좌익 혐의로 체포된 뒤 작성한 자술서에서 "형의 죽음을 듣고 고향에 가보니 남로당 군사부 책임자인 이재복이 유족들을 돌봐주고 있었고, 형의 원수를 갚으라며 남로당 입당을 권유했다"고 남로당 가입 경위를 설명했다.

당시 박정희의 남로당 내 직책은 명확히 밝혀지지 않고 있다. 당시 수사 기록이 모두 없어졌기 때문이다. 박정희가 집권 후 자신의 아킬레스건인 남로당 사건 관련 문서를 모두 폐기하도록 지시했다는 설도 있다. 따라서 박정희의 남로당 내 직책은 추론할 수밖에 없다. 이재복은 남로당 군사부의 총책임자였고, 박정희는 그의 명령을 직접 받는 위치에 있었다. 점조직인 남로당에서 군사부 총책의 명령을 직접 받는 위치라면 박정희가 남로당 군사부 조직의 최상층부에 속해 있었다는 의미다. 다시 말해 박정희는 '두목급 빨갱이'였던 것이다.

비밀리에 남로당 활동을 하던 박정희는 1947년 육군 소령으로 진급했고, 육군사관학교 중대장이 됐다. 그러던 중 1948년 10월 군 내부의 좌익 세력이 제주 4·3사건 진압을 거부하고 여수·순천 반란 사건을 일으켰다. 반란을 주동한 세력은 14연대였다. 이를 계기로 군 내부의 좌익 세력을 몰아내기 위한 대대적인 숙군 작업이 벌어졌다. 박정희도 그 대상이었다. 박정희는 군법회의에 회부돼 사형을 선고받았다. 하지만 만군 선배들이 구명 운동을 벌여주었고, 군 내부의 남로당원을 실토한 덕에 무기징역으로 감형됐다. 이후 또 10년으로 감형됐으나 군에서 파면당했다. 당시 박정희를 살려준 인물이 바로 만군 선배 백선엽이었다.

당시 숙군 작업은 육군본부 정보국이 담당하고 있었다. 육군본부 정보국장이 백선엽이었다. 백선엽은 "자신을 찾아온 박정희가 담담하게 자신의 입장을 설명하며 살려 달라고 하소연하는 것을 보고 나도 모르게 도와주겠다는 말이 나왔다"고 당시를 회상했다.(조갑제, 『박정희』(조갑제닷컴, 2007)).

백선엽은 더 나아가 박정희가 문관 신분으로 정보국에서 근무할 수 있도록 배려했다. 공식 보직이 부여되지 않은, 편제 외 인원이었다. 따라서 박정희에게는 월급이 없었다. 그러나 백선엽은 동료들을 설득해 이들의 월급에서 일부를 갹출, 박정희에게 주었다. 당시 박정희는 자신의 인생에서 최악의 시기를 보내고 있었다. 박정희의 투옥 충격으로 어머니 백남의 여사가 별세했고, 동거하던 이화여대생 이현란은 박정희에게 이별을 통보했다. 백선엽은 박정희를 살려준 생명의 은인일 뿐 아니라, 박정희가 가장 어려웠던 시절 그를 인간적으로 도운 사람이었다. 박정희는 정권을 잡은 뒤 백선엽을 캐나다 대사, 프랑스 대사, 교통부 장관 등에 중용했다.

박정희는 숙군 과정에서 죽음의 문턱까지 갔다 만군 인맥의 도움으로 기사회생했다. 숙군을 총지휘한 백선엽은 훗날 자서전에서 "만약 숙군이 없었다면 6·25전쟁 때 한국은 북한에 졌을 것"이라고 술회했다. 군내에 있던 좌

박정희 리더십 읽기 2: 실력과 소탈

숙군 직후 박정희는 실의의 나날을 보내고 있었다. 그러나 이 시기는 향후 박정희 인생에 결정적 도움이 되는 육사 8기 인맥을 구축하는 기회의 나날이기도 했다.

당시 박정희는 육군본부 정보국 전투정보과에서 문관으로 일하고 있었다. 육본 정보국은 일이 많아지자 1,000여 명의 육사 8기 졸업예정자 중 성적우수자 31명을 차출했다. 이에 따라 훗날 5·16 쿠데타를 주도하는 육사 8기생 선두그룹이 대거 정보국에 입성했다. 여기에 김종필도 끼어 있었다.

이후 육사 8기생들은 박정희에게 매료된다. 박정희는 탁월한 실력으로 후배들의 귀감이 됐다. 여기에 머물렀다면 그는 존경할 만한 선배에 그쳤을 것이다. 그러나 그는 사무실에서는 '엄격' 그 자체였지만 술자리에서는 '파격' 그 자체였다. 박정희는 술자리에서 상하관계를 무시하고 소탈하게 후배들과 어울렸다. 박정희와 8기생들은 무교동에 있던 '은월정'이란 술집에 자주 가 통음을 하곤 했다. 박정희는 단지 존경할 만한 선배가 아니라 후배들이 좋아하는 선배였던 것이다.

이즈음 박정희가 8기생들의 마음을 결정적으로 사로잡은 사건이 발생한다. 정보국은 1949년 12월 17일 '연말종합적정판단서'를 작성해 상부에 올렸다. 보고서의 주 내용은 북한이 남침 준비를 완료했으며, 북한군의 기습 시기는 3월경으로 관측되나 중국 출신 의용군 편입이 늦어질 경우, 6~8월로 연기될 수도 있다는 것이었다. 이 보고서 작성을 주도한 인물이 문관 박정희였다. 당시 미국은 북한의 남침보다 이승만의 북침을 더 걱정하고 있었다. 그리고 유럽 방위에 더 많은 신경을 쓰고 있었다. 따라서 이 보고서는 유야무야됐다. 그런데 6개월 후 박정희의 예측대로 한국전쟁이 발발했다. 북한군은 박정희가 예상한 침투로를 통해 남침을 개시했다. 이 보고서를 계기로 박정희는 육사 8기생들 사이에서 신화적 존재가 됐고, 그들의 '영원한 리더'가 될 수 있었다. 박정희는 실력과 인격을 겸비한 유능한 군인이었다.

익 세력이 북한의 남침과 함께 총구를 반대로 돌렸을 것이기 때문이다. 숙군으로 국군의 5%에 달하는 4749명이 숙청됐다. 이중 2000명 이상이 총살형에 처해졌다. 박정희는 '두목급 빨갱이'였음에도 목숨을 건졌다. 그가 해방 후 한국군의 실세이던 만주 군관학교 출신인데다 동료들을 모두 밀고하는 등 수사에 적극 협조했기 때문이다. 그렇다고 해도 5000여 명이 숙청된 가운데에서 살아남은 것은 천운이라고밖에 설명할 수 없는 대목이다.

김일성, 박정희를 살려주다

1950년 한국전쟁이 발발하자 박정희는 소령으로 군에 복귀했다. 전시 총동원을 해야 했기 때문에 친일 또는 빨갱이 경력이 문제가 되지 않았다. 가능한 모든 인력을 동원해도 부족할 판이었다. 결국 김일성이 박정희를 살려준 셈이다.

육군 정보국에서 문관으로 근무하던 박정희는 한국전쟁 발발 당시 고향 구미에서 어머니 제사에 참석하고 있었다. 그는 한국전쟁 발발 소식을 듣고 곧바로 소속 부대에 복귀했다. 27일 그는 용산 육군본부 상황실로 돌아왔다. 서울은 28일 북한군에게 점령됐다. 이에 따라 육군본부도 후퇴해야 했다. 박정희는 정보국 본대와 떨어져 개인적으로 한강을 건너서, 29일 육본 정보국의 집결지였던 수원에 도착했다. 박정희가 공산주의를 계속 신봉했다면 서울이 북한군에 점령된 상황에서 북한군에 합류했을 것이다. 그러나 그는 후퇴하는 국군 편에 섬으로써 그에 대한 사상적 의심을 해소할 수 있었다. 문관 박정희는 1950년 7월 14일 소령 계급장을 달고 육군본부 전투정보과 과장으로 군에 복귀했다.

김일성 덕분에 한국의 박정희뿐 아니라 일본의 군국주의 세력도 부활했다. 일본이 태평양전쟁에서 패하고, 맥아더 장군이 일본을 접수하자 군국주

준장 시절 박정희의 모습. 박정희는 육군대학을 졸업하고 포천 6군단 부군단장을 맡고 있었다.

의 세력은 모두 숙청됐다. 그러나 한국전쟁이 이들을 살려주었다. 당시만 해도 미국에서 한국으로 군수물자를 싣고 오는 데, 한 달 이상이 걸렸다. 그러나 일본은 하루면 충분했다. 사실 일본은 단순한 군수물자 기지가 아니었다. 일본군은 미군의 원산 상륙 작전을 지원하기 위해 수뢰 제거 부대를 파병하는 등 비밀리에 한국전에 참전했다.

소련에 이어 중국이 공산화됐다. 한반도 이북도 이미 공산화됐다. 마지막 보루인 이남마저 공산화된다면 동북아시아는 공산주의 천지가 된다. 미국은 공산주의 세력의 확산을 더 이상 좌시할 수 없었다. 미군은 전쟁 물자를 본토가 아닌 일본에서 조달키로 하는 한편 비밀리에 일본군을 한국전에 참전시키기 위해 군국주의 세력을 다시 등용했다. 일본이 과거를 청산할 기회를 놓친 것이다. 일본 총리가 전범의 위폐가 있는 야스쿠니 신사를 참배하고, 관료들의 망언이 시도 때도 없이 나오는 것은 그들이 바로 전범의 후손들이기 때문이다. 아베 신조의 외할아버지인 기시 노부스케는 유폐의 나날에서 해방돼 화려하게 정계에 복귀했다.

일본뿐 아니라 한국도 과거를 청산할 기회를 놓쳤다. 전시 동원 체제가 되면서 친일 경력은 문제가 되지 않았다. 박정희도 친일파, 빨갱이라는 어두운 과거를 지울 수 있었다. 일제강점기 시절, 일본의 편에 서서 독립군을 때려잡던 악질 경찰들도 좌우 대립의 구도에 편승해 살아남았다. 일제 때는 민족 대 반민족의 구도였지만 한국전쟁은 좌익 대 우익의 대립 구도였다. 일제 때 조선인 고등계 형사들은 민족 대 반민족의 대립 구도 아래서 일제의 앞잡이로 독립 운동가를 체포, 고문, 살해한 민족 반역자들이었다. 그러나 그들은 좌우 대립 구도 속에서는 공산당을 잘 때려잡는 '기술자'들이었다.

박정희는 한국전쟁 이후 1953년 11월 준장이 됐고, 미국으로 건너가 육군 포병학교에서 6개월 동안 고등 군사교육을 받았다. 박정희는 덩샤오핑처럼 젊은 시절 외국 경험을 많이 했다. 박정희는 당시로서는 보기 드문 코즈모폴리턴이었다. 박정희는 만주 군관학교를 졸업한 뒤 일본 육사에 편입했다. '아시아의 서부'로 불리던 만주와 아시아에서 가장 선진국인 일본을 경험한 것이다. 여기에다 박정희는 비록 6개월간의 단기 유학이었지만 미국 포병학교에 유학했다. 박정희는 중국, 일본, 미국을 차례로 경험한, 당시 한국에서는 손꼽히는 코즈모폴리턴이었던 것이다.

덩샤오핑과 박정희 모두 집권하기 전 선진 문물을 두루 경험했다. 이들은 집권한 뒤 세계의 보편 질서에 따라야 한다는 것을 잘 알고 있었다. 덩은 집권하자마자 개혁개방을 외쳤고, 박정희는 한일 국교 정상화를 서둘렀다. 박정희는 일본과 국교를 정상화함으로써 한미일 삼각안보 동맹 체제에 들어갔다. 2차 대전 후 동북아시아 질서의 한 축을 이루는 보편적 세계 질서에 편입한 것이다.

미국 육군포병학교에서 고등 군사교육을 마치고 귀국한 박정희는 1954년 제2군단 포병 사령관, 1955년 제5사단 사단장 등의 보직을 거친 뒤 쿠데타의 해인 1961년, 2군 부사령관으로 재직하고 있었다.

5·16쿠데타

2군 부사령관으로 재임 중이던 박정희는 1961년 5월 16일 쿠데타를 주도하고, 7월 국가재건최고회의 의장이 됐다. 박정희의 나이 불과 44세였다.

한국전쟁 이후 군부는 한국 사회에서 가장 강력한 세력이 되어 있었다.

그리고 이들은 가장 선진화된 집단이었다. 많은 장교들이 미국에 단기 유학을 했다. 1961년까지 연인원 6000여 명의 한국군 장교들이 미국의 보병학교, 포병학교, 지휘 참모 대학 등에 유학해 6개월 내지 1년 동안 교육을 받았다. 특히 한국전쟁 이전 10만 명에 불과하던 한국군은 전쟁 이후 70만으로 불어나 있었다. 당시 군부는 한국 사회에서 가장 선진적이고 효율적인 집단이었을 뿐 아니라 합법적인 폭력을 독점한 집단이었다.

또 역설적으로 4·19민주혁명이 5·16쿠데타에 기여(?)한 측면도 있었다. 군부는 4·19를 계기로 민간 정부의 통제에서 벗어나 독자적인 권력을 행사하기 시작했다. 이승만의 하야로 내려진 계엄령은 군부를 전면에 나서게 했다. 4·19 이후 문민 우위의 원칙이 깨진 것이다. 특히 경찰은 시위대에 발포, 인명을 살상했지만 군대는 시위대를 살상하지 않고도 사태를 수습했다. 시민들에게 경찰은 악마였지만 군인은 천사였다. 군부는 이를 계기로 군대가 국가 전체의 안녕을 책임지는 마지막 보루임을 국민들에게 각인시킬 수 있었다. 이에 따라 군부의 영향력은 해방 이래 가장 극대화되고 있었다.

그리고 군부에도 4·19혁명 열기가 전해졌다. 이승만은 국민으로부터 불신임을 받았다. 이제 군 수뇌부가 젊은 장교들로부터 불신임을 받을 차례였다. 당시 한국군은 고위급 장성일수록 부정부패가 심했다. 그리고 군 수뇌부는 4·19혁명의 원인이 됐던 3·15부정선거에 대한 책임에서 자유로울 수 없었다. 이에 따라 정군(整軍)파 장교들이 군 수뇌부를 공격하기 시작했다. 군부 내에서 승진 적체로 불만이 많던 육사 8기생들이 고급 장성의 부정부패를 공격하는 '하극상 사건'을 일으킨 것이다. 하극상 사건의 중심에 김종필이 있었다. 김종필과 육사 8기생들은 아직 계급이 영관급이었기 때문에 대규모 군을 지휘할 수 있는 사단장급 인사가 없었다. 따라서 사단급 병력을 동원할 수 있고, 쿠데타군의 '간판' 역할을 할 수 있는 장군이 필요했다. 이들이 염두에 둔 인물이 박정희 소장이었다. 특히 박정희와 김종필은 혼맥으로 얽혀 있었다. 김종필은 박정희의 친조카사위다. 박정희의 조카딸인 박영옥의 남편이 바로 김종필이다. 박영옥은 대구·구미 폭동 사건 때 숨진 박정희의 셋째 형 박상희의 큰딸이다. 김종필이 박정희의 관사를 드나들며 박영옥을 처음 만났고, 박정희의 적극적인 권유로 김종필은 박영옥과 결혼했다.

박정희는 군부 내에서 비교적 청렴한 장군으로 소문이 나 있었다. 그리고 그는 공적으로는 추상같이 명령을 집행했지만 사적으로는 소탈하게 후배들과 술자리에서 어울렸다. 그래서인지 그를 따르는 후배가 많았다. 육사 8기생들이 이종찬 당시 국방장관에게 박정희를 육군 참모총장에 임명해 줄 것을 요구할 정도였다. 박정희 또한 군 수뇌부에 불만이 많았다. 그는 선생을 하다 사관학교에 입학했기 때문에 군 생활 자체가 늦었다. 게다가 빨갱이 전력이 있었기에 승진도 빠르지 않았다. 자신보다 세 살 어리고, 만주 군관학교 1기 선배에 불과한 백선엽은 한국전쟁 기간 육군참모총장이 됐고, 대장으로 진급했다. 만군 선배이지만 자신과 나이가 같은 정일권도 한국전쟁 때 이미 육군 참모총장을 했다. 만주 군관학교와 일본 육사 동기인 이한림도 이미 중장이었다. 그러나 박정희는 소장에 머물고 있었다. 한국전쟁 이후 한국군은 북한 출신들의 독무대가 되고 있었다. 이승만이 반공 정신이 투철한 북한 출신들을 중용했기 때문이다. 정일권(함경도파), 백선엽(평안도파) 등이 그들이다. 경상도 출신인데다 아웃사이더 기질이 강했던 박정희가 대장이 되는 것은 불가능해 보였다. 따라서 박정희도 군을 갈아엎어야 한다는 생각이 강했다.

미군도 한국군의 하극상 사건을 예의 주시하고 있었다. 미군은 김종필의 배후에 박정희가 있다고 보고 빨갱이 전력을 문제 삼아 박정희를 강제 예편시키려 했다. 박정희는 군에서 쫓겨날 절체절명의 위기에 몰리고 있었다. 그러나 승부사 기질이 강했던 박정희가 선수를 쳤다. 박정희가 군에서 불명예 제대하기 직전, 목숨을 걸고 감행한 거사(擧事)가 바로 5·16군사 쿠데타였다. 1961년 5월 16일 새벽, 박정희는 장교 250여 명, 사병 3500여 명과 함께 한강을 건너 서울의 주요 기관을 접수했다.

쿠데타는 미8군 사령관이던 매그루더(Carter B. Magruder)와, 박정희의 친구이자 야전군 사령관으로서 가장 많은 군단을 거느리고 있던 이한림의 반대로 잠시 난관에 부딪혔다. 미8군 사령관은 한국군의 작전 지휘권을 가지고 있었다. 박정희는 이를 무시하고 쿠데타를 일으켰다. 이는 미8군 사령관을 격분케 했을 것이다. 미8군 사령관이 쿠데타 초기에 강경한 입장을 보인 것은 당연했다.

이한림은 박정희와 만주 군관학교와 일본 육군사관학교를 같이 다닌 동기 동창이었다. 그는 1군 사령관으로 복무하던 중 2군 부사령관 박정희가 이끄는 5·16쿠데타를 만났다. 당시 1군은 휘하에 5개 군단, 20개 사단을 거느린 한국군 최대·최강의 야전군이었다. 이한림은 "군은 정치적 중립을 지켜야 한다"며 쿠데타를 반대했다. 그는 쿠데타군에 맞설 준비를 하고 있었다. 그러나 그는 상부의 명령이 없이는 움직일 수 없는 위치에 있었다. 직속상관인 장도영 육군 참모총장은 사실상 쿠데타군에 가담했고, 장면 총리는 행방불명이었다. 그는 부관을 시켜 장면 총리를 찾을 정도로 쿠데타 진압에 적극적이었다. 그러나 장면 총리는 너무 꼭꼭 숨어 있었다. 결국 이한림은 쿠데타 세력의 거사를 지켜볼 수밖에 없었다. 이한림은 5·16 직후 쿠데타군에 의해 반혁명 혐의로 감금됐다 불기소 처분을 받고 풀려났다. 그리고 그해 8월 육군 중장으로 예편했다.

당시 미국의 입장은 유보적이었다. 한국 경제는 미국의 원조 자금에 거의 100% 의지하고 있었기 때문에 미국이 쿠데타를 저지하려 했다면 저지할 수 있었을 것이다. 그러나 미국은 '지켜보자(wait & see)'는 입장을 견지했다. 게다가 장면 총리는 수녀원으로 도망가 행방불명이었고, 내각제 아래에서 형식상의 국가원수인 윤보선 대통령은 쿠데타를 진압하기 위한 군 동원을 반대했다. 윤보선 대통령은 쿠데타군 진압을 위한 군 동원으로 인명 피해가 더 많이 발생할 수 있고, 사실상의 내전 상황을 틈타 북한의 남침 시도가 있

5 · 16쿠데타 당시, 서울에 진격한 쿠데타군이 시가전에 대비하고 있다. 출처: 국가기록원

을 수 있다며 쿠데타 진압을 반대했다. 민주당 구파의 좌장인 윤보선은 신파의 좌장인 장면이 실각하면 거국내각 구성 등을 통해 자신이 실권을 잡을 수 있다고 판단했을 가능성이 크다.

한국에서 쿠데타 세력을 몰아내 달라고 강력하게 요청해도 미국은 내정 간섭이라는 비판 때문에 들어줄까 말까 했다. 그런데 그런 요구가 없었다. 미국은 지켜볼 수밖에 없었고, 대세가 기울자 쿠데타를 묵인했다. 미국은 한국의 민주주의에 전혀 관심이 없었다. 당시 케네디 정부의 가장 큰 관심

1961년 5월 19일 국가재건최고회의의 총회 모습. 쿠데타에 성공한 박정희는 국가재건최고회의를 구성하고 당시 육군 참모총장이던 장도영을 의장에 앉혔다. 출처: 국가기록원

사는 소련 주변에 강력한 반공 국가를 구축해 소련을 포위하는 것이었다. 따라서 미국은 한국의 정권이 민주 정권이 아니더라도 반공 정권이면 그 정권을 인정했다. 미국의 이 같은 입장은 훗날 전두환의 쿠데타에도 그대로 적용된다.

결국 장면 내각의 총사퇴로 쿠데타는 성공했다. 군사혁명 위원회는 국가재건최고회의로 재편돼 3년간의 군정에 착수했다. 박정희는 국가재건최고회의 의장으로 군정을 이끌었다.

산업화 세력은 5·16을 혁명이라고 부른다. 그러나 민주화 세력은 5·16을 쿠데타라고 부른다. 지금도 이를 두고 논쟁을 벌이고 있다. 혁명은 구국적 결단이지만 쿠데타는 군부의 권력 찬탈에 불과하다. 이 논쟁은 제2공화국 민주당 정권의 실체와 연결된다. 장면 정부가 부정부패로 얼룩진 정부라면 박정희의 쿠데타는 그나마 명분이 있다. 그렇지 않다면 권력 찬탈이 분명하다. 민주당 정권은 신파와 구파로 갈라졌다. 결국 구파가 떨어져 나가 신민당이라는 독자 정당을 결성했다. 그러나 민주당 정권이 부패했다는 증거는 없다. 분열을 일삼고 무능할지언정 부패하지는 않았다. 장면 정권이 출범한 지 9개월밖에 안 됐다. 따라서 부패할 시간도 없었다.

그런데 박정희는 혁명 공약에서 부패를 일소하기 위해 쿠데타를 일으켰다고 밝혔다. 민주당의 죄는 분열한 것 외에는 없었다. 그런데 분열은 민주주의의 속성이다. 민주주의의 꽃인 선거 자체가 결국은 편 가르기다. 지금도 한국은 사분오열돼 있다. 박근혜 대통령을 대통령으로 인정하는 사람이 있는가 하면 그를 대통령으로 인정하지 않는 사람도 있다. 정보기관의 선거 개입으로 애초부터 부정선거였다며 박근혜는 대통령 자격이 없다는 것이다. 심지어 성직자들인 천주교 정의 구현 전국 사제단은 박근혜 대통령의 하야를 요구하고 있다. 5·16쿠데타 세력이 살아 있다면 쿠데타를 다시 일으키고도 남을 일이다.

쿠데타 세력은 모두 6개 항의 공약을 내걸었다. 여섯 번째 마지막 공약이 "양심적인 정치인에게 정권을 이양하고, 군은 복귀하여 본연의 임무를 다한다"였다. 그러나 박정희는 "다시는 이 나라에 본인과 같은 불운한 군인이 없도록 합시다"라며 전역하고는 정권을 계속 잡았다. 더 나아가 1972년 10월 유신을 통해 영구 집권을 획책했다.

박정희 집권 기간에 눈부신 경제성장을 했기 때문에 5·16이 쿠데타가 아니고 혁명이라고 주장하는 이들도 있다. 본말 전도다. 박정희가 100억 달러가 아니라 1000억 달러 수출을 달성했다고 해도 집권 과정의 부당성은 합리화될 수 없다. 성경을 읽기 위해서 촛불을 훔쳤다고 해도 절도는 절도다. 박정희의 경제적 업적은 인정해야 한다. 그렇다고 쿠데타가 혁명이 될 수는 없다. 박정희가 정치를 하고 싶었다면 선거를 통해 국민의 심판을 받았어야 했다.

1961년 6월 26일 5 · 16군사혁명 기념탑 제막식에서 참석자들이 만세를 부르고 있다. 남한산성 중턱에 위치한 군사혁명 기념탑은 육군형무소 재소자들이 건립한 것으로, 5 · 16쿠데타 이후 한 달여 만에 완성된 것이다. 출처: 국가기록원

결국 5 · 16은 박정희 등 정치군인들이 정권을 찬탈하기 위해 일으킨 군사반란이었다. 이승만은 미국 최고의 명문인 프린스턴 대학에서 국제정치 관련 논문으로 박사 학위를 받았다. 따라서 국제 정세에 일가견이 있었다. 이승만은 미국의 의도를 미리 간파하고 선수를 쳐 자신의 정책을 관철할 정도로 국제 정세에 밝았다. 미국으로서는 골치 아픈 존재였다. 실제 미국은 이승만 제거를 고려할 정도였다. 이뿐 아니라 이승만은 일제강점기 시절 독립운동의 진영에 섰다. 이승만은 정통성과 능력을 겸비한 인물이었던 것이다.

1961년 11월 11일 도쿄에서 박정희와 이케다 하야토 일본 총리가 공동 기자회견을 하고 있다. 출처: 국가기록원

이에 따라 이승만은 집권 당시 '국부'로 대접받으며 제왕적 리더십을 행사했다. 그러나 그의 하야 이후 장면 정권은 이를 대신할 리더십이 없었다. 리더십의 공백이 발생한 것이다. 호시탐탐 쿠데타를 노리던 정치군인 박정희는 이 같은 리더십 공백을 이용, 쿠데타를 감행했고, 결국 성공했다.

기시 노부스케와 만나다

박정희는 집권 직후 경제개발의 종잣돈을 마련하기 위해 일본과 국교 정상화를 서둘렀다. 이때 만주 인맥이 부활했다. 만군 선배인 정일권이 외무장관 겸 국무총리로 한일 국교 정상화를 이끌었다. 일본 측의 막후 사령탑이 기시 노부스케였다.

한국이 한일 국교 정상화를 위해 제일 먼저 접촉한 인물이 바로 기시 노부스케였다. 기시는 당시 총리에서 물러나 있었다. 그러나 막후에서 여전히 영향력을 행사하고 있었다. 기시는 한일 국교 정상화를 위해 특파된 최영택 참사관과 만나 "나는 원래 한일회담을 성사시키려고 노력해 온 사람입니다. 경제 발전을 위해 한일회담을 타결하겠다는 박 의장의 의지에 나로서는 감동할 수밖에 없습니다. 내가 총리를 만나 그 뜻을 전해주겠습니다"라고 말했다.(조갑제, 『박정희』(조갑제닷컴, 2007)). 그리고 자신의 동생 사토 에이사쿠 당시 통산성 장관을 소개해 주었다.

분위기가 무르익자 한일 국교 정상화의 막후 주역 김종필이 나섰다. 김종필은 이케다 하야토(池田勇人) 총리와 만나 박정희 국가재건최고회의 의장의 방일 일정을 조율했다. 박정희는 케네디 대통령과 정상회담을 하기 위해 미국에 가는 도중 일본에 들러 이케다 총리와 한일 정상회담을 하려 했다. 김종필은 박정희 의장을 초청하는 이케다 총리의 친서를 들고 귀국했다.

1961년 11월 11일 오후, 박정희는 일본 하네다 공항에 도착했다. 국가 정상으로서 첫 외유였다. 박정희는 이날 밤 이케다 총리를 비롯한 일본 정계 거물들과 만찬을 했다. 이 자리에 특별한 손님이 있었다. 만주 군관학교 교장이던 나구모 신이치로(南雲親一郎) 장군이었다. 박정희가 방일 전부터 만나고 싶어한 인물이었다. 박정희는 방일 전 일본 측에 나구모 장군을 만날 수 있게 해달라고 요청했다. 박정희는 "교장 선생님께서 저를 이렇게 키워주셔서 감사합니다. 건강한 모습을 뵈니 대단히 기쁩니다. 앞으로도 건강하시고 장수하시기 바랍니다"라며 절을 올렸다.(조갑제, 『박정희』(조갑제닷컴, 2007)). 박정희는 만주 군관학교 생도 시절의 다카키 마사오로 돌아가 스승 나구모에게 예를 표한 것이다. 이는 일본의 만주 인맥을 흐뭇하게 했을 것이다. 그리고 박정희는 다음 날 기시 노부스케가 주최한 오찬에서 "우리는 한국군을 훈련시킬 때, 과거 일본 육군사관학교에서 생도들을 훈련시켰던 것처럼 하고 있다"고 말했다고 《아사히신문》(1961년 11월 14일 자)이 보도했다. 기시는 박정희가 "정치 경제를 모르는 젊은 군인들이 일본 정치인들의 의견을 듣고 싶어 왔다"고 말했다고 자신의 회고록에서 밝혔다.

군인답게 솔직담백한 박정희의 품성은 일본 정계 거물들의 마음을 여는 데 더없이 효과적이었을 것이다. 그러나 박정희의 이 같은 언행은 대한민국을 대표하는 정상으로서 전혀 적절치 않은 것이었다. 만주 군관학교 동창회나 만주국 동우회 등에서 했으면 안성맞춤일 언행이었다.

2장
마오쩌둥과 공산혁명

농민의 아들 마오쩌둥

마오쩌둥은 1893년 12월 26일, 후난(湖南, 호남) 성 상탄(湘潭, 상담) 현 샤오샨(韶山, 소산)에서 농부인 아버지 마오순성(毛順生, 모순생)과 어머니 원치메이(文七妹, 문칠매) 사이에서 장남으로 태어났다. 위에 형이 둘이 있었으나 일찍 죽어 그가 장남이 됐다. 그 또한 혁명에 뛰어들기 전까지 반농반학(半農半學)을 하던 '농부'였다. 그는 여섯 살 때부터 농사일을 거들었다. 농부를 강조한 이유는 마오의 출신 성분과 중국 혁명의 성격이 정확히 맞아떨어지기 때문이다. 중국 혁명은 사회주의란 탈을 썼을 뿐 본질은 농민 혁명이다.

마오의 아버지는 자수성가한 부농이었다. 처음에는 농사를 지었으나 농토가 늘자 곡물업자로 변신했다. 그는 아들이 자신의 사업을 물려받기를 원했다. 그래서 큰 학문이 아닌 주산 부기 정도만 배우길 바랐다. 그러나 마오는 책 읽기를 유달리 좋아하는 소년이었다. 어떤 책이든 한번 잡으면 놓지

후난 성 샹탄 현 샤오산에 위치한 마오쩌둥 생가. 집 앞에 연못이 있다. 출처: 중국공산당 신문망

않았다. 다독이 아니라 남독 수준이었다. 그는 농사를 짓거나 곡물상을 하기에는 너무 학구적이었다.

아버지 마오순성은 자수성가한 사람이었다. 따라서 독선적이었다. 마오는 늘 아버지의 절대 권위에 도전하면서 자랐다. 마오는 자신의 존재를 처음으로 서방 세계에 알린 미국 기자 에드거 스노(Edgar Snow)에게 자신과 아버지와의 일화를 소개한 적이 있다.

내가 열세 살쯤 되었을 때, 아버지는 집에 많은 사람을 초대했는데, 거기에서 아버지와 내가 언쟁을 했습니다. 아버지는 손님들 앞에서 나를 게으르고 쓸모없는 놈이라고 욕했습니다. 그래서 나도 아버지에게 욕을 하고 집 밖으로 뛰쳐나갔습니다. 아버지가 쫓아오자 연못가로 가 더 이상 쫓아오면 물에 뛰어들겠다고 위협했지요. 아버지는 내가 순종하겠다는 표시로 고두(叩頭, 머리를 땅에 대고 조아리는 것——저자 주)를 하라고 주장했습니다. 나는 아버지가 나를 때리지 않는다고 약속하면 한 무릎만 꿇는 반 고두를 하겠다고 말했지요. 그래서 싸움은 끝났는데, 나는 이 일을 통해 내 권리를 지키기 위해 노골적으로 반항할 때는 아버지가 수그러들지만 온순하게 복종만 하고 있으면 아버지가 더 심하게 때릴 뿐이라는 것을 알게 됐습니다.

──에드거 스노, 『중국의 붉은 별』, 홍수원 외 옮김(두레, 1995)

위의 일화에서 볼 수 있듯 마오는 철저한 반항아였다. 이후로도 그의 인생은 기존 권위에 대한 도전으로 일관했다. 아버지와 마오의 불화는 계속됐다. 아버지와의 불화가 끝난 것은 그가 1913년 후난 제1사범학교에 진학하기 위해 후난 성의 성도 창사(長沙, 장사)로 떠난 후였다.

첫 스승 양창지

고향에서 기본 교육을 마친 마오는 후난 제1사범학교에 입학, 그의 스승이자 장인이 되는 양창지(楊昌濟, 양창제)를 만났다. 양창지는 후난 성 지주의 아들로 태어나 6년 동안 일본에서 유학한 뒤 30세가 되어 다시 유럽으로 건너가 4년간 영국과 독일에서 유학했다. 동서양을 아우르는 당대의 지식인이었다.

후난 제1사범학교에서 윤리학 교수로 재직 중이던 양창지는 마오의 재능을 한눈에 알아보고 중국에 큰일을 할 인물이라는 것을 직감했다. 따라서 그를 물심양면으로 도왔다. 양은 천두슈(陳獨秀, 진독수)가 발행하는 《신청년》 잡지를 마오에게 보여주고 투고를 격려하기도 했다. 실제 마오가 투고한 글이 《신청년》에 실리기도 했다. '28획생'(毛澤東의 획수)이란 필명으로 기고한 그의 글, 「체육 연구」가 《신청년》에 실린 것이다.

양창지는 공부뿐 아니라 체력 단련도 강조했다. 건강한 신체에 건전한 정

후난 제1사범학교에 있는 청년 마오쩌둥 동상. 청년 마오가 어딘가를 응시하고 있다. 출처: 후난 제1사범 홈페이지

신이 깃든다는 것이 그의 지론이었다. 마오는 그의 충고로 체력 단련을 열심히 했다. 비 오는 날 달리기, 냉수욕, 야숙, 추운 날 강물에서 수영하기 등. 특히 냉수욕은 평생을 했다. 마오는 "이때 쌓은 체력으로 대장정이라는 고난의 행군을 완수할 수 있었다"고 말하곤 했다.(에드거 스노, 『중국의 붉은 별』, 홍수원 외 옮김(두레, 1995))

후난 제1사범학교에 가면 청년 마오쩌둥 동상이 있다. 중국식 두루마기를 걸친 마오가 어딘가를 응시하는 모습이다. 중국 대륙에 마오의 동상은 부지기수다. 대부분 중년 이후의 마오를 기린 동상이다. 청년 마오쩌둥 동상은 후난 제1사범학교가 유일하다. 젊은 시절 마오의 패기가 철철 넘친다.

1918년 후난 제1사범학교를 우등으로 졸업한 마오는 그해 여름 베이징
(北京, 북경)행을 결정했다. 그는 '근공검학(勤工儉學)'에 지원한 후난 학생들
과 함께 베이징으로 갔다. 그들을 배웅하고 돕기 위해서였다. 근공검학은
근면하게 일하고 검약해서 공부한다는 뜻이다. 낮에는 일하고 밤에는 공
부하는 주경야독과 같다. 요즘 말로는 일하면서 여행하는 '워킹 홀리데이
(working holiday)'와 비슷하다. 일하면서 견문을 넓힌다는 점에서 근공검학
과 워킹 홀리데이는 일맥상통한다. 근공검학은 1차 대전 직후 노동력이 부
족했던 프랑스와, 서구 문물을 배우려는 중국의 이해가 맞아떨어져 생긴 것
이다. 당시 중국의 인재들이 대거 프랑스로 갔다. 이후 그들은 중국공산당
최상층 지도부가 된다. 마오의 뒤를 이은 덩샤오핑과 '영원한 총리'로 추앙
받은 저우언라이, 그리고 마오와 함께 홍군을 창설한 주더(朱德, 주덕) 등이
모두 근공검학 출신이다.

그러나 마오는 근공검학에 참여하지 않았다. 그는 에드거 스노와의 인터
뷰에서 "나는 내 조국에 대해 잘 알지도 못하고, 또 내 시간을 중국에서 더
유익하게 활용할 수 있다고 생각했다"고 밝혔다. 그는 또 "중국에 모든 것
이 다 있는데, 굳이 외국에 갈 필요가 있느냐"고 말하기도 했다. 민족주의자
로서의 면모를 볼 수 있는 대목이다.

근공검학단을 배웅하고 난 마오는 돈이 떨어졌다. 따라서 일자리를 구해
야 했다. 마침 후난 제1사범학교의 스승 양창지가 베이징 대학 교수로 재직
하고 있었다. 양창지는 당시 베이징 대학 총장이던 차이위안페이(蔡元培, 채
원배)에 의해 베이징 대학으로 스카우트돼 그곳에서 근무하고 있었다. 차이
위안페이는 쑨원의 중화민국이 건립됐을 때, 초대 교육 총장이 돼 근대 중
국 학제의 기초를 세운 인물이다. 이후 위안스카이의 반정으로 중화민국이
와해되자 그는 1916년 베이징 대학 총장에 취임해 천두슈, 후스(胡適, 호적),

양창지 등 신예 교수들을 대거 기용, 베이징 대학에 새롭고 자유로운 학풍을 일으키고 있었다. 베이징 대학은 이후 반제·반봉건 운동인 5·4운동의 중심이 되고, 차이위안페이는 '5·4운동의 아버지'라고 불렸다. 특히 차이위안페이의 전공도 양창지와 같은 윤리학이었다. 차이위안페이는 시골 사범학교 교수였지만 윤리학에 일가견이 있는 양창지를 잘 알았고, 자신이 베이징 대학 총장이 되자 그를 교수로 발탁했다.

양창지는 마오에게 베이징 대학 도서관 사서 보조원 자리를 소개해 주었다. 도서관 사서로 근무하며 듣고 싶은 강의를 마음대로 청강하라는 배려였다. 당시 마오의 상사, 즉 도서관장이 중국에 마르크스주의를 전파한 리다자오(李大釗, 이대쇠)였다. 리다자오와 함께 초기 중공을 대표하는 천두슈는 당시 문과대 학장이었다. '리다자오가 없었다면 마오쩌둥도 없었을 것'이란 말이 있을 정도로 리다자오는 마오에게 큰 영향을 미쳤다. 당시 마오의 나이는 25세, 리다자오는 29세였다. 리다자오는 1918년 《신청년》에 러시아혁명의 성공을 알렸다. 앞서 1917년 10월 러시아 볼셰비키 혁명이 성공했다. 《신청년》은 진보적 지식인이던 천두슈, 리다자오, 후스, 루쉰(魯迅, 노신) 등이 주요 필진으로 참여, 중국의 청년들을 일깨운 진보적 잡지였다. 특히 백화운동(문어와 구어의 일치 운동)의 선봉에 섰다. 마오는 베이징 대학 도서관 사서 보조원으로 일할 때 리다자오의 글을 읽고 "전기에 감전된 듯한 충격을 받았다"고 회고했다. 이후 마오는 마르크스주의를 스펀지처럼 빨아들였다. 마오는 "1920년 여름까지는 이론 면과 실천 면에서 마르크스주의가 됐다"고 고백했다.(에드거 스노, 『중국의 붉은 별』, 홍수원 외 옮김(두레, 1995))

얼마 후 스승인 양창지가 숨지자 고향에서 그의 장례를 치른 뒤 그의 딸 양카이후이(楊開慧, 양개혜)와 1921년 결혼했다. 앞서 마오는 열네 살 때, 아버지의 강권으로 자신보다 여섯 살 연상인 뤄(羅, 나)씨와 결혼했었다. 그러나 마오가 학업을 위해 집을 떠나 있었기 때문에 그녀와 실제 살지는 않았다. 그녀도 시집온 지 2년 만에 병을 얻어 죽었다. 마오는 이 결혼을 인정하지 않았다. 따라서 양카이후이와의 결혼이 첫 결혼이라고 할 수 있다.

양카이후이의 아버지는 당대의 지식인이었다. 양카이후이 또한 보기 드문 재원이었다. 그녀는 중국 혁명 초기, 청년 지도자로 활약했다. 마오와 그녀의 결혼은 후난의 진보적 청년들 사이에서 가장 이상적인 결합으로 축복받았다. 마오와 그녀는 슬하에 3남을 두었다. 그러나 훗날 양카이후이와 그의 아들들은 혁명의 제물이 된다.

공산당 창당 대회 참석

사회주의혁명에 성공한 소련은 1919년 국제 공산주의 조직, 코민테른(Communist International)을 만들고, 세계 공산주의 혁명에 나섰다. 코민테른은 아시아 민족주의 세력의 봉기가 필수적이라고 보고, 중국의 공산주의 운동에 관심을 보였다. 소련은 당시 외상이던 카라한을 통해 제정 러시아가 획득한 중국에서의 모든 권리를 포기하고, 중국 인민의 혁명 투쟁을 적극 지원할 것이라고 밝혔다. 그리고 레닌은 1920년 4월 코민테른 극동국 책임자이던 보이딘스키(Voidinsky)를 중국에 파견, 중국공산당 창당을 준비시켰다.

1921년 7월 23일, 치외법권 지대인 상하이(上海, 상해)의 프랑스 조계 내 박문여학교에서 공산당 창당 대회인 제1차 전국인민대표대회가 열렸다. 그러나 회의 도중 비밀경찰이 눈치를 채자 공산당은 대회 장소를 저장(浙江, 절강) 성 자싱(嘉興, 가흥) 현 난후(南湖, 남호)의 배위로 옮겨 회의를 계속했다. 이 대회에 국내에서는 마오 등 모두 열세 명이, 코민테른을 대표해 마링(Maring) 등 두 명이 참석했다. 마링은 네덜란드 출신의 국제공산주의자로 중국공산당 창설의 산파역을 했다. 마링과 함께 러시아인 니콜스키(Nicholsky)가 옵서버 자격으로 창당대회에 참석했다. 회의는 후에 마오와 당권을 겨루는 장궈타오(張國燾, 장국도)가 사회를 봤다. 마오는 기록을 맡았다. 이 회의에서 천두슈가 초대 공산당 총서기로 선출됐다. 같은 해 10월 10일 마오는 중공 후난 지부를 설립하고 서기에 취임했다. 중국 전역에서 처음으로 생긴 지부였다. 마오가 공산당 창당 대회에 참석, 창당 발기인이 된 것은 훗날 엄청난 정치적 자산이 된다. 중국공산당의 '살아 있는 역사'이기 때문이다.

코민테른은 그러나 중국 혁명의 파트너로 공산당이 아닌 국민당을 선택했다. 공산당의 세가 미약했기 때문이다. 창당 당시 중국공산당원은 54명에 불과했다. 코민테른은 중국의 경제적, 사회적 발전 단계가 낮기 때문에 사회주의로의 급속한 이행은 불가능하다고 보았다. 그 전 단계로 부르주아혁명을 해야 하고, 그것은 국민당에 의해 실현될 수 있다고 판단했다. 국민당이 부르주아혁명을 달성하면 이후 당을 볼셰비키화해 사회주의를 실현할 수 있다고 생각했다. 따라서 공산당이 독자적 행동을 할 수 있을 때까지 국민당과 협력해야 한다고 믿었다. 이에 따라 국민당과의 합작을 추진했다. 국민당에 상당한 규모의 자금도 지원했다. 코민테른은 공산당이 성장한 후에도 국민당과 더 긴밀하게 관계를 맺었다. 마오의 농민 혁명을 정통 사회주의로 보지 않았기 때문이다. 공산당이 중국을 해방할 때까지 코민테른의 대중 창구는 공산당이 아니라 국민당이었다.

코민테른의 명령으로 제1차 국공합작이 이뤄졌다. 1차 국공합작은 중국 대륙 각지에 할거하던 군벌을 퇴치하는 것이었다. 코민테른은 중국공산당에 국민당으로 들어가 함께 투쟁할 것을 명령했다. 쑨원도 중국공산당에 우호적이었다. 그의 부인 쑹칭링(宋慶齡, 송경령, 장제스의 부인 쑹메이링의 친언니)이 "공산당이 쑨원의 정신을 가장 잘 계승했다"며 공산당에 입당한 것만 보아도 쑨원의 뜻이 어디에 있었는지 짐작할 수 있다. 쑹칭링은 중화인민공화국 성립 이후 국가부주석을 지냈다. 류샤오치가 실각했을 때는 국가주석권한대행을 맡기도 했다.

그러나 1925년 쑨원이 숨지고, 1927년 장제스가 국민당 당권을 잡자 국공합작은 무산됐다. 장제스는 국민당 당권을 잡자마자 공산당 소탕에 나섰다. 그는 일본 진무(振武)군사학교를 졸업하고 포병 장교로 일본 군대에서 복무하다 귀국해 쑨원 진영에 들어갔다. 공산당원들은 장제스의 검거령과 백색 테러를 피해 지하로 숨어들었다. 그해 말까지 공산당원의 5분의 4에 이르는 30만 명 이상이 살해당한 것으로 추산된다.(현이섭, 『중국지』(인카운터, 2012))

다급해진 공산당은 도시 봉기 등 급진적인 정책을 채택했다. 그러나 장시(江西, 강서) 성 난창(南昌, 남창)에서 일으킨 난창 봉기 등 모든 도시 봉기가 실패했다. 특히 난창 봉기는 중화인민공화국 성립 후 초대 총리가 되는 저우언라이가 주도하고, 해방 후 인민해방군(약칭 인민군) 10대 원수에 들어가는 주더, 허룽(河龍, 하룡), 류보청(劉伯承, 유백승), 린뱌오(林彪, 임표) 등 쟁쟁한 장군들이 대거 참여했다.

1927년 8월 1일 새벽 2시, 공산군은 난창을 점령하는 데 성공했다. 그러나 국민당의 역습을 받아 5일 만에 도시를 내주고 도망할 수밖에 없었다. 10대 원수 서열 1위이자 후에 초대 인민군 총사령관이 되는 주더는 난창 봉기 실패 후 징강 산(井岡山, 정강산)으로 들어가 마오와 함께 홍군을 창설했다.

"권력은 총구에서 나온다"

난창 봉기가 실패한 직후, 중공 중앙은 긴급 회의를 개최했다. 1927년 8월 7일 우한(武漢, 무한)에서 개최된 이른바 '8·7회의'였다. 이 회의에서 공산당은 취추바이(瞿秋白, 구추백) 등으로 중공 임시 정치국을 구성했다. 초기 중국공산당을 이끌던 천두슈는 이 회의를 계기로 몰락했다. 중공 초기 천두슈와 같이 큰 역할을 하던 리다자오는 1924년 공산당 활동을 하다 군벌 장쭤린(張作霖 장작림, 후에 시안 사변을 일으키는 장쉐량의 아버지)에게 사형

당했다.

이 회의에서 마오는 사자후를 토했다. 당 중앙이 국공합작과 관련, 치명적 실수를 저질렀다고 비판한 뒤 자신이 농민 혁명을 강조한 '후난 농민 보고서'가 후난 지역에서는 큰 반향을 일으켰으나 당 중앙은 이를 무시했다고 따졌다. 후난 농민 보고서는 마오가 직접 후난 성 일대의 농촌을 답사한 뒤 작성한 것으로 '농민이 혁명의 전위가 돼야 한다'는 논리를 담은 보고서였다. 지금은 고전이 된 마오의 후난 농민 보고서는 천두슈가 너무 급진적이라며 당 기관지에도 못 싣게 할 정도로 냉대를 받았다. 마오는 후난 농민 보고서에서 "곧 수억의 농민들이 마치 태풍처럼 봉기할 것이다. 그것은 너무도 빠르고 격렬해서 아무리 큰 힘이라도 막을 수 없을 것이다. 농민을 휘어잡는 자가 중국을 장악하고, 농지 문제를 해결하는 자가 농민을 휘어잡을 것이다"고 예언했다.(中國共産黨歷史大辭典, 中共中央黨校出版社)

중국의 농민들은 태풍처럼 봉기할 수밖에 없었다. 더 이상 나빠질 수 없었기 때문이다. 초대 인민군 총사령관인 주더는 미국 여기자 애그니스 스메들리(Agnes Smedley)와의 인터뷰에서 "어머니는 자식을 모두 열셋이나 낳았는데, 아들 여섯과 딸 둘만 생존했다. 나머지 다섯은 태어나자마자 물에 빠트려 죽였다. 너무 가난해 많은 식구를 먹여 살릴 수 없었기 때문이었다"고 고백한 적이 있다.(애그니스 스메들리, 『한 알의 불씨가 광야를 불사르다』, 홍수원 옮김(두레, 1986)) 당시 중국 농민들의 생활상을 대변해 주는 고백이다. 중국의 농민들은 인간 이하의 생활을 하고 있었다. 더 이상 나빠질 수가 없었다. 누군가 불만 붙여 준다면 활활 타오를 준비가 되어 있었다. 마오는 이 같은 농민을 이끌기 위해 공산당이 농민을 혁명의 전위로 나오게 교육해야 한다고 주장했다. 농민들도 도시 노동자처럼 의식화 과정을 거치면 혁명의 전위가 될 수 있다고 생각한 것이다. 마오는 혁명의 중심은 도시 노동자라는, 교조주의자들은 상상할 수도 없는 독창적이고, 중국의 현실에 바탕을 둔 사고를 하고 있었던 것이다. 국민의 90% 이상이 농민인 중국에서 프롤레타리아

(노동자)혁명은 구두선에 불과했다.

그리고 마오는 마지막으로 무장투쟁을 강조했다. 그는 사회주의혁명을 달성하는 길은 무장투쟁밖에 없다고 강조하면서 "권력은 총구에서 나온다"고 말했다. 그는 "혁명은 시를 짓거나 그림을 그리는 우아한 일이 아니고, 계급 간의 격렬한 충돌"이라며 이같이 말했다. 이후 '권력은 총구에서 나온다'는 마오의 트레이드마크가 됐다. 마오는 혁명의 폭력성을 정확히 파악하고 있었고, 자신을 그 폭력의 한가운데로 몰아넣을 준비가 되어 있었다. 그리고 결국 폭력으로 혁명을 쟁취했다.

덩샤오핑을 만나다

이 회의에서 또 하나의 사건이 발생했다. 마오와 덩샤오핑이 처음으로 만난 것이다. 공산 중국의 건국 황제와 2대 황제가 조우한 셈이다. 당시 덩은 중앙당 비서처장으로 일하고 있었다. 이후 덩은 문화혁명 이전까지 항상 마오의 편에 섰다. 마오도 덩을 하늘이 내린 인재, 즉 천재(天才)라고 높이 평가했다. 그러나 대권을 물려주지는 않았다. 자신의 문화혁명 정신을 뒤엎을 수 있기 때문이었다. 덩은 자력으로 대권을 장악했다.

중공 중앙은 8·7회의에서 마오의 의견을 어느 정도 수용, 토지혁명과 무장투쟁 방침을 결정했다. 구체적인 실행 방안으로 후난 성 농민들이 주도하는 추수 봉기를 결정했다. 그리고 그 책임자로 마오를 임명했다. 1927년 9월 9일 마오는 추수폭동을 일으켰다. 그러나 마오가 처음으로 이끈 무장투쟁인 추수 폭동은 참담한 실패로 끝났다. 경험이 부족했고, 국민당의 군사력이 워낙 강했기 때문이다. 추수 봉기가 실패하자 마오는 패잔병을 이끌고 산으로 들어갔다.

마오는 입산해 국민당의 공격을 피하는 한편 병력을 양성하고, 그 병력으로 인근 농촌 마을을 소비에트화하는 것이 중국을 공산화하는 가장 효과적인 방법이라고 판단했다. 그가 선택한 산이 바로 '중국 혁명의 요람' 징강 산이다. 장시(江西, 강서) 성에 있는 징강 산은 홍군의 모태다. 그리고 혁명 내내 소련파와 당권을 겨루는 국내파 공산주의자들의 정신적 고향이었다. 따라서 국내파를 징강 산파라고도 한다.

징강 산은 최고봉이 1841m로 우리나라 지리산과 비슷한 규모다. 유사 이래 도적들의 소굴이었다. 당시 마오가 조직한 병력은 1000여 명에 불과했다. 그러나 다음 해 난창 봉기에 실패한 주더가 징강 산으로 들어오자 병력이 1만 명으로 늘어났다. 홍군의 모태인 주모군(朱毛軍, 주더와 마오쩌둥의 군)이 결성되는 순간이었다. 홍군의 정식 명칭은 공농홍군(工農紅軍)이다. 노동자 농민의 붉은 군대라는 뜻이다. 붉은 군대는 사실 홍군이 아니라 적군(赤軍)이다. 실제 소련의 혁명군을 '적군(Red Army)'이라 불렀다. 그러나 중국은 적군이 아니라 홍군이다. 홍색은 중국인이 가장 좋아하는 색으로, 길상(吉祥)을 상징하기 때문이다. 이후 1928년 말에는 건국 후 주더에 이어 10대 원수 서열 2위에 오르는 펑더화이가 8000여 명의 병력을 이끌고 징강 산에 들어왔다. 마오는 홍군의 군사력을 이용, 인근 6개 현에 소비에트 지구를 건설하고 후난, 장시, 광둥(廣東, 광동) 경계 지역까지 공산당 세력을 확대해 나갔다.

한편 쿠데타로 정권을 잡은 장제스는 본격적으로 공산당 토벌에 나섰다. 1차 목표는 공산 비적(匪賊, 도적 떼)의 소굴인 징강 산이었다. 홍군이 군세를 늘리자 국민당 군대는 두 번에 걸쳐 징강 산을 공격했다. 그러나 마오는 이를 가볍게 격퇴했다.

중국 혁명의 3걸이라 할 수 있는 마오쩌둥, 저우언라이, 주더가 장정 도중 찍은 사진이다. 왼쪽부터 저우
언라이, 마오쩌둥, 주더.

16자 전법

마오는 특유의 유격 전술로 국민당 대군의 파상 공세를 막아냈다. 국민
당 군대의 병력이 10~20배 많았기 때문에 일대일로 맞붙는 진지전으로는
승산이 없었다. 적들을 홍군의 관할지인 해방구까지 깊숙이 끌어들인 뒤 화
력을 집중해 순식간에 치명적 타격을 입히는 것이 홍군의 기본 전략이었다.
이를 '운동전', '섬멸전'이라고 부른다. 운동전은 계속 부대를 이동해 적을 지
치게 하는 것이고, 섬멸전은 지친 적을 일시에 궤멸하는 것이다. 마오는 다

음과 같이 강조했다. "열 개의 손가락에 상처를 내봤자 하나를 확실하게 절단시키는 것만 못하다. 적의 10개 사단을 흠집 내봤자 1개 사단을 몰살하는 것만 못하다."(현이섭, 『중국지』(인카운터, 2012)) 섬멸전은 적에게 최대한 공포심을 일으켜 사기를 떨어뜨린다. 그리고 적을 전멸함으로써 부족한 장비를 보충, 아군의 역량을 강화할 수 있다. 국공내전 당시 국민당은 공산당 최고의 군수품 보급업자(?)였다. 공산당은 국민당 군대에게서 뺏은 무기로 무장했고, 병력을 국민당 군대에서 보충하기도 했다. 국민당 군대 포로 중 좌익 성향이 강한 병사들을 홍군에 편입했다. 국민당이 공산당의 가장 믿음직스러운 예비군이었던 것이다.

홍군의 이 같은 유격 전술을 한마디로 압축한 것이 그 유명한 '16자 전법'이다. 마오가 수없이 많은 전투 경험을 통해 직접 만든 것이다. 마오는 정치가이기 전에 군사 전략가였다. 중국을 침략했던 일본도 중국 최고의 군사 전략가로 마오를 꼽았다.

> 적진아퇴(敵進我退), 적이 진격해 오면 우리는 후퇴한다
> 적주아요(敵駐我擾), 적이 진을 치면 우리는 교란한다
> 적피아타(敵疲我打), 적이 피곤하면 우리는 공격한다
> 적퇴아추(敵退我追), 적이 퇴각하면 우리는 추격한다.

마오는 이와 함께 홍군에 당 우위 원칙을 심었다. 주모군을 예로 들면 주더가 사령관이고, 마오가 정치위원이었다. 중국은 당이 군과 정보다 우위에 있기 때문에 서열을 따지면 마오가 상급자였다. 정치위원 제도는 당이 군을 정치적으로 교육하고 통제해야 한다는 공산당 이론에 따라, 당 중앙의 이념과 전략을 군의 실제 상황과 일치시키기 위해 당이 군대에 파견한 '당 대표'였다. 따라서 직접 군대를 통제하는 최고 책임자였다. 군대 내의 당 대표, 즉 정치위원의 재가를 받은 명령만이 공적인 효력이 있었다. 사령관은 명령

집행자에 불과했다.

마오는 이 밖에 군을 과감히 민주화했다. 특히 관병평등을 실현하기 위해 '사병위원회'를 설치했다. 장교들이 사병위원회의 감독을 받도록 하는 조치였다. 장교와 사병이 먹고 입는 것도 똑같이 해 군대 내의 민주화를 이룩했다. 특히 홍군은 장교를 사병위원회에서 선거를 통해 선출했다. 당시 세계에서 가장 민주화된 군대였을 것이다.

중화소비에트공화국 건립

장제스는 소비에트의 잠재력이 크다고 보고 본격적으로 초공전에 나섰다. 그러나 홍군은 특유의 운동전과 섬멸전을 통해 이를 막아냈다. 3차 초공전까지 방어한 뒤, 마오의 농촌 근거지, 즉 소비에트는 1930년 15개로 늘어났고, 정규군은 6만 명에 이르렀다. 소비에트는 점점 더 성장해 장시 성 동남부로 확대됐다.

마오는 1931년 12월 장시 성 루이진(瑞金, 서금)에서 전국 소비에트 대표자 대회를 열고 각지의 소비에트를 통합, 하나의 독립된 국가가 성립됐음을 선포했다. 바로 중화소비에트공화국이다. 루이진 1차 소비에트 대표자 대회에서 마오는 주석으로, 주더는 홍군의 총사령관으로 선출됐다. 장시 소비에트 시대(1931~1934)는 마오에게 중요한 의미를 가진다. 공산당 창당 이후 처음으로 180여 개의 현(인구 900만 명)에 공산당 정부를 수립한 것이기 때문이다. 비록 인구 1000만도 못되는 작은 규모였지만 최초의 집권당 경험을 해본 것이다.

병권 박탈

중공 중앙은 중국 혁명의 중심이 도시 노동자이기 때문에 도시 봉기와 노동자 조직에 힘쓸 뿐 농촌 소비에트는 신경 쓰지 않았다. 그러나 마오는 농촌을 먼저 해방한 뒤 도시를 포위해야 한다는 자신의 지론대로 소비에트 운동에 주력하고 있었다. 마오가 소비에트 운동을 활발하게 펼치고 있을 때, 당 중앙은 마오의 병권을 빼앗았다. 도시 봉기에 모든 것을 집중해도 부족할 판에 마오가 농촌 소비에트 건설에 주력, 공산당의 군사력이 양분돼 화력이 약화되고 있다고 판단했기 때문이다. 1931년 1월 코민테른을 업고 왕밍(王明, 왕명)이 중앙당 서기가 됐다. 왕밍은 대표적인 소련파로 당권을 잡음과 동시에 극좌 노선을 걸었다. 왕밍은 특히 당 중앙의 노선과 달리 농촌 소비에트 운동에 주력하던 마오를 정면으로 겨냥했다. 왕밍은 소비에트에 내린 장문의 지시 서한에서 마오의 잘못을 조목조목 지적했다.

1. 토지 분배와 관련해 마오는 중앙이 제시한 '지주에게 토지를 나눠주지 않는다', '부농에게는 나쁜 토지를 분배한다'는 정책을 집행하지 않아 마오쩌둥을 질책한다.
2. 홍군 문제와 관련해 마오는 진정한 공농홍군을 만들지 않아 홍군이 지금까지 유격주의 전통을 완전히 벗어나지 못하고 있고, 마오가 제정한 전략 전술은 협애한 경험론으로 진지전, 시가전, 백병전 등을 교련해야 한다.(현이섭, 『중국지』(인카운터, 2012)에서 재인용)

마오는 토지를 몰수한 뒤 토지를 재분배하는 과정에서 경자유전(耕者有田)의 원칙에 따라 지주에게도 일정한 땅을 분배했다. 그러나 왕밍은 마오의 토지혁명 방법을 '부농 노선'이라며 지주, 토호 및 부농에게 양보하는 우경 기회주의라고 질책했다. 왕밍은 극좌 노선을 추종하고 있었던 것이다. 왕밍은 또 홍군 문제와 관련, 마오의 전략 전술을 '협애한 경험론'이라고 정의한 뒤 유격 전술을 버리고 진지전, 시가전, 백병전을 벌여야 한다고 명령했다. 그리고 마지막으로 왕밍은 홍군 1방면군(주모군)의 총부기관제를 폐지했다. 이 결정은 마오를 홍1방면군 정치위원에서 해임한다는 뜻이었다. 즉 군권을 박탈한 것이다. 더 나아가 저우언라이를 전투 총책임자로 임명했다. 또 마오를 후방으로 돌려 중앙당의 일을 돕도록 했다. 이때부터 마오는 준이 회의 이전까지 전장에 돌아가지 못했다.

1933년 4차 초공전이 벌어지지만 공산당은 특유의 유격 전술로 이를 막아냈다. 이에 장제스가 직접 나섰다. 5차 초공전이 시작된 것이다. 앞서 장은 일본과 비밀 상호불가침 협정을 맺었다. 일본군 포병 장교 출신이던 장은 국공 내전 내내 일본보다는 오히려 공산당에게 더 적대적이었다. 시간을 번 장은 모을 수 있는 병력을 모두 모았다. 그는 백만 대군을 소집했다. 그리고 미국에서 지원받은 비행기 200대를 동원했다. 특히 장은 새로운 전술을 들고 나왔다. 독일인 알렉산더 폰 팔켄하우젠(Alexander von Falkenhausen) 장군을 고문으로 맞아 토치카 전술을 구사한 것이다. 보루전이라고 불리는 이 전술의 요체는 농민과 홍군을 떼어놓고 수천 개의 토치카(보루)를 만들어 그 지역을 완전히 봉쇄하는 것이었다. 공산당은 대포와 비행기가 없었기 때문에 이 전술은 효과 만점이었다. 특히 이 같은 봉쇄 작전은 홍군 진영의 경제에 막대한 타격을 주었다. 홍군 진영에서는 소금을 구할 수 없었다. 이에 따라 홍군도 기존의 유격전을 버리고 진지전으로 맞섰다. 마오는 당 중앙의 이 같은 결정에 결사 반대했지만 군권을 박탈당한 상황에서 어쩔 수 없었다. 이는 공산당 최대의 전략적 실수였다. 장비와 병력이 비교가 되지 않는 상황에서 일대일로 맞붙는 진지전 또는 보루전은 홍군에게 불리할 수밖에 없었다.

당권 장악

더 이상 버틸 수 없었던 홍군은 작전상 후퇴를 선택했다. 그 유명한 대장정이 시작된 것이다. 장정이 시작됐을 때, 거의 모든 사람이 이제 홍군은 끝났다고 생각했다. 그러나 마오는 대장정을 기사회생의 발판으로 삼아 전세를 역전시킨다.

1934년 10월 10일, 10만여 명에 달하는 홍군이 장정 길에 올랐다. 대장정의 종착지인 옌안(延安, 연안)까지 갔을 때 홍군의 남은 숫자는 1만 명도 안 됐다. 그러나 대장정 동안 마오는 유일 리더십 체제를 확보하는 한편, 마오를 위해서라면 목숨도 바칠 수 있는 진성 당원 1만여 명을 확보했다.

1935년 1월 홍군의 주력부대가 국민당의 포위를 뚫고 꾸이저우(貴州, 귀주) 성 준이에 도착, 공산당 확대 간부 회의를 열었다. 이 회의에서 독일인 군사고문인 오토 브라운(Auto Brown) 및 그의 동조자들은 국민당이 워낙 강했기 때문에 어쩔 수 없었다고 발뺌을 했다. 그러나 마오는 공산당의 전략이 잘못됐다고 반박했다. 저우언라이 등 주요 간부들이 마오의 편에 섰다. 이에 따라 마오가 공산당 당권을 장악했다. 1921년 창당 이래 마오가 공산당의 당권을 잡은 것은 처음이었다. 준이 회의는 중국공산당이 당내에서 소련 제국주의 세력을 몰아내고, 중국식 혁명을 시작한 역사적인 사건이었다. 이후 중국공산당은 소련식이 아닌 중국식 혁명을 수행, 1949년 10월 1일 천안문 광장에 홍기를 꽂는다.

준이 회의가 개최될 당시 중공 중앙은 보구(博古, 박고), 오토 브라운, 저우언라이 3인이 군권을 쥐고 있었다. 회의가 시작되자 보구는 정치, 군사상 당 지도는 정확했으나 적의 힘이 너무 강했다고 변명했다. 오토 브라운도 마찬가지였다. 그러나 저우언라이는 "3인단이 군사를 지휘하는 데 큰 과오를 저질렀다"고 자아비판을 했다. 이어 마오가 나서 군사상 모험주의로 홍군이 엄청난 손실을 입었다고 지적했다.

이때 한 간부가 나섰다. 바로 왕자샹(王稼祥, 왕가상)이었다. 왕자샹은 소련 유학파인 '28인의 볼셰비키'의 일원이었다. 그는 당 중앙의 군사 지휘에 대해 비판한 뒤 단도직입적으로 오토 브라운과 보구의 군사 지휘권을 취소하고, 마오쩌둥처럼 실전 경험이 풍부한 사람이 홍군을 지휘해야 한다고 주장했다. 왕자샹의 폭탄 발언은 보구 등 소련파를 경악게 했다. 왕자샹이 소련파 중 처음으로 마오 지지를 선언한 것이다. 마오는 훗날 "왕자샹이 결정적 공을 세웠다. 그가 교조주의자들 가운데 제일 먼저 나를 지지해 주었다. 절체절명의 시기에 결정적 한 표를 나에게 던졌다"고 회상했다.(현이섭, 『중국지』(인카운터, 2012)) 왕자샹은 이 같은 공로로 훗날 초대 소련 대사를 지냈다.

왕자샹에 이어 저우언라이, 주더, 펑더화이, 류사오치 등이 잇따라 발언에 나서 마오 이외에 대안이 없음을 강조했다. 마오가 공산당의 군권 및 당권을 장악하는 순간이었다.

저우언라이와 연합하다

준이 회의에서 또 주목할 대목은 마오와 저우언라이가 처음으로 연합 전선을 편 것이다. 이후 마오와 저우의 콤비 플레이는 그들이 죽는 날까지 계속된다. 준이 회의 이전까지 그들은 어느 정도 라이벌이었다. 저우언라이는 마오의 군권 박탈을 주도한 진영에 속해 있었다. 그 자신이 마오를 대신해 군권을 행사하기도 했다.

성장 배경도 판이했다. 근공검학 출신인 저우는 프랑스, 독일, 소련을 두루 섭렵한 국제주의자였다. 그러나 마오는 중국을 해방한 후 소련을 방문한 것이 유일한 외국 경험이었다. 국제 신사와 투박한 시골 촌놈의 조합이었다. 저우언라이는 중국공산당 내 최고의 해외파였다. 프랑스, 독일, 소련 등 유럽은 물론 일본에도 유학한 경험이 있었다. '28인의 볼셰비키'라 불리는

중국 혁명의 양대 영웅, 마오쩌둥과 저우언라이. 왼쪽이 저우언라이다. 마오가 중국 혁명의 큰 그림을 그렸다면 치밀한 실무 행정가였던 저우언라이는 그 그림의 세부사항을 손질했다. 이들의 콤비플레이는 그들이 죽을 때까지 계속된다.

소련파들은 사회주의 경전을 달달 외는 딸깍발이, 즉 서생에 지나지 않았다. 그러나 저우언라이는 중국공산당 프랑스 지부 결성을 주도하는 등 산전수전을 다 겪은 운동가였다. 마오와 저우의 랑데부는 국내파 우두머리와 해외파 우두머리의 결합이었다. 준이 회의 이후 직책은 그때그때 달랐지만 저우는 항상 마오의 최측근 참모 역할을 했다. 그들은 상호 보완적이었다. 마오는 철학자이자 시인이었고, 또한 몽상가였다. 이에 비해 저우언라이는 치밀한 실무 행정가였다. 그는 마오의 꿈을 실현하는 최고의 도구였다.

준이 회의는 중국공산당 역사상 처음으로 코민테른의 간여 없이 치러진 회의였다. 코민테른에 대한 독립선언인 셈이다. 즉 사회주의의 조국 소련으로부터의 독립이었다. 보구, 오토 브라운, 저우언라이로 구성됐던 3인단은 왕자샹, 저우언라이, 마오쩌둥으로 교체됐다. 저우언라이와 왕자샹이 마오의 실전 경험을 존중했기 때문에 마오가 사실상 병권을 잡은 셈이다. 권력은 총구에서 나온다고 말한 마오. 그 마오가 공산당의 총구를 장악한 것이다.

마오가 당권을 잡았으나 아직도 험난한 여정이 남아 있었다. 일단 국민당의 파상 공세를 견뎌야 했다. 이미 장제스는 자신의 중앙군을 직접 동원, 준이를 옥죄고 있었다. 사실 홍군은 목적지도 없었다. 일본과 맞서기 위해 국민당의 지배력이 떨어지는 서북쪽으로 방향만 잡았을 뿐이다. 준이에서 서북쪽으로 가려면 양쯔 강(揚子江, 양자강)을 건너야 했다. 장제스는 홍군의 양쯔 강 도하를 저지하는 데 명운을 걸었다. 장은 홍군의 양쯔 강 도하를 막고 그들을 계속 서쪽으로 밀어붙여 티베트 쪽으로 쫓아내면 승리할 수 있다고 믿었다. 만약 장제스의 이 작전이 성공했더라면 공산당은 궤멸했을 것이다. 티베트는 이민족 지배지인데다 불모지이기 때문에 생존 자체가 힘들다. 더욱 결정적인 요인은 티베트는 주업이 농업이 아니라 유목이라는 점이다. 따라서 농민이 적다. 마오쩌둥이 설파했듯이 홍군과 농민은 물과 물고기의 관계다. 홍군이 물고기라면 농민은 물이다. 물이 없는 곳에서 물고기는 살 수 없다.

진사 강 도하 작전

홍군은 양쯔 강 도하 지점을 진사 강(金沙江, 금사강)으로 잡았다. 진사 강은 양쯔 강의 상류로 윈난(雲南, 운남) 성 일대를 흐른다. 국민당 군대는 홍군의 도강을 막기 위해 이미 이 일대의 도하 지점을 모두 점령하고 나룻배를 전부 불태웠다. 홍군은 도강 지점을 자오핑(皎平, 교평) 나루터로 잡았다. 홍군은 국민당 군대가 이미 점령하고 있던 자오핑 나루터를 급습해 장악했다. 그리고 국민당 군대가 병참을 위해 쓰던 배 두 척을 빼앗고, 주변 배를 더 수소문했다. 우여곡절 끝에 배 다섯 척을 더 구해 모두 일곱 척의 배로 1만여 명의 병력을 실어 날랐다. 마오가 직접 지휘한 도강 작전은 밤낮으로 아흐레가 걸렸다. 이로써 중앙 홍군은 국민당 군대의 추격을 따돌리고 양쯔 강을 도강할 수 있었다. 장제스의 직계 중앙군이 자오핑 나루터에 도착했을 때는 홍군이 강을 건넌 지 이틀이 지난 뒤였다.

진사 강을 건넌 홍군은 또다시 따뚜허(大渡河, 대도하)를 건너야 했다. 따뚜허는 윈난 성의 북쪽인 쓰촨(四川, 사천) 성을 흐르는 강이다. 따뚜허를 건너야 서북쪽으로 더욱 깊숙이 진출할 수 있었다. 진사 강을 건넌 홍군은 또 다른 장애물을 넘어야 했다. 바로 이 지역에 거주하고 있는 소수민족이었다. 역사 이래 이들은 한족에게 수탈을 당해왔기 때문에 한족에 대한 반감이 컸다. 바로 이족(彝族)이었다. 이족은 쓰촨, 윈난, 광시(廣西, 광서) 등지에 분포하고 있었다.

이족 전사들이 홍군의 길을 막고 나섰다. 일촉즉발의 위기였다. 이들과의 충돌을 피하려면 설득하는 방법 외에는 없었다. 당시 부대를 이끌던 류보청(劉伯承, 유백승)이 "우리는 반동파 국민당과 싸우는 홍군이다. 우리는 길을 빌려 북상해 국민당 반동파를 쓸어버리려 한다. 홍군과 각 민족들은 모두 형제. 국민당 반동파를 타도해 이족 민족이 외래의 압박에서 벗어날 수 있도록 도와주겠다"고 설득했다.(현이섭, 『중국지』(인카운터, 2012)) 이족은 독립을 지키고, 홍군을 돕겠다며 무기와 총탄을 요구했다. 이족의 손에 들어간 무기가 홍군을 향할 수도 있을 터였다. 그런데 놀랍게도 홍군은 이족의 이 같은 요구를 들어주었다. 이족은 홍군의 진심을 확인하고 그들을 돕기로 결정했다.

홍군은 또 이족 추장과의 삽혈결맹을 맺었다. 삽혈결맹은 옛날 협객들이

가축의 피를 내어 입에 바르거나 술에 타 마시는 풍습으로 한마음 한뜻이라는 의지를 표현하는 의식이다. 삽혈결맹의 소식은 빠르게 이족 집거지에 퍼졌다. 홍군은 연도에 나온 이족의 환송을 받으며 무사히 이족 거주지를 통과할 수 있었다.

대장정의 백미 루띵교

따뚜허는 홍군이 장정 이래 건너야 할 강 중에서 가장 물살이 센 곳이었다. 그래서 배를 이용해서는 건너기가 힘들었다. 이곳을 건너는 유일한 다리가 있었다. 루띵(瀘定, 노정)교였다. 노씨가 '띵(定, 만든)한' 다리라는 뜻이다. 1701년에 건립된 현수교였다. 1935년 당시 루띵교는 천리를 흐르는 따뚜허의 유일한 다리였다. 루띵교는 쇠줄로 서안과 동안을 연결하고 있었다. 이 다리는 쓰촨에서 티베트로 가는 주요 통로였다. 쇠줄 13개 가운데, 4개는 양쪽 난간을 지탱하고 있었고, 중간의 9개는 너비 90미터의 강 위에 가로질러 매여 있었다. 그 위에 나무판을 깔아 사람이 건널 수 있게 했다. 이미 국민당 군대는 홍군의 도강을 저지하기 위해 나무판을 거의 제거해 쇠줄 9개만 덩그러니 남아 있었다.

홍군은 30여 명의 결사대를 조직했다. 1935년 5월 29일 오후 4시, 결사대가 쇠줄을 틀어쥐고 포복해 전진하자 다리 건너 국민당 군대 진지에서 기관총이 불을 뿜었다. 결사대는 홍군의 엄호사격을 받으며 조금씩 전진했고, 뒤쪽에서는 확보한 쇠줄에 나무판을 깔며 진격했다. 쌍방의 격렬한 총격전 와중에 홍군이 낙엽처럼 따뚜허로 떨어졌다. 결사대는 그럼에도 낮은 포복으로 계속 전진해 국민당 군대 진지에 다가섰다. 한 전사가 국민당 군대 참호에 수류탄을 던져 참호를 장악할 수 있었다. 홍군은 약 두 시간의 아슬아슬한 전투 끝에 루띵교를 장악했다. 홍군 선발대가 루띵교를 탈취한 뒤 사흘 후 마오가 이끄는 홍군 본대가 도착했다. 홍군은 그들을 추격하던 장제스 직계의 국민당 중앙군을 따돌리고 유유히 쓰촨 성으로 들어갔다.

대설산, 대초원과의 사투

쓰촨 성에 들어선 홍군은 일단 한숨을 돌렸다. 그러나 이제 국민당 군대가 아니라 자연이 그들을 기다리고 있었다. 고산지대를 통과해야 했기 때문이다. 서쪽 쓰촨 지방은 해발 5000미터에 달하는 만년설의 자진 산(夾金山, 협금산) 등 설산이 있었다. 현지인들은 자고로 이 산을 넘은 사람이 없다고 하여 신선산(神仙山)이라고 불렀다. 홍군이 고산의 늪에 빠진 것이다. 고산지대는 산소가 부족하기 때문에 평지 출신들은 고산병으로 쓰러지기 마련이다. 홍군도 고산병으로 쓰러지기 시작했다. 특히 대부분 남방 출신이던 홍군은 추위에 익숙하지 않았다. 고산병과 함께 추위로 낙오하는 병사들이 부지기수였다. 그들의 신발은 짚신이 대부분이었다. 짚신은 발을 다 가려주지 않는다. 발에 동상이 안 걸린 병사가 없을 정도였다. 홍군 병사 대부분이 대장정 중 가장 어려운 구간을 들라면 대설산을 꼽을 정도로 홍군은 사투에 사투를 거듭해야 했다. 인민군 10대 원수 중 하나인 린뱌오(林彪, 임표)도 이 산을 넘다가 수 차례 의식을 잃었다.

설산을 겨우 넘은 홍군을 또 대초원이 기다리고 있었다. 대초원은 대설산보다 더 끔찍했다. 홍군은 쓰촨 성 위인 산시(陝西, 섬서) 성으로 가기 위해 계속 북진해야 했다. 장제스는 홍군이 계속 북상하려 한다는 것을 간파하고, 그 길목에 세 겹의 방어선을 쳤다. 그러나 장은 대초원 지역에는 병력을 배치하지 않았다. 대초원은 늪이 많기 때문에 홍군이 이 길을 선택하지 않을 것이라고 판단한 것이다. 그러나 마오는 장제스의 의표를 찔렀다. 초원길을 선택한 것이다. 홍군은 또 한 번 국민당이 아닌 자연과 사투를 벌여

대장정 당시의 루띵교. 국민당 군대가 다리 위의 나무판을 거의 제거했다. 출처: 중국공산당 신문망

야 했다. 늪지대는 수많은 홍군을 집어삼켰다. 대설산 때보다 더 많은 홍군이 희생됐다. 더욱 힘들었던 것은 늪지대라서 땔감을 구할 수 없는 것이었다. 따라서 홍군은 빻지 않은 밀을 날것으로 씹어 먹었다. 병사들의 반은 출혈성 이질에 걸렸다. 밀의 거친 낟알이 병사들의 장을 찢고 있었던 것이다. 물은 더욱 문제였다. 초원의 물은 거의 독이었다. 물을 먹으면 격렬한 위경련과 함께 심한 설사를 했다. 병사들이 계속해서 쓰러졌다. 홍군은 대설산보다 대초원에서 더 많은 병력을 잃었다. 홍군은 대초원과의 사투 끝에 엿새 만에 초지를 빠져나왔다.

시중쉰과 아들 시진핑 현 국가 주석, 청년기 시진핑의 모습이 풋풋하다. 출처: 중국공산당 신문망

뜻밖의 원군, 시중쉰

대초원을 막 빠져나왔을 때, 마오가 환호작약하는 일이 생겼다. 바로 산시 성에 홍군이 활약하고 있다는 사실이었다. 산시 성의 홍군은 중공 중앙과 직접적인 관계가 없는 자생 조직이었다. 바로 이 산시 성 공산당 주석이 현 국가주석 시진핑의 아버지 시중쉰이었다. 마오와 시중쉰이 처음 만났을 때, 시중쉰의 나이는 불과 스물둘이었다. 시중쉰은 공산당 입당이 허락되지 않을 정도로 어린 나이, 즉 10대 초반부터 공산당 활동을 해왔다. 마오는 이전부터 시중쉰이란 이름을 잘 알고 있었다. 마오가 중앙 홍군을 이끌고 산시 성에 도착했을 때, 촌락의 담장 곳곳에 공산당 벽보가 붙어 있었다. 그

벽보 아래에는 어김없이 산시 소비에트 정부 주석 시중쉰이란 이름이 있었다. 그들이 처음 만났을 때 마오는 "자네가 이렇게 젊을 줄 몰랐네"라고 말한 것으로 알려지고 있다. 마오는 시중쉰을 "제갈량보다 지략이 뛰어나다"고 치켜세울 정도로 높이 평가했다.(가오샤오, 『대륙의 리더 시진핑』, 하진이 옮김(삼호미디어, 2012)) 산시 성은 서북쪽 변경 지방이기 때문에 이민족이 많았다. 시중쉰은 이민족의 추장을 열 번 잡았다 열 번 놓아준 끝에 공산당에 협조하도록 만들었다. 마오는 이를 두고 맹획을 일곱 번 잡았다 일곱 번 놓아준(七縱七擒) 제갈량보다 한 수 위라고 평가한 것이다. 이후 시중쉰은 공산당 서북 지역을 책임지는 '서북왕'으로 발탁되는 등 출세 가도를 달렸다.

장시 성을 떠난 홍군은 368일 동안 12개 성, 18개 산맥(다섯 개는 만년설산), 24개의 강을 건너 장정을 마치고 옌안에 골인했다. 당시 홍군은 변변한 운송 수단이 없었다. 따라서 모두 걸어서 행군했다. 말과 노새가 있었으나 이는 극소수 간부들을 위한 것이었다. 홍군의 행군 거리는 총 6000마일, 8400킬로미터였다. 8400킬로미터면 아메리카 대륙을 두 번 횡단한 거리다. 에드거 스노가 "한니발이 알프스산맥을 넘어 로마를 공격한 것은 산보에 지나지 않는다"고 평했을 정도로 장정은 세계사에 유례가 없는 행군이었다.

장정을 시작할 때 마오가 이끌던 중앙 홍군은 8만 6000여 명이었다. 그러나 장정이 끝난 뒤 중앙 홍군은 8500명에 불과했다. 열 명 중 아홉 명이 전사하거나 대열을 이탈한 것이다. 그러나 장정은 마오쩌둥에게 유일 리더십을 가져다주었다. 그리고 홍군은 대장정 기간 중 농촌 곳곳에 혁명의 씨앗을 뿌렸다. 홍군은 절대 농민의 재산에 손을 대지 않았다. 물자가 필요하면 반드시 돈을 지불하고 샀다. 농민들은 이토록 예의 바른 홍군을 우리의 군대라고 여겼다. 또 일부 지역에서는 지주의 땅을 빼앗아 토지 분배를 했다. 이에 따라 농민들은 공산당 편에 섰다. 장정은 도망가는 행렬이었지만 곳곳에 혁명의 씨를 뿌림으로써 공산당이 중국 대륙을 해방하는 데 밑거름이 됐다.

장정은 또 공산당이 국민당과의 전쟁에서 전세를 역전시키는 결정적 계기가 됐다. 장정은 중국의 농촌 구석구석에 공산당을 선전한 일종의 정치 유세(캠페인)이기도 했다. 대장정은 중국 농민들이 홍군을 직접 접촉해 홍군의 실체를 알게 해주었다. 이에 따라 수많은 농민이 홍군을 적극 지지하게 됐다. 농민 중 일부는 직접 홍군이 되기도 했다. 공산당이 국민당의 공격에 도망가는 것이 장정의 시작이었다. 그러나 장정 이후부터 국민당은 오히려 공산당에게 밀리기 시작했다. 마치 고양이(국민당)가 쥐(공산당)를 잡으려 했는데, 오히려 쥐가 고양이를 잡은 격이다.

항일 명분 선점

대장정의 또 다른 성과는 공산당이 '항일(抗日)' 구호를 선점했다는 점이다. 공산당은 장제스의 손길이 덜 미치는 서북쪽으로 도망갔다. 그러나 만주를 점령한 일본과 맞서기 위해 서북쪽으로 이동한다고 선전했다. 이는 대외적으로 대의명분을 선점하는 일이었고, 대내적으로도 엄청난 효과를 발휘했다. 공산주의자들은 패주의 길을 가고 있음에도 항일 전선을 향해 전진하고 있다고 스스로를 믿었다. 이는 아주 중요한 심리적 요소다. 이로 인해 그들은 사기가 떨어진 퇴각을 승리감 충만한 행군으로 바꿀 수 있었다. 그리고 운 좋게도 장정 막바지, 중국 서북부가 중국 현대사의 중심지로 부상했다. 대장정이 끝날 무렵 중국 현대사의 물꼬를 바꾸는 시안사건이 발생한 것이다.

시인이었던 마오는 대장정을 끝낸 직후, 다음과 같은 시 한 편을 남겼다.

만수천산도 예삿일처럼 지나가네
구불구불 오령(五嶺)도 잔잔한 파도처럼 넘고
거대한 오몽산(烏蒙山)도 진흙덩이 위를 구르듯 건너네

금사강물 출렁이니 단애(斷崖)가 따스해졌건만

대도하교(大渡河橋) 가로지른 쇠사슬만 차가웠다네

민산(岷山)의 천 길 눈도 (홍군은) 기꺼워했지

삼군(三軍)이 지나간 후에 (민산도) 활짝 웃었다네.

—— 공기두 엮음, 『모택동의 시와 혁명』(풀빛, 2004)

장궈타오와 격돌

홍군은 장정 도중 크게 4개 군단을 가지고 있었다. 마오와 주더가 이끄는 1방면군, 장궈타오가 이끄는 4방면군, 허룽(河龍, 하룡)이 이끄는 2방면군, 그리고 장정에 참여하지 않은 천이(陳毅, 진의)의 군단이 있었다. 천이는 장시 성에 건설해 놓은 소비에트 지구를 사수하라는 명령을 받고 이 지역을 지키고 있었다. 이 병력은 후에 국민당과 국공합작이 성립됐을 때, 신사군(新四軍)으로 재편됐다. 주요 4개 군단 중 3개 군단이 장정에 참가했다. 이중 1방면군이 마오와 주더가 이끄는 중앙 직속부대로 주력이었고, 이와 화력이 비슷한 군단이 4방면군이었다. 4방면군의 정치위원이 장궈타오였고, 사령관이 훗날 인민군 10대 원수에 들어가는 쉬샹치엔(徐向前, 서향전)이었다. 장정이 막바지에 접어들자 1방면군과 4방면군은 서로를 찾기 위해 혈안이 됐다. 양군은 무전이 끊긴 지 오래였다. 국민당 군대의 도청을 피하기 위해 수시로 무전 암호를 바꿨기 때문이다. 양군은 소문이나 신문에 보도된 소식을 통해 상대방의 위치를 추론할 뿐이었다. 이런 1방면군과 4방면군이 드디어 만났다. 양군은 1방면군이 대설산을 통과하고 하산할 때 기적적으로 조우했다. 양군의 합류 소식은 장정 이래 온갖 고생을 한 홍군을 흥분의 도가니로 몰아넣었다.

이제 혁명의 역사가 새 단계로 접어들게 됐다는 희망이 돋는 순간, 장궈타오가 야심을 드러냈다. 장궈타오와 마오는 서로 잘 아는 사이였다. 둘 다 베이징 대학에서 리다자오에게 영향을 받아 공산당원이 됐다. 그리고 공산당 창당 대회에도 함께 참석했다. 공산당 창당 대회 당시 장궈타오는 사회를, 마오는 기록을 맡았다. 학급 회의를 할 때, 반장은 사회를, 부반장은 기록을 담당한다. 당연히 반장이 부반장보다 서열이 높다. 실제 장궈타오는 베이징 대학을 졸업하는 등 엘리트 코스를 달려왔다. 아마도 장은 마오를 '후난 성 촌놈'쯤으로 여겼을 것이다. 공산당 창당 대회에 참석했던 인물들 대다수가 혁명운동 과정에서 죽거나 투항했고, 이제 창당 발기인 중 공산당에 남은 고위 간부는 장궈타오와 마오 둘뿐이었다. 이 둘은 출신 배경이나 살아온 이력, 정치적 지향점이 사뭇 달랐다. 그러나 공통점이 하나 있었다. 둘 다 남의 지휘를 받는 것에 익숙지 않다는 점이었다.

공산당 내에서 장궈타오보다 더 좋은 조건을 갖춘 인물은 없었다. 장궈타오는 장시 성 출신으로 지주 집안에서 태어났다. 베이징 대학에 입학, 재학 시절 스승 리다자오의 영향으로 공산주의자가 됐다. 1919년 5·4운동의 핵심 인물로 베이징 대학 시위를 이끌었다. 이후 그는 진보적 청년 활동가로 두각을 나타냈다. 당시 마오는 학생이 아니라 베이징 대학 도서관의 사서 보조원이었다. 장은 1921년 창당 대회에서 정치국 위원으로 선임됐고, 이후 노동운동에 관여해 철도와 방직 노동자들의 파업을 성공적으로 이끈 후부터는 당내에서 노동운동을 주도하던 리리싼(李立三, 이립삼)과 맞먹는 지도적 위치에 올랐다. 1925년 제4차 공산당 대회에서 공산당 권력의 핵심인 중앙위원회 상임위원이 됐다. 그가 공산당에서 영도적 위치에 오르는 동안 마오는 장시 소비에트에서 소수의 무장 게릴라를 이끌고 소비에트를 건설하고 있었다. 장은 1927년 난창 봉기 이후 모스크바로 유학을 갔다 1931년 공산당 중앙위원으로 컴백했다. 그는 소련에서 귀국한 후 후난, 후베이(湖北, 호북), 안후이(安徽, 안휘) 성 지구 홍군 주석으로 홍 4방면군을 이끌고 있었다. 이후 국민당의 공격을 피해 쓰촨 지역에 들어가 해방구를 건설하고 있

마오(오른쪽)와 장궈타오(왼쪽). 출처: 중국공산당 신문망

었다. 엘리트 코스를 밟아온 장은 마오가 당권을 장악한 준이 회의를 내심 마땅치 않게 생각하고 있었다. 그는 4방면군을 이끌고 있었기에 준이 회의에 참석할 수 없었다. 그는 공산당 중앙위원회 주석이 되기로 결심했다.

장궈타오가 결정적으로 야심을 품은 것은 마오의 부대가 생각보다 적었기 때문이다. 1935년 양군이 조우했을 당시 장의 부대는 8만이었다. 이에 비해 마오의 부대는 8000여 명에 불과했다. 마오의 직속부대인 1방면군은 장제스

군대의 집중적인 추격을 받으며 장시 성에서 쓰촨 성까지 왔기 때문에 병력 손실이 불가피했다. 따라서 1방면군의 병력은 장정을 시작할 때보다 10분의 1로 줄어들어 있었다. 그러나 장궈타오 부대는 장제스의 주요 타깃이 아니었고, 쓰촨 성으로의 이동 거리도 짧았기 때문에 병력 손실이 거의 없었다.

천군만마 예젠잉

장과 마오는 북상 남하 논쟁으로 맞붙었다. 마오는 북상을, 장은 남하를 주장했다. 마오는 북쪽으로 가 일본군과 맞서야 한다고 주장한 데 비해, 장은 홍군이 힘을 회복하려면 서남부 변경 지대로 퇴각해 국민당과 휴전을 해야 한다고 맞섰다. 장궈타오는 국민당 군대의 대공세로 혁명이 퇴각기에 접어들었다고 판단했다. 그러나 장궈타오는 오판을 하고 있었다. 홍군의 남하는 장제스가 바라던 바였다. 장제스의 기본 전략은 홍군을 서남쪽으로 몰아 티베트로 쫓아내는 것이었다.

장과 마오의 대립은 서로가 총구를 겨누는 일촉즉발의 상황까지 전개됐다. 그러나 '어떻게 홍군이 홍군에게 총을 겨눌 수 있는가'라는 대의명분 아래 양측이 전면전까지 가지는 않았다. 상황이 꼬이자 장은 마오를 체포해 처형하려 했다. 그러나 장의 부하이던 예젠잉(葉劍英, 엽검영)이 마오에게 음모를 사전에 누설, 마오는 위기를 넘길 수 있었다. 특히 예젠잉은 코민테른과 교신하는 데 사용하는 암호 책까지 마오에게 들고 갔다. 따라서 장은 소련과의 교신도 두절됐다. 이후 마오는 코민테른과의 교신을 독점했다. 마오에게 예젠잉은 백만 대군과 같은 존재였던 것이다. 마오는 이때 예젠잉을 마음속에 담아두었다. 후에 문화혁명 때, 거의 모든 혁명 원로들이 수난을 당했지만 예젠잉은 무사했다. 그리고 마오는 린뱌오 후임으로 예젠잉을 국방부장(장관)으로 발탁했다. 그는 국방부장으로 재임하면서 중국 현대사의 물길을 바꾸는 역할을 했다. 마오 사후, 덩샤오핑이 집권하는 데 결정적 기여를 하는 것이다.

결국 마오는 자신의 부대를 이끌고 북상했고, 장은 자신의 계획대로 남하했다. 그러나 장은 군대를 잃고 마오가 앞서 간 산시로 향할 수밖에 없었다. 장은 서쪽으로 가기 위해 황허(黃河, 황하)를 건너다 국민당에 충성하는 회족(이슬람족) 군벌인 마부팡(馬步芳, 마보팡)의 대군에게 참패했다. 그는 1936년 427명의 생존자만 이끌고 옌안에 도착했다. 이후 그는 옌안에서 마오의 비판과 조롱의 대상이 됐다. 1938년 4월 공산당 지역을 빠져나와 국민당에 투항했다. 국공 내전 이후 국민당이 대만으로 쫓겨나자 그는 홍콩으로 도망갔다가 후에 캐나다로 망명했다. 그는 캐나다의 한 시설에서 얼어 죽는 비참한 최후를 맞았다.

'Maoism' 탄생

마오는 1942년 5월 옌안에서 고급 간부 회의를 소집했다. 옌안 정풍운동의 신호탄을 쏘아 올린 것이다. 마오는 당에 사사건건 개입하며 막강한 영향력을 행사하던 코민테른(소련파)과의 관계를 새롭게 정립해야 한다고 판단했다. 정풍운동을 통해 코민테른의 영향에서 완전히 벗어나야 한다고 생각한 것이다. 마침 소련은 독일의 침공을 받아 중국공산당에 대한 장악력이 크게 떨어진 상태였다. 더욱이 1943년 5월 코민테른이 발전적으로 해체됐다. 독소전쟁이 발발하자 반파시즘 통일전선 결성을 위해 코민테른이 해체된 것이다. 마오로서는 코민테른 세력을 일소할 절호의 찬스였다. 코민테른파는 준이 회의를 기점으로 영향력이 크게 감소했지만 아직까지 당내 곳곳에 포진해 있었다. 마오의 정풍운동은 바로 그 코민테른파를 겨냥한 것이었다.

코민테른의 중국 첫 고문은 극동국 책임자인 보이딘스키였다. 그는 레닌의 특명으로 공산당을 조직하기 위해 1920년 중국에 첫발을 내디뎠다. 그의 목적은 단 하나. 코민테른의 지시에 절대 복종하는 중국공산당을 만드는 것이었다. 이에 따라 그의 주된 임무는 여러 마르크스주의 그룹을 조직하고 훈련하는 것이었다. 보이딘스키가 중국에 들어온 후 코민테른 관계자들이 중국으로 쏟아져 들어왔다. 1925년에는 중국에서 활동하는 코민테른 관계 자가 거의 1만 명에 이르렀다.(케빈 맥더모트, 제레미 애그뉴, 『코민테른』, 황동하 옮김(서해문집, 2009))

　중국공산당이 창당된 1921년부터 남창 봉기가 실패한 1927년까지 천두 슈가 중국공산당 총서기를 맡았다. 천두슈는 중국의 명망가였기 때문에 코 민테른에 할 말은 했다. 그러나 천두슈 이후로는 소련 유학파들이 당을 장 악했다. 이들은 코민테른의 명령에 100% 복종했다. 천두슈가 서기직에서 해임되자, 모스크바에서 직접 훈련을 받은 취추바이가 뒤를 이었다. 제6차 중국공산당 대회는 1928년 7월과 9월 모스크바에서 열렸다. 같은 시기에 코 민테른 6차 대회도 모스크바에서 열렸다. 코민테른은 이를 계기로 중국공산 당을 확실하게 코민테른의 통제하에 두기로 하고 공작을 펼쳤다. 이 당 대 회에서 중공은 농민 문제를 논제에 올렸다. 코민테른은 농민을 동원하는 것 을 인정했지만 도시 프롤레타리아가 중심적 역할을 해야 한다는 도그마에 는 변함이 없었다. 농민 동원은 프롤레타리아의 주도권 아래에서만 진행돼 야 한다는 원칙을 재확인한 것이다. 그리고 이에 마땅한 지도자도 있었다. 1925년 5월 30일 상하이 노동운동을 주도한 리리싼이었다. 상하이 노동운 동은 상하이 섬유 노동자들이 일으킨 파업이 광저우와 홍콩으로 번지는 등 일정 부분 성공했다는 평가를 받았다. 리리싼은 마오와 같은 후난 성 출신 으로 마오의 친구였다. 그는 근공검학으로 프랑스에 유학했다. 그는 저우 언라이와 함께 중국공산당 프랑스 지부를 결성하는 데 주도적 역할을 한 뒤 귀국, 국내의 노동운동에 전념했다. 그는 도시를 거점으로 확보한 다음, 주 변 농촌으로 공산당 세력을 확산해야 한다는 논리를 폈다. 이는 마오의 농

마오쩌둥 리더십 읽기 1: 정통성

마오가 절체절명의 위기에 빠질 때마다 마오는 정통성이란 무기로 그 위기를 돌파했다. 대장정 막바지 마오와 장궈타오는 공산당 당권을 두고 홍군이 홍군에게 총을 겨누는 일촉즉발의 상황까지 갔다. 마오는 당시 예젠잉과 쉬샹치엔의 도움으로 위기를 벗어날 수 있었다. 예젠잉과 쉬샹치엔은 마오의 부하가 아니라 장궈타오의 부하였다. 그런데 그들은 직속상관인 장궈타오를 배반하고 마오의 편에 섰다. 이는 마오가 정통성을 가지고 있었기 때문이다. 바로 홍군의 창설자가 마오쩌둥이었다. 홍군의 트레이드마크이던 '16자 전법'도 마오의 작품이었다. 마오는 홍군의 상징이었던 것이다.

예젠잉은 장궈타오가 마오를 체포해 죽이려 한다는 사실을 마오에게 사전에 누설, 마오가 위기에서 벗어날 수 있게 해주었다. 쉬샹치엔은 마오의 북상을 저지하라는 장궈타오의 명령을 거부하고, 마오의 북상 길을 열어주었다.

앞서 마오는 대장정에 참여하지도 못할 뻔했다. 마오는 대장정이 시작될 때, 당 중앙의 철저한 따돌림을 받고 있었다. 당 중앙이 군사 이동을 결정한 뒤 골칫거리인 마오를 부대 이동 명단에서 빼버린 것이다. 이 같은 소식이 알려지자 당 중앙을 비판하는 여론이 높아졌다. 홍군의 주요 지도자들이 당 중앙에 문제를 제기하고, 마오와 함께 남겠다고 배수의 진을 쳤다. 당 중앙은 반발이 거세지자 마오를 군사 이동 명단에 넣을 수밖에 없었다.

마오가 위기 때마다 그 위기를 벗어날 수 있었던 것은 그에게 정통성이 있었기 때문이다. 마오는 중국공산당 창당 발기인 열세 명 중 한 명이었다. 그리고 공산당 힘의 근원인 홍군도 그가 창설한 군대였다. 마오는 중국공산당의 정통성을 한 몸에 구현한 중국공산당의 살아 있는 전설, 그 자체였던 것이다.

촌 소비에트를 건설, 도시를 포위해야 한다는 전략과 정반대되는 노선이었다. '리리싼 노선'으로 불린 리의 방법론은 교조주의자들의 지지를 받았다. 중공은 리리싼의 지도 아래 도시 봉기를 여러 차례 시도했지만 모두 실패했다. 노동자가 전 국민의 10%도 안 되는 상황에서 도시 봉기는 연목구어였다.

이에 코민테른은 리리싼을 소련으로 소환했다. 리리싼의 뒤를 이어 왕밍이 부상했다. 왕밍은 이른바 '붉은 매판'이었다. '붉은'은 소련이다. '매판'은 앞잡이라는 의미다. 즉 소련의 앞잡이란 뜻이다. 붉은 매판은 중국에 사회주의가 소개된 후 모스크바로 유학을 떠나 소련식 교육을 받은 집단이었다. 따라서 레닌과 스탈린에 충성하는 교조주의자들이었다. 취추바이와 왕밍 등이 대표적인 붉은 매판이었다. 이들 교조주의자들은 마오가 당권을 잡은 1935년 준이 회의 이전까지 중공 중앙을 독단했다. 모스크바에서 교육을 받은 왕밍은 러시아어에 능통했다. 왕밍의 스승이자 후견인이 파벨 미프(Pabel Miff)였다. 미프는 모스크바에 있는 중산(中山, 중산) 대학의 교장이었다. 중산 대학은 소련이 중국의 혁명 간부를 양성키 위해 설립한 대학으로 쑨원의 호를 따 중산 대학이라고 불렀다. 미프는 '28인의 볼셰비키'를 양성했다. 그 목적은 중국공산당을 코민테른에 절대 복종하는 조직으로 만드는 것이었다. 이들의 의도는 중국공산당을 지원하는 것이 아니라 중국공산당을 지배하는 것이었다.

안휘 성 빈농 가정에서 태어난 왕밍은 안휘 성 제3농업학교 재학 시절 공산주의자인 스승으로부터 영향을 받고 좌익 학생운동을 이끌었다. 1924년 우창(武昌, 무창) 대학에 입학해 중국공산당에 가입했고, 1925년 당의 주선으로 소련으로 유학을 떠나 모스크바 중산 대학에서 공부했다. 이때 중산 대학 교장이던 미프의 총애를 받았다. 1927년 미프가 소련 사절단의 대표로 중국에 파견되자 왕밍은 통역으로 그를 수행했다. 왕밍은 이때 소련에서 교육받은 중국인 공산주의자들의 모임인 '28인의 볼셰비키'를 결성하고, 좌장이 됐다. 1930년 12월 미프가 다시 코민테른의 특사로 파견되어 왕과 '28인의 볼셰비키' 그룹을 당의 지도적 위치에 올려놓았다. 미프가 중국에 머물던 1년 동안 왕밍은 그를 보좌하며 중국공산당에 큰 영향력을 행사했다. 이후 샹중파(向忠發, 향충발) 등 당의 고참 그룹 30여 명이 상하이에서 열린 비밀 회의에 참석했다가 국민당에 체포됐다. 왕밍은 지도력 공백을 이용, 당서기가 됐다. 그 후 왕밍은 건강상 이유로 모스크바로 돌아갔지만 그를 추종하는 '28인의 볼셰비키' 그룹을 대거 정치국에 진입시켜 당을 계속 원격 조정할 수 있었다. 왕은 무전기로 마오가 당권을 장악하는 1935년 준이 회의 이전까지 중공 중앙을 독단했다. 당시 중공은 그를 '태상왕'이라고 불렀다.

1937년 왕밍은 코민테른의 명령으로 중국으로 돌아와 공산당 당권을 다시 잡으려 했다. 그러나 그때는 대장정을 마치고, 마오의 당내 입지가 확고해진 뒤였다. 당권을 잡고 있던 마오는 코민테른의 후광을 업은 왕밍을 배려했다. 덕분에 왕밍은 공산당에서 지도적 위치에 오를 수 있었다. 그러나 코민테른의 명령에 따라 국민당을 포함한 항일 통일전선을 지지하는 왕과, 공산당의 독자적 노선을 견지한 마오는 대립할 수밖에 없었다. 왕밍은 "장제스는 진보적인 정책 전환이 필요하고, 중공은 국민당 정부를 진정한 중국의 통일 정부로 승인할 준비를 해야 한다"고 주장했다.(케빈 맥더모트, 제레미 애그뉴, 『코민테른』, 황동하 옮김(서해문집, 2009)) 이때도 소련은 중국 혁명의 파트너를 마오가 아닌 장제스로 생각하고 있었다.

마오는 왕밍의 발언에 분노했다. 마오는 왕밍을 더 이상 좌시할 수 없었다. 마침 1941년 독소전쟁이 발발, 반파시즘 통일전선을 위해 코민테른이 해체됐다. 왕밍이 주요 지지 기반을 잃은 것이다. 1942년 마오가 정풍운동을 주도하며 교조주의자들을 공격했다. 왕밍은 주된 공격 대상이 됐다. 그는 급격히 영향력을 잃고, 당 대회에서 자아를 비판하는 수모를 겪어야 했다. 그는 중화인민공화국 성립 이후 당내에서 이름뿐인 지위를 맡지만 건강을 핑계로 1956년 소련으로 망명, 1974년 숨졌다. 중소이념분쟁 이후 그는 소련의 편에 서서 마오와 중국공산당을 비판하는 데 앞장섰다. 그는 몸은 중국인이었지만 마음은 소련인이었다.

마오는 옌안 정풍운동을 통해 코민테른 잔존 세력을 일소했다. 코민테른 파 즉 소련파는 그들의 조국에 대해서 너무 몰랐다. 그들은 모스크바에서 공산주의 경전을 달달 외웠을 뿐, 중국의 실상에 대해서는 전혀 몰랐다. 그들이 모스크바에서 배운 것이라곤 정치 기술뿐이었다. 그들은 스탈린이 정치 로봇을 훈련하던 온실에서 권력욕을 채우는 변증법만 받아먹었다. 그러나 마오쩌둥의 추종자들, 즉 징강 산파는 대부분 전쟁터에서 잔뼈가 굵었다. 조국의 산하를 누비고 다녔기에 중국을 아주 잘 알았다. 마르크스나 레닌이 이런저런 말을 했다고 인용할 수는 없었어도 중국에 대해서는 어느 누구보다 잘 알았다. 중국 혁명은 중국에서 일어난 사건이다. 누가 최후의 승자가 될지는 자명하다.

마오는 코민테른 세력을 일소하고, 공산당의 모든 권력을 한 손에 쥐었다. 마오는 정치국과 중앙위원회 주석으로 선출되고, 중앙군사위원회 주석으로도 선출됐다. 당·군·정 모두를 장악한 것이다. 이때부터 '마오쩌둥 사상'이라는 단어가 등장했다. 중국공산당 7차 전국 대표자 대회가 1945년 4월 23일부터 6월 11일까지 옌안에서 열렸다. 전국 대표자 대회는 장제스가 공산당을 대대적으로 소탕할 때인 1928년 모스크바에서 연 6차 대회 이후 17년 만에 개최된 것이었다. 마오는 이 대회에서 왕밍 노선을 폐기하고 마오쩌둥 사상에 바탕을 둔 중국공산당을 열었다. 즉 '농민이 혁명의 주체'라는 마오쩌둥 사상을 당장에 삽입하고, 1인 체제를 확립했다. '마오이즘(Maoism)'이 탄생하는 순간이었다.

항일 전쟁

홍군이 장정 막바지 위기에 봉착했을 때, 시안사건이 발생했다. 1936년

12월 12일 동북 군벌인 장쉐량이 장제스를 납치, 항일 국공합작을 요구하고 나선 것이다. 홍군은 장정 막바지 국민당의 파상 공세에 시달리고 있었다. 특히 국민당 군대의 최고사령관이던 후쭝난(胡宗南, 호종남)이 홍군에게 막대한 타격을 입히고 있었다. 후쭝난은 황포군관학교 1기생으로 '장제스 키즈'였다. 저우언라이도 후쭝난이 국민당 군대에서 가장 뛰어난 지휘관이라고 평가할 정도였다. 후쭝난은 서북 지방을 맡은 지 10년 만에 이 지역을 안정시켜 '서북왕'이라 불리고 있었다. 후쭝난의 파상 공세로 홍군은 마지막 위기를 맞고 있었다. 그때 시안사건이 터진 것이다. 홍군에게는 하늘이 준 기회였고, 장제스에게는 마른하늘의 날벼락이었다.

앞서 일본은 1931년 9월 만주를 침략했다. 만주사변이 시작된 것이다. 당시 만주 지방의 군벌이자 국민당 내에서 군사상으로 장제스에 이어 서열 2위이던 장쉐량은 일본의 만주 침탈을 좌시할 수 없었다. 자신의 근거지를 침입당한 것은 물론 만주 군벌의 원조이던 아버지 장쮀린이 일본군에 의해 폭사했기 때문이다. 그에게 일본은 철천지원수였다. 그러나 장제스는 일본군이 중원까지 내려올 것을 걱정해 장쉐량에게 대응하지 말 것을 주문했다. 장제스는 먼저 공산당을 타도한 다음에 일본과 대결하는 것을 원했기 때문에 오히려 학생 지식인의 항일운동을 탄압했다. 이 같은 조치로 중국의 지식인들은 반일의 기치를 분명히 내건 공산당에 동조하게 된다.

공산당은 내전 종식만이 장제스의 파상 공세로부터 홍군을 지킬 수 있는 유일한 방안이라고 보고 내전 중지와, 거국 정부 구성을 통한 항일 전쟁을 제안했다. 중공은 1936년 1월부터 국내 모든 세력에게 통일전선 형성을 촉구하고, 특히 옌안을 봉쇄하고 있던 장쉐량의 동북군과 양후청(楊虎城, 양호성)의 서북군을 집중적으로 선동했다. 그럼에도 장제스는 요지부동이었다. 1936년 12월 장제스는 장쉐량과 양후청의 공산당 섬멸 작전을 독려하기 위해 시안으로 갔다. 당시 장제스가 묵은 곳이 그 유명한 화청지(華淸池)다. 당나라 현종과 양귀비가 사랑을 나누던 곳이다.

마오쩌둥 리더십 읽기 2: 압도적인 지적 능력

마오는 정치가이기 이전에 당대 최고의 사상가였다. 당대 최고의 사상가였던 마오는 지적으로 경쟁자들을 압도했다. 중국 혁명의 거의 모든 이론이 마오쩌둥의 머리에서 비롯됐다고 해도 과언이 아니다.

마오이즘(Maoism)은 모택동 사상을 일컫는 용어다. 마오쩌둥을 뜻하는 Mao에 사상을 뜻하는 ism을 붙여 만든 단어다. 사람의 이름을 따 특정 사상을 지칭하는 단어는 많다. 헤겔주의를 이르는 헤겔리어니즘(Hegelianism), 마르크스주의를 일컫는 마르크시즘(Marxism), 레닌주의를 뜻하는 레닌이즘(Leninism) 등. 그러나 동양인의 이름을 따 ism을 붙인 단어는 흔치 않다. 공자의 사상, 즉 유교를 일컫는 컨퓨셔니즘(Confucianism), 부처의 사상, 즉 불교를 뜻하는 부디즘(Buddhism) 정도일 것이다. Confucianism은 공자를 뜻하는 Confucius에 ism을 붙인 것이고, Buddhism은 부처 즉 Buddha에 ism을 붙인 것이다. 마오쩌둥 사상이 세계 4대 성인의 사상과 어깨를 나란히 한다고 하면 지나친 비약일 것이다. 그러나 마오이즘이란 단어가 일반적으로 통용되고 있는 것은 그만큼 그의 사상의 타당성과 효용성을 세계가 인정하고 있다는 뜻일 것이다.

마오이즘의 논리는 간단하다. 혁명의 주체가 노동자가 아니라 농민이라는 것이다. 마오가 활동할 당시 중국은 전형적인 농업 국가였다. 노동자 계급은 형성되지도 않은 상태였다. 전 국민의 90% 이상이 농민이었다. 따라서 노동자가 혁명의 주체가 아니라 농민이 혁명의 주체일 수밖에 없었다. 마오는 사회주의 논리를 중국 상황에 맞게 재해석한 것이다. 마오의 경쟁자들은 마르크스 레닌의 이론을 맹목적으로 추종했지만 마오는 사회주의 이론을 중국에 맞게 재탄생시킨 것이다.

마오는 더 나아가 역작인 '모순론', '실천론' 등으로 마오쩌둥식 사회주의 이론을 체계화했다. 모순론과 실천론은 마오가 자신의 혁명 경험과 방대한 독서를 통해 얻은 지식을 총동원해 1937년 집필했다. 소련식 사회주의 혁명과는 다른 중국식 사회주의 혁명 이론을 탄생시킨 것이다. 이후 이 이론은 중국 혁명의 절대적인 이론적 바탕이 됐고, 혁명 성공 후에도 정권 유지의 기초가 됐다. '모순론', '실천론'은 공산 중국의 '사서삼경'이었던 것이다. 특히 실천론은 유물변증법에 중국의 정통사상인 지행합일과 실사구시를 접목시킨 것으로 마오의 대표적 역작으로 평가받고 있으며, 훗날 수개 국어로 번역돼 전 세계에 널리 알려졌다.

마오 리더십의 핵심 중 하나가 탁월한 지적 능력이었다. 그는 자신의 이름을 딴 사상을 전 세계의 보편적 사상으로 유통시킨 빼어난 지적 능력의 소유자였다. 게다가 단순한 이론가가 아니라 이를 실천한 운동가이기도 했다.

그는 중국 혁명을 달성함으로써 마오이즘의 효용성을 스스로 입증했고, 세계도 마오이즘을 인정했다. 특히 마오이즘은 제3세계 혁명의 한 모델이 됐다. 마오이즘의 핵심은 농민이 혁명의 주체라는 것이다. 산업화가 되지 않아 농민이 국민의 절대다수인 제3세계 국가에게는 마르크스나 레닌의 이론보다 훨씬 더 현실적인 대안이었다. 그의 공산주의 이론과 군사 이론은 각국의 혁명가들에게 큰 영향을 미쳤다. 동남아의 호치민, 폴 포트, 그리고 중남미의 체 게바라와 같은 혁명가들이 마오의 전략에 따라 농민을 주력으로 하는 게릴라전을 통해 공산주의 혁명을 달성하려 했다.

1990년대 초반 동구권 붕괴와 함께 사회주의 이론은 유통기한이 지난 논리가 됐다. 그러나 마오이즘의 생명력은 지금도 계속되고 있다. 현재 인도 공산당, 네팔 공산당의 주요 이념이 마오이즘이다. 특히 네팔의 마오이스트들은 히말라야 산악지대를 근거지로 지금도 유격전을 벌이고 있다.

장쉐량, 장제스 납치

장쉐량 친위대는 1936년 12월 12일 새벽 화청지를 급습, 장제스 경호대를 제압했다. 당시 장제스는 총소리를 듣고 놀라 틀니도 놓아두고 도망갔다. 장제스는 화청지의 뒷산인 여산으로 달아나 바위 밑에 숨었으나 장쉐량군에 붙잡혔다. 지금도 장제스가 숨어 있던 곳의 바위에 총알 자국이 선명하게 남아 있어 당시의 긴박했던 상황을 짐작할 수 있다. 장쉐량은 장제스를 납치한 후 국공합작을 통한 항일에 나설 것을 요구했다. 장쉐량은 장제스를 구금한 뒤 곧바로 중공 중앙에 전보를 보내 항일 구국의 대계를 상론하고, 구금한 장제스 문제를 풀자며 중공의 대표 파견을 요청했다. 그리고 비행기도 보냈다.

공산 중국에서 신사 한 명이 그 비행기를 타고 시안으로 날아갔다. 바로 저우언라이였다. 중공의 간부들은 대부분 장제스를 죽여야 한다고 주장했다. 그러나 탁월한 전략가이던 저우는 달랐다. 저우는 장제스를 죽이면 국내의 지지를 잃을 수 있고, 국민당 군을 자극해 홍군이 막대한 타격을 입을 수 있다고 보았다. 이는 일본에게 득이 되는 일이었다. 그는 장제스를 살려 통일전선을 성사시키는 것이 유리하다고 판단했다. 더욱이 장제스와 저우는 구면이었다. 황포군관학교에서 같이 일했기 때문이다. 황포군관학교는 쑨원 시절, 소련의 도움으로 젊은 군사 간부를 양성키 위해 광저우(廣州, 광주)에 설립한 군관학교였다. 황포(黃浦)라는 포구에 위치해 있어 황포군관학교라고 불렸다. 당시 국공이 합작을 하고 있었기 때문에 장제스가 황포군관학교의 교장, 저우가 정치주임이었다. 저우가 장제스를 상사로 모신 셈이다.

당시 코민테른의 반응은 중공 중앙의 지도자들과 전혀 달랐다. 사건 발생 당일 중공 중앙은 이 사실을 코민테른에 긴급 타전했다. 코민테른은 장제스를 죽이면 안 된다고 답했다. 코민테른은 "장제스를 무사히 석방하지 않으

맨 앞줄 왼쪽이 장쉐량, 오른쪽이 장제스 출처: 중국공산당 신문망

면 중국공산당과의 모든 관계를 단절"하겠다고 위협했다.(에드거 스노, 『모택동 자전』, 신복용 옮김(평민사, 2006)에서 재인용) 당시 소련의 형세는 다급했다. 유럽에서는 히틀러가 군비를 확장하고 있었고, 동양에서는 일본이 소련의 앞마당인 북중국, 즉 만주를 침략하며 여차하면 소련까지 넘볼 기세였다. 소련의 기본 방침은 중국을 방패막이로 일본의 침략을 막는 것이었다. 스탈린은 장제스의 국민당 정부를 끌어들여 항일 민족통일전선을 구축하려 했다. 소련은 여전히 공산당이 아닌 국민당을 파트너로 생각하고 있었던 것이다.

저우언라이의 요구에 따라 장제스는 내전 중지와 항일을 약속하고 풀려났다. 그는 급거 시안으로 날아온 부인 쑹메이링과 함께 12월 24일 국민당 정부의 수도인 난징(南京, 남경)으로 귀환했다. 이때 장쉐량은 군법회의를 자청, 장제스와 동행했다. "살아 돌아오지 못할 것"이라며 주위에서 말렸지만 장쉐량은 항명한 것에 대한 처벌을 달게 받겠다며 장제스를 따라갔다. 장제스는 대만으로 도주할 때도 장쉐량을 놓아주지 않았다.

대만 시절 장쉐량은 장제스의 생일날 시계를 선물했다. 이제 시간도 많이 흘렀으니 연금을 해제할 때도 되지 않았냐는 뜻이었다. 장제스는 낚싯대를 답례품으로 보냈다. 세월을 더 낚으라는 의미였다. 장쉐량은 연금된 지 55년 만인 1990년 그의 생일날(1월 6일)에 풀려났다. 이후 95세에 동생이 거주하고 있던 하와이로 이주하고, 2001년 101세로 파란만장한 생을 마감했다.(현이섭, 『중국지』(인카운터, 2012))

장쉐량은 장제스로부터 엄청난 수난을 당했지만 중국인들은 그를 애국지사로 떠받들고 있다. 당시 봉천, 지금은 선양(瀋陽, 심양)에 장씨 일가의 근거지인 장씨수부(張氏帥府, 張氏 大元帥府의 준말)가 있다. 거의 궁궐 수준이다. 우리 덕수궁 정도의 규모다. 기본은 중국식이지만 덕수궁처럼 양식 건물도 있다. 중국식 건물은 주거 공간, 로마네스크식인 양식 건물은 업무 공간이다. 선양 고궁 근처에 있어 관광객들의 발길이 끊이질 않는다. 수많은 중국인이 이곳을 둘러보며 장쉐량의 애국 충절을 기리고 있다. 중국인들은 장제스를 간웅(奸雄)으로, 장쉐량을 나라를 누란의 위기에서 구한 구국의 영웅으로 평가하고 있다.

장쉐량과 함께 장제스 납치를 주도한 양후청도 12년 동안 감금된 후 장제스가 대만으로 달아나기 전날 살해됐다. 그뿐 아니라 그의 열일곱 살 아들과 아홉 살 딸도 함께 불귀의 객이 됐다.

중일 전면전

시안사건이 발생한 이듬해 루거우(盧構, 노구)교 사건이 터졌다. 루거우교는 베이징 서남쪽 교외에 있는 다리다. 일명 마르코 폴로 다리다. 이탈리아 베네치아 출신 여행가 마르코 폴로가 여행기에서 "아름답기 그지없는 다리"라고 묘사해 마르코 폴로 다리라는 애칭이 붙었다. 루거우교를 사이에 두고 중국군과 일본군이 대치하고 있었다. 1937년 7월 7일, 일본군이 루거우교 인근에서 야간 훈련을 하던 중, 몇 발의 총성이 울리고 병사 한 명이 행방불명됐다. 사실 그 병사는 용변 중이었고, 10여 분 후 부대에 복귀했다. 그러나 일본군은 중국군으로부터 사격을 받았다는 구실로 주력부대를 출동시켜, 다음 날 새벽 루거우교를 점령했다. 이를 계기로 일본은 관동군 및 본토의 3개 사단을 증파, 7월 28일 베이징, 톈진(天津, 천진)에 총공격을 개시했다. 이로써 루거우교 사건은 중일 전면전으로 비화됐다.

중일전쟁이 전면전이 되자 국공합작은 급속히 진행됐다. 옌안의 홍군이 팔로군(八路軍)으로, 양쯔 강 이남의 홍군(장정에 참여하지 않고 양쯔 강 이남의 해방구를 지키던 홍군)이 신사군(新四軍)으로 재편돼 국민당 군대에 소속됐다. 팔로군은 예하에 115사단, 120사단, 129사단 등 3개 사단을 두었다. 팔로군 총사령관이 주더였고, 부사령관이 펑더화이였다. 덩샤오핑은 129사단의 정치위원으로 중일전쟁에 종군했다. 그러나 국민당과 공산당은 동상이몽이었다. 양측 모두 대일 항전보다는 당세를 확장하는 데 골몰했다.

이에 따라 일본은 어렵지 않게 베이징을 점령하고 국민당 정부의 수도이던 난징도 유린했다. 이른바 난징 대학살이다. 1937년 12월 13일 일본군은 난징을 점령했다. 일본군이 난징을 점령하자 국민당 정부는 난징을 버리고 내륙으로 도망갔다. 국민당 정부가 떠나자 시민들은 무방비 상태로 남겨졌다. 5만여 명의 일본군이 이때부터 약 2개월간 상상을 초월할 정도의 잔학 행위를 자행했다. 중국 출신 유명 작가 린위탕(林語堂, 임어당)은 난징 대학살의 참상을 다음과 같이 기록했다.

신이 인간을 창조한 후 오늘에 이르러 처음으로, 병사들이 웃는 얼굴로 어

린아이를 공중으로 던졌다가 떨어져 내려오면 날카로운 총검의 끝으로 받아
내고는 그것을 스포츠라 부르는 모습을 보았다.

일본군이 국민당 군대가 철수하자 난징에 남아 있던 무고한 시민들을 상
대로 '살인 파티'를 벌인 것이다. 난징 대학살로 인해 숨진 중국인은 최소
20만, 최대 30만으로 추산된다. 이에 따라 중국인들의 반일 감정은 상상을
초월한다.

일본군이 난징을 점령하자 장제스의 국민당 군대는 내륙인 충칭(重慶, 중
경)으로 후퇴했다. 이제 국민당 영역은 내륙 지방으로 축소됐다. 이에 비해
공산당은 일본군이 점령한 배후 지역과 국민당 군대가 철수한 지역에서 게
릴라전을 전개하며 농촌 해방구를 급속히 넓혀갔다. 이로써 국공합작은 사
실상 결렬됐다. 1941년 1월 국민당 군대가 신사군을 급습하는 사태까지 발
생했다. 신사군은 돌이킬 수 없는 타격을 입고, 국공합작은 공식적으로 막
을 내렸다. 이로써 중국 대륙은 국민당 지역, 공산당 지역, 일본이 점령한
지역으로 삼분됐다.

이때, 결정적인 변수가 발생한다. 태평양 전쟁이 발발한 것이다. 일본은
1941년 12월 7일 선전포고 없이 진주만과 필리핀·말레이 반도를 동시에 공
격했다. 일본이 진주만을 공습한 목적은 미국의 태평양 함대를 무력화함으
로써 동남아시아를 쉽게 점령하기 위해서였다. 이로써 일본은 미국과 중국
을 상대로 양면전쟁을 벌이게 됐다. 일본이 미국과의 전쟁에 돌입함에 따라
중국 전선은 개점휴업 상태에 들어갔다. 국민당과 공산당은 이 틈을 이용해
다시 치열한 내전 속으로 빠져 들어갔다.

1943년 장제스의 부인 쑹메이링은 미국을 방문, 미국의 조야를 홀렸다.
그녀는 미국 의회에서 연설하는 특별 대우를 받았다. 쑹메이링은 미국 웨슬
리 대학을 졸업했다. 그녀는 미국에서 교육을 받았기 때문에 미국식 매너로
미국 대중들을 사로잡았다. 서방 세계에 최초로 등장한 중국의 '퍼스트레이

디'였던 셈이다. 장제스는 미국통인 부인을 앞세워 미국에 통 큰 원조를 요구했다. 미국은 소련에 이어 중국까지 공산화된다면 세계의 절반이 공산화된다고 보고 장제스를 적극 지원했다.

한편 태평양전쟁은 미국이 1945년 8월 6일과 8일 히로시마와 나가사키에 원자폭탄을 투하하자 끝났다. 원폭 투하로 조선인 4만 명을 포함, 모두 16만 명의 인명이 순식간에 사라졌다. 가공할 살상이었다. 패닉 상태에 빠진 일제는 1945년 8월 15일 무조건 항복을 선언했다. 이로써 중일전쟁도 끝났다.

점선면 전략

애초에 일본이 중국 대륙을 점령하는 것은 불가능했다. 미국의 원자폭탄이 아니었어도 일본은 중국을 삼키기 힘들었을 것이다. 당시 중국이 일본에 쓴 전략이 이른바 '점선면 전략'이었다. 중국은 '점(주요 도시)'과 그 점을 연결하는 '선'은 일본이 점령하도록 놓아두었다. 그렇지만 그 배후 지역인 '면'을 장악하고 지구전을 펼쳤다. 면을 장악하면 점선을 고립시켜 결국은 승리할 수 있기 때문이다.

당시 일본이 중국에 파견한 병력은 가장 많을 때가 120만이었다. 일본은 이 병력으로 점선은 장악할 수 있었지만 면까지 장악하기는 힘들었다. 지난날 몽골족과 만주족은 일본군보다 훨씬 적은 병력으로 중국 대륙을 정복했다. 당시는 왕조시대였기 때문에 가능한 일이었다. 왕조시대는 해당 왕조만 굴복시키면 중국 대륙 전체를 점령할 수 있었다. 그러나 중일전쟁 당시에 일본은 항복을 받아낼 왕조가 없었다. 쑨원이 신해혁명을 일으켜 봉건 왕조가 무너진 뒤였다. 따라서 군웅이 할거하고 있었다. 장제스는 '부르주아의 왕'이었다. 마오는 '농민의 왕'이었다. 그리고 공산당과 국민당의 힘이 덜 미치는 지역은 여전히 군벌이 실권을 장악하고 있었다. 일본군은 이들 모두에

천하를 두고 쟁패한 현대 중국의 두 영웅. '부르주아의 왕' 장제스는 '농민의 왕' 마오쩌둥에게 분루를
삼켜야 했다. 장제스는 미국과 소련의 지원을 받았지만 민심을 얻은 마오에게 무릎을 꿇어야 했다.

게 항복을 받아내야 했다. 아니면 면을 장악해야 했다. 그러나 면을 장악하
는 것은 120만 병력으로는 불가능한 일이었다. 훗날 덩샤오핑은 이 점선면
전략을 개혁개방에 응용한다.

　일본이 항복했다. 이제 남은 것은 누가 먼저 만주를 차지하느냐다. 공산
당은 군을 만주로 급파했다. 국민당도 마찬가지였다. 특히 미국은 국민당
군대가 만주를 빨리 차지할 수 있도록 특별기를 동원, 국민당 군대를 수송
했다. 미국은 이뿐 아니라 국민당 45개 사단을 미군의 최신 무기로 무장시
키고, 비행기도 지원했다.

　1946년 6월 26일 장제스가 중공의 해방구에 대한 총공격을 명령함에 따
라 국공 전면전이 시작됐다. 당시 양군의 화력은 국민당이 압도적으로 우세

했다. 국민당 군대는 430만 명이었고, 공산당 군대는 120만 명에 불과했다. 그리고 국민당 군대는 미군의 최신 장비로, 공산당 군대는 일본군에게서 빼앗은 무기로 무장하고 있었다. 병력 면에서 열세이던 공산당은 게릴라전과 정치 공작을 병행, 국민당 군대를 교란하는 한편 대중의 지지를 확보하는 데 열을 올렸다. 특히 해방구에서 토지를 농민에게 분배함으로써 농민의 절대적인 지지를 이끌어냈다. 농민들이 공산당 군대에 속속 입대하자 1947년 중반 공산군의 병력은 200만 명까지 늘어났다. 농민들은 국민당이 승리하면 농토를 뺏기지만 공산당이 승리하면 자신의 땅이 될 것이라고 믿었다. 농민들에게 이념은 그다지 중요하지 않았다. 그들에게 가장 중요한 것은 땅이었다. 그들은 자신의 토지를 뺏기지 않기 위해 필사적으로 싸웠다.

1927년 징강 산에서 공농홍군으로 출발한 공산군은 국공합작으로 신사군, 팔로군으로 나뉘었다가 1947년 인민해방군(人民解放軍, 약칭 인민군)으로 통합됐다. 한국전쟁 당시 인해전술을 보여준 그 인민군이다. 인민해방군은 농촌 지역에서 세력을 급속히 확대해 지린(吉林, 길림), 창춘(長春, 장춘) 등 국민당이 장악하고 있던 대도시를 고립시켰다. 농촌으로 도시를 포위한다는 마오의 전략이 맞아떨어진 것이다. 이에 반해 국민당 정부는 독재적이고 억압적인 정책으로 지식인을 비롯한 민중을 공산당으로 돌아서게 했다. 특히 국민당 군대의 대민 횡포는 수많은 농민을 적으로 돌려놓았다. 이에 비해 공산당은 농민의 재산에 절대 손대지 않았고, 물자를 동원할 경우, 반드시 보상했다. 홍군은 농민을 상대하는 여덟 가지 원칙이 있었다.

1. 가옥으로부터 떠날 때는 모든 문짝을 본래의 위치로 돌려놓을 것.
2. 잠자고 난 뒤 멍석은 개어서 원래의 위치에 둘 것.
3. 인민들에게 공손하고 가능한 힘껏 도울 것.
4. 빌린 물건은 모두 반납할 것.
5. 손상된 물품은 고쳐서 원상회복할 것.

6. 농민들과 거래할 때는 정직할 것.

7. 물건을 살 때는 반드시 대금을 지불할 것.

8. 화장실은 인민의 거주지로부터 안전거리를 유지할 것.

——中國共産黨歷史大辭典, 中共中央黨校出版社

농민들은 이러한 홍군을 우리의 군대라고 여겼다. 국민당은 공산당을 비적, 즉 도적 떼라고 불렀지만 농민들에게는 오히려 국민당 군대가 비적이었다. 특히 장제스의 '견벽청야(堅壁淸野, 성벽을 굳게 하고 곡식을 모조리 거두어들인다는 뜻으로, 적의 양식 조달을 차단하는 전술의 하나. 장제스는 게릴라전을 벌이던 공산군을 소탕하기 위해 이 전술을 즐겨 썼다)' 작전은 농민들의 원성을 샀다. 대외적으로도 장제스는 미국의 신임을 잃어가고 있었다. 미국은 장제스의 무능과 부패를 알았지만 그 외에 대안이 없었기 때문에 그를 지원할 수밖에 없었다.

덩샤오핑 중원 점령

만주 지역에서 승리한 공산군은 중원으로 눈길을 돌렸다. 국공 내전 3대 첩 중 하나인 화이하이 대전이 벌어졌다. 중원 전투에서 승리하면 양쯔 강 이남, 즉 강남을 해방할 수 있는 교두보를 확보하는 것이다. '중원축록(中原逐鹿, 중원은 황허 중하류 유역을 뜻하며, 축록은 서로 경쟁한다는 말이다. 영웅들이 천하를 얻고자 쟁패함을 이른다)'이라는 말이 있듯이 역사 이래 중국의 패자는 중원을 손에 넣어야 했다. 1948년 화이하이 대전을 공산당의 승리로 이끈 장본인이 바로 덩샤오핑이었다. 덩샤오핑과 류보청의 군대(朱毛군에 대비해 劉鄧군으로 불렸다)가 국민당의 백만 대군을 전멸시켰다.

공산군이 중원 지역을 점령함에 따라 국민당의 수도 난징, 경제 중심 상하이, 양쯔 강 중류의 전략 도시 우한 등이 인민 해방군의 공격권에 들어왔다. 만주와 중원을 점령한 공산군은 이제 양쯔 강 이남인 강남 지역만 남겨두게 됐다.

장제스는 1949년 1월 공산당에 평화 협상을 제의하고, 서구 열강에 원조를 호소했지만 서방은 더 이상 국민당을 지원하지 않았다. 유일하게 소련만 장제스 편을 들었다. 스탈린은 마오쩌둥에게 양쯔 강 이북은 마오가, 양쯔 강 이남은 장제스가 지배하는 연방 정부 수립안을 수락하라고 촉구했다. 스탈린은 마오가 장제스를 쓸어버리면 미국이 중국에 개입, 3차 대전이 일어날 것이라고 보았다. 마오는 스탈린의 이 같은 제의를 일축했다.

"중화런민공허궈 청리러"

공산당은 장제스에게 무조건 항복을 요구했다. 장이 이를 거절하자 그해 4월 공산당은 총공격을 개시했다. 화이하이 대전을 승리로 이끈 덩샤오핑이 백만 대군을 이끌고 일시에 양쯔 강을 도강했다. 중공군은 잇따라 난징, 상하이, 우한 등 주요 도시를 점령하고, 10월에는 중국 남부의 국민당 잔존 부대를 섬멸했다. 드디어 전 중국을 '해방'한 것이다.

마오는 1949년 10월 1일 천안문 망루에 올라 "중화런민공허궈 청리러(中華人民共和國 成立了, 중화인민공화국이 성립됐다)"를 선포했다. '농민' 출신인 마오쩌둥이 붉은 대륙의 '황제'가 된 것이다.

마오가 붉은 대륙의 황제가 되던 순간, 장제스는 분루를 삼키며 대만으로 도망가야 했다. 장제스는 질 수 없는 전쟁을 졌다. 마오는 이길 수 없는 전쟁을 이겼다. 장제스는 당시 자본주의의 대표이던 미국과 사회주의의 대표이던 소련을 업고도 마오에게 졌다.

마오와 장제스를 상징하는 단어는 '자주'와 '외세'다. 마오는 철저하게 자

마오쩌둥이 1949년 10월 1일 천안문 망루에서 "중화인민공화국이 성립됐다"고 선포하고 있다. 출처: 중국공산당 신문망

주 노선을 걸었고, 장제스는 끝까지 외세 의존적이었다. 일본군 포병 장교 출신인 장제스는 일본이 조국을 침탈해 옴에도 일본군보다 오히려 공산군에 더 적대적이었다. 그는 공산군을 소탕하기 위해 일본군과 비밀로 상호 불가침 조약을 맺을 정도였다. 이는 결정적으로 지식인들과 학생들을, 그리고 민중들을 공산당 편으로 돌아서게 했다. 장제스는 이뿐 아니라 소련에게 중일전쟁 참전 대가로 북중국의 이권을 대폭 넘겨줬다. 장제스는 이른바 '한간(漢奸)'이었던 것이다. 한간은 청나라 때 지배 민족인 만주족에 협조한 한인(漢人)을 일컬은 데서 비롯한 말로, 중국에서 외세와 내통한 자를 뜻한다. 한국의 친일파와 같은 의미다.

만약 20년에 걸친 국공 내전에서 장제스가 이겼더라면 중국은 일본처럼 영원히 미국을 넘어서지 못했을 것이다. 2차 대전 후 일본은 미국의 핵우산 아래 들어갔다. 그 순간 일본이 세계 최강국이 될 가능성은 사라졌다. 중국도 미국의 핵우산 아래 들어갔더라면 제2의 일본이 됐을 것이다. 그러나 마오가 정권을 잡은 중국은 미국의 핵우산 아래로 들어가지 않았다. 게다가 덩샤오핑의 개혁개방마저 성공함으로써 중국은 미국의 패권에 도전할 수 있는 유일한 국가로 발돋움했다.

스탈린과 일 합

마오는 붉은 중국을 건국한 직후, 1949년 12월 6일 전용 열차를 타고 모스크바로 향했다. 첫 외국 나들이였다. 겉으로는 12월 21일 스탈린의 70회 생일을 축하하는 것이었다. 그러나 진짜 목적은 1945년 소련과 국민당이 맺은 중소우호동맹조약을 폐기하고, 새로운 동맹조약을 체결하기 위해서였다.

국민당은 소련이 중일전쟁에 참전하는 대가로 북중국에서 막대한 이권을 보장하는 조약을 체결했다. 실제 소련은 중일전쟁 막바지(8월 9일)에 참전했으나 미국이 히로시마와 나가사키에 원폭을 투하함으로써 전쟁이 예상보다 조기 종결(8월 15일)됨에 따라 일본군을 중국에서 몰아내는 데 결정적인 도움은 주지 못했다. 당시 장제스는 참전 대가로 만주에서 많은 이권을 소련에 넘겨주었다. 부동항인 뤼순(旅順, 여순), 다롄(大連, 대련)항과 창춘(長春) 철도의 운영권을 넘겨준 것이다. 이뿐 아니라 외몽골의 독립도 인정했다. 소련은 이에 대한 보답으로 장제스가 중국 내에서 유일한 합법 정부의 지도자임을 인정했다. 장제스는 나라를 팔아먹어 가면서까지 정권을 잡으려 한 것이다. 만약 장제스가 중국을 통일했더라면 중국은 제국주의의 반식민지 신세를 벗어나지 못했을 것이다.

철저한 민족주의자이던 마오는 국민당과 소련이 맺은 중소우호동맹조약

1950년 2월 14일 크렘린 궁에서 새로운 중소우호동맹조약이 체결됐다. 스탈린과 마오쩌둥이 지켜보고 있는 가운데, 저우언라이가 중소우호동맹 조약에 서명하고 있다.

을 좌시할 수 없었다. 그러나 스탈린은 이 조약이 얄타회담(2차 대전 말기인 1945년 2월 4~11일, 소련 크리미아반도의 얄타에서 미국 대통령 루스벨트, 영국 수상 처칠, 소련 수상 스탈린이 전후 처리에 대한 일련의 협정을 맺은 회의)에 따라 체결된 것이라고 주장했다. 따라서 미국과 영국의 동의가 있어야 조약을 개정할 수 있다고 버텼다. 마오도 사실상의 농성에 들어갔다. 서방 언론에서 스탈린이 마오를 감금했다는 기사가 나올 지경이었다.

회담이 교착상태에 빠지자 해결사 저우언라이가 등장했다. 소련으로 급히 날아간 저우언라이는 하나씩 난제를 풀어나갔다. 1950년 2월 14일 크렘린 궁에서 새로운 중소우호동맹조약이 체결됐다. 이어 중국의 창춘 철도, 뤼순항, 다롄항에 관한 협정, 소련의 중국 공여 차관에 관한 협정을 각각 조인했다. 중국은 장제스가 내준 다롄항 등의 행정권을 다시 접수했다. 장제스가 소련에 내준 막대한 이권을 마오가 다시 회수한 것이다. 마오는 2월 17일 소련 방문을 마치고 귀국길에 올랐다. 국가 원수가, 그것도 막 탄생한 국가의 원수가 2개월 넘게 외국에 머문 것은 사상 초유의 일이었다.

스탈린에게 마오는 껄끄럽기 그지없는 상대였다. 자력으로 사회주의혁명을 달성했기 때문이다. 사회주의국가 중 마오만큼 소련의 도움을 받지 않고 혁명을 달성한 경우는 없었다. 오히려 소련은 사사건건 마오의 발목을 잡았다. 특히 소련은 국공 내전 내내 마오가 아니라 마오의 적인 장제스를 도왔다.

마오 다음으로 모스크바에 신세를 지지 않은 인물이 유고슬라비아의 요십 티토였다. 티토는 2차 대전 중인 1941년 독일과 이탈리아 군대가 유고슬라비아를 점령하자 80만 명의 빨치산을 이끌고 그들과 싸웠다. 그 공로로 1943년에는 원수, 1945년에는 대통령이 됐다. 1948년 티토는 스탈린의 내정간섭을 반대하며 자주 노선을 선언했다. 이로 인해 유고슬라비아는 코민포름(코민테른의 후속 기관)으로부터 축출당했다. 티토는 중립주의 지도자로 부상해 비동맹 국가들의 맹주를 자처했다. 스탈린은 마오가 제2의 티토가 될 것을 우려했다. 스탈린의 염려는 적중했다. 얼마 후 중소이념분쟁이 시작됐다. 스탈린을 이은 흐루시초프가 동서 평화공존을 들고 나오자 마오는 흐루시초프를 수정주의자로 몰아붙였다. 그리고 소련과는 다른 길을 걸었다. 그로부터 10여 년이 흐른 후 마오는 핑퐁외교를 통해 미국과 손을 잡았다.

한국전쟁 참전, 대만을 놓치다

이제 간신히 내전을 끝낸 중국이 핵으로 무장한 미국을 상대로 전쟁을 할 것이라고는 아무도 예상하지 못했다. 1949년 6월 미군이 남한에서 철수했다. 북한의 김일성은 남한을 침략하기 위해 스탈린과 마오를 설득했다. 그러나 스탈린과 마오 모두 미국의 개입 위험이 있다고 판단했다. 특히 마오는 남한을 정복하려는 어떠한 시도도 중국이 대만을 정복할 때까지는 미뤄야 한다고 생각했다.

그러나 딘 애치슨 미국 국무장관이 한반도가 미국의 방어선 밖에 있다는 발표를 하면서부터 상황은 달라졌다. 특히 스탈린이 변심했다. 중소우호동맹조약을 중국과 다시 체결하면서 부동항인 다롄과 뤼순을 잃었다. 스탈린은 한반도가 공산주의 세력에 의해 통일된다면 이를 대신할 수 있을 것이라고 판단했다. 스탈린은 마음을 바꿔 김일성의 남침을 찬성하게 된다. 단 단서를 달았다. 중국 마오쩌둥의 동의를 얻으라는 것이었다.

마오는 참전을 결정했다. 당내에서는 아직 국내가 안정되지 않은 상황에서 한국전쟁에 참전하는 것은 위험하다며 반대가 많았다. 유력한 조선지원군 사령관 후보이던 린뱌오는 칭병하고 참전을 사실상 거부했다. 그러나 마오의 생각은 달랐다. '항미원조(抗美援朝, 미국에 대항해 조선을 원조한다)'라는 대의명분을 이용, 공산당 통치에 맞서는 반대파를 제거하고, 민중 사이에서 혁명적 열정을 지속할 수 있다고 판단했다. 또 외부와의 전쟁은 군부를 하나로 통합하고, 지역주의 발호를 사전에 차단할 터였다. 마오는 핵전쟁이 발생할 수도 있다는 지적에 대해 "3억이 희생될지도 모른다. 그래서 어떻단 말인가! 어차피 전쟁은 전쟁이다. 세월은 흐를 것이고, 우리는 예전보다 더 많은 아이를 낳을 것이다"라고 말했다.(헨리 키신저, 『헨리 키신저의 중국이야기』, 권기대 옮김(민음사, 2012))

마오가 한국전쟁에 참전한 결정적 이유는 미국의 세력권 아래에 있는 한국과 국경을 맞대는 것에 큰 부담을 느꼈기 때문일 것이다. 헨리 키신저 전 미국 국무장관은 2014년 발간한 저서 『세계 질서(World Order)』에서 한국전쟁 때 미군이 평양과 원산을 잇는 선을 넘어가자 중국이 참전했다고 주장했다.

그는 자신의 저서에서 "미군이 중국과 국경에서 150마일(241km) 떨어져 있는 한반도의 가장 좁은 목 부분인 평양-원산 선에서 진격을 멈췄다면 중국

마오쩌둥 리더십 읽기 3: 자주

마오는 평생을 자주로 일관한 정치가였다. 정치적 라이벌이던 장제스가 외세 의존적인 정치 노선을 밟은 것과는 뚜렷이 대비된다. 마오는 1919~1920년까지 중국의 젊은이들에게 유행병처럼 번지던 근공검학에 참여하지 않았다. 당시 중국의 야심 찬 젊은이들이 선진 문물을 배우기 위해 근공검학에 대거 지원했다. 마오는 근공검학에 참여하지 않은 이유에 대해 에드거 스노와의 인터뷰에서 "중국에 모든 것이 다 있는데, 굳이 외국에 갈 필요가 있느냐"고 말할 정도로 민족주의적 성향이 강했다.

마오에게 가장 잘 어울리는 수식어는 마르크스주의자, 공산주의자가 아니다. '민족주의자'다. 그는 모든 것을 중국을 중심에 두고 판단한 철저한 민족주의자였다. 그는 혁명 과정에서 어려운 문제에 부딪혔을 때, 서구의 사상이 아닌 중국 고전에서 그 해답을 찾았다. 그가 가장 탐독한 책도 마르크스, 레닌 관련 저작이 아니라 중국의 역사서인 사마광의 『자치통감(資治通鑑)』이었다. 그가 혁명을 성공하고 베이징에 입성했을 때, 유일하게 가져온 책이 『자치통감』이었다. 마오는 『자치통감』을 열일곱 번이나 읽었으며, 역작인 『자치통감 평석』을 쓰기도 했다. 그는 말년에 침대 머리에 늘 『자치통감』을 놓아두었으며, 너무 많이 읽어 책이 너덜너덜해졌다고 한다. 자주는 마오가 일평생 결코 포기하지 않은 리더십의 핵심이었다. 마오는 중국에서 모든 제국주의 세력을 몰아냈고, 소련식이 아닌 중국식 공산혁명을 달성했다. 마오는 집권 이후 중소우호동맹조약을 갱신하기 위해 모스크바에서 두 달간이나 머물면서 이를 관철해 냈다. 마오는 또 스탈린 사후 흐루시초프가 동서 평화공존을 들고 나오자 "동풍이 서풍을 제압한다"며 중소이념분쟁의 신호탄을 쏘고, 소련과 다른 길을 걷기 시작했다. 마오의 자주 사상은 자립이 아니라 고립으로 이어질 수 있었다. 그러나 그는 덩샤오핑이라는 빼어난 후배를 둠으로써 세계에서 고립되지 않았다.

이 한국전에 참전하지 않았을 것"이라는 견해를 피력했다. 그는 이에 대한 근거로 "중국은 1950년 7월 초 25만 명의 병력을 국경에 집결시켰다"며 "마오쩌둥은 당시 저우언라이에게 '미군이 평양–원산 선에서 멈춘다면 중국은 당장 (미군을) 공격할 필요가 없다'고 말했다"고 밝혔다. 키신저는 "마오는 미군이 압록강을 따라 자리를 잡은 뒤 다음 단계로 베트남에 진격해 중국을 포위할 것을 두려워하고 있었다"고 덧붙였다.

마오는 린뱌오 대신 펑더화이를 조선지원군 사령관으로 임명하고, 파병을 강행했다. 이에 따라 1950년 10월 19일, 25만 명의 인민군이 한반도에 들어갔다. 마오는 한국전쟁 참전으로 두 가지 값비싼 대가를 치렀다. 하나는 대만을 점령할 시기를 놓친 것이고, 다른 하나는 장남을 잃은 것이다.

미국은 한국전쟁을 계기로 중국을 견제하기 위해 남한에 미군을 주둔시켰다. 그리고 대만해협의 방위도 대폭 강화했다. 미국은 제7함대를 대만해협으로 급파, 중공의 대만 정복 시도를 사전에 차단했다. 그리고 대만에도 미군을 주둔시켰다. 미군의 대만 주둔은 중국과 미국이 국교를 정상화할 때까지 계속됐다. 중국은 홍콩, 마카오를 접수했다. 그러나 대만은 미수복 지구로 남아 있다. 대륙은 아직 완벽히 통일되지 않은 것이다.

장남 마오안잉 전사

마오는 한국전쟁에서 장남을 잃었다. 인민군이 한반도에 들어간 지 약 한 달 만에 맏아들 마오안잉(毛岸英, 모안영)이 전사했다. 그는 1950년 11월 25일 평안북도 동창군 대유동에서 미군 전투기 폭격으로 사망했다. 앞서 마오안잉은 인민군 조선지원군 사령관 펑더화이의 러시아어 통역병으로 종군했다. 마오안잉은 어린 시절 어머니 양카이후이가 죽자 상하이로 보내졌다가 다시 더 안전한 소련으로 보내졌다. 그리고 거기서 교육을 받았다. 그는 소련에

마오쩌둥과 장남 마오안잉. 마오안잉은 한국전쟁에 러시아어 통역병으로 종군했고, 미군 전투기 폭격으로 사망했다. 출처: 중국공산당 신문망

서 군사학교를 다녔고, 독소전쟁이 발발하자 전선에 투입됐다. 마오안잉은 종군을 앞두고 스탈린으로부터 직접 권총을 선물받기도 했다.

마오가 맏아들 마오안잉을 한국전쟁에 보낸 것은 그의 '노블레스 오블리주'였을 것이다. 펑더화이는 마오의 장남을 부관으로 전쟁터에 데려가는 것을 부담스러워했다. 펑은 마오에게 안잉의 참전을 말려달라고 부탁했다. 그러나 마오는 "그는 마오쩌둥의 아들이다. 그가 가지 않는다면 누가 가겠는가!"라며 참전을 말리지 않았다. 펑더화이는 마오안잉 전사 소식을 마오쩌둥에게 직보하지 않고, 저우언라이에게만 알렸다. 저우언라이는 이 소식을 수뇌부 사이에서 공유했으나 마오에게는 알리지 않았다. 결국 마오안잉이 전사한 지 1개월도 넘은 1951년 1월에야 마오는 비서를 통해 이 소식을 들었다. 마오는 아들의 전사 소식을 듣고는 담배를 물고 한동안 말문을 열지 못하더니 "전쟁에는 희생이 따르는 법이지……"라고 했다고 한다. 아무리

혁명가라지만 맏아들의 전사는 큰 충격이었을 것이다.

더 나아가 마오는 아들 부인이 유해 송환을 간청하자 이를 거부했다. 수만 명의 중국인이 조선 땅에서 죽었고, 그곳에 묻혀 있다며 안잉도 예외가 될 수 없다는 이유에서였다. 마오안잉의 유해는 지금도 평안북도 회창군 인민지원군 총사령부 열사 능원에 묻혀 있다. 이후 그의 묘는 중국 고위 관리가 북한을 방문할 때, 반드시 참배하는 필수 코스가 됐다. 마오안잉의 묘가 북·중 혈맹 관계를 과시하는 상징물이 된 것이다.

군 복무와 관련된 노블레스 오블리주를 언급할 때, 가장 많이 등장하는 일화 중 하나가 마오안잉 이야기다. 마오는 장남을 전쟁터에 보냄으로써 노블레스 오블리주를 실천했고, 아들의 유해 송환마저 거부함으로써 특권층임에도 특권을 사양하는 높은 수준의 도덕성을 보여주었다. 이때까지만 해도 마오는 완전무결했다. 거의 신의 경지였다. 이제 마오는 인간으로 내려오는 일만 남겨 두고 있다.

3장
덩샤오핑과 신중국 건설

소년 덩샤오핑

덩샤오핑은 1904년 8월 22일 쓰촨 성의 어느 시골 마을에서 태어났다. 쓰촨(四川, 사천) 성은 말 그대로 네 줄기 하천이 흐르는 성이라는 뜻이다. 수자원이 풍부하기 때문에 중국의 대표적인 곡창지대다. 물산이 풍부해 천국의 땅이란 말인 '천부지국(天府之國)'이라고 불린다.

쓰촨 성은 또 매운 음식으로 유명하다. 마오쩌둥이 생전에 말했듯이 매운 음식을 잘 먹는 사람들은 성격이 급하고, 성격이 급한 사람은 혁명가적 기질이 강하다. 후난 성과 쓰촨 성 요리가 맵기로 유명하다. 실제로 쓰촨 성과 후난 성 출신 중 혁명가가 많다. 덩샤오핑과 인민해방군 초대 사령관을 지낸 주더가 쓰촨 성 출신이고, 신중국의 아버지인 마오쩌둥, 류샤오치 등이 후난 성 출신이다.

덩샤오핑은 쓰촨 성 광안(廣安, 광안)현 파이팡(牌坊, 패방)촌에서 덩원밍(鄧文明, 등문명)의 첫째 아들로 태어났다. 덩원밍은 아들의 이름을 선성(先

聖)이라고 지었다. 그러나 다섯 살 때 서당에 들어가자 희현(希賢)으로 바꾸었다. 아버지가 지어준 선성이라는 이름에 너무 큰 뜻이 담겨 있기 때문이었다. 성은 성인, 즉 공자를 뜻한다. 아버지는 공자를 앞서라는 뜻으로 선성이라고 지었다. 그러나 서당 훈장은 중국의 성인인 공자에 대한 모독이라며 현명한 사람을 희망한다는 뜻인 희현으로 이름을 바꾸어주었다.

작은 평화라는 뜻인 소평(小平)은 그가 중국공산당에 입당하고 본격적인 활동을 시작할 때 보안상 별명으로 쓰던 이름이다. 공산당 활동으로 그를 소평으로 인식하는 사람들이 많았기 때문에 공산 정권 수립 이후에도 그 이름을 계속 썼다. 그는 작은 평화(小平)를 원했지만 중국 전체 인민을 먹고살게 함으로써 큰 평화(大平)를 이뤘다. 혹자는 진정한 노벨 평화상 감은 덩샤오핑이라는 말을 하곤 한다. 13억 중국 인민을 먹고살게 했기 때문이다. 만약 중국이 먹고사는 문제가 해결되지 않았더라면 분명 국제분쟁을 일으켰을 것이란 주장이다. 노벨 평화상은 아니더라도 경제학상은 줘야 했다는 말도 있다. 13억을 먹여 살린 경세가였기 때문이다.

아버지 덩원밍은 파이팡촌의 지주였다. 덩샤오핑의 집은 마을에서 가장 컸으며 하인을 여럿 거느리고 있었다. 유년기의 유복한 환경은 덩샤오핑에게 건전한 판단력과, 여러 사람들과 원만하게 어울릴 수 있는 친화력을 갖게 해주었다. 그리고 기본적으로 우파적인 가치관을 심어주었다. 특히 부유한 환경은 그를 낙관주의자로 만들었다. 덩이 정치 역정 중 모두 세 번 실각했음에도 그때마다 부활할 수 있었던 것은 특유의 낙관적 생활 태도 때문이었다. 덩은 "나는 낙관주의자다. 만일 내가 낙관주의 정신으로 상황에 대처하지 않았다면 문화혁명 이후 10년의 긴 세월을 견디기 힘들었을 것"이라고 말하기도 했다.

그는 지주 집안 출신이었기 때문에 우파적 성향이 다분했다. 그는 평생 주자파의 상징이었다. 아버지는 수완이 좋은 인물로 후에 광안현의 보안 책임자까지 맡았다. 아버지의 지상 과제는 출세였고, 출세를 위해서는 수단과 방법을 가리지 않는 실용적인 인간이었다. 덩은 아버지에게서 실용주의와 우파적 성향을 물려받았다. 그는 기본적으로 개혁적이지만 천안문 사건의 무자비한 진압에서 볼 수 있듯 보수적인 측면도 있다. 보수적인 측면 또한 우파적 성향과 무관치 않다. 그를 특징짓는 우파적이고 보수적인 성향, 친화력, 실용주의, 특유의 낙관론 등은 모두 어렸을 때의 가정환경에서 비롯됐다고 할 수 있다.

근공검학

고향에서 초등교육을 마친 덩샤오핑은 고등교육을 받기 위해 쓰촨 성 최대 도시인 충칭으로 갔다. 그는 충칭에서 그의 일생을 좌우하는 근공검학을 만났다. 그 근공검학단에 키 150센티미터, 나이 열여섯 살에 불과한 소년, 덩샤오핑도 끼어 있었다. 그가 '중국 혁명'이라는 열차에 탑승하는 순간이었다. 그는 1920년 상하이에서 마르세유로 가는 배에 몸을 싣고 프랑스로 향했다. 그는 근공검학단에서 가장 어렸고, 아마 키도 가장 작았을 것이다.

부르주아혁명이 가장 빨리 일어난 프랑스는 당시 유럽의 지도국이었으며 자유의 상징이었다. 따라서 사회주의, 공산주의, 무정부주의 등 온갖 사조가 꽃을 피웠다. 말 그대로 백화제방이었다. 덩샤오핑은 이 같은 분위기 속에서 서구의 신사조, 특히 사회주의에 눈을 떴다.

1919년부터 1920년 사이에 근공검학을 이유로 프랑스로 향한 사람들은 모두 1500명에 달했다. 덩샤오핑, 저우언라이, 주더 등 수많은 중공 최상층 지도부가 근공검학이라는 열차에 탑승했다. 1970~1980년대 파리 중국 대사관의 가장 큰 임무가 크루아상을 조달하는 것이었다는 루머가 있다. 중국 지도부에 프랑스에서 유학한 근공검학 출신이 많았기 때문이다. 프랑스에서 청소년기를 보낸 그들에게는 크루아상이 주식이었다. 어린 시절의 입맛은 평생을 좌우한다. 당시 프랑스로 출장 가는 정부 관료는 귀국 후 선물을 하는 데 걱정을 하지 않았다고 한다. 크루아상을 많이 사 와서 원로 혁명가들에게 나누어 주면 가장 좋아했기 때문이다. 덩샤오핑도 크루아상을 즐겼다. 그의 이 같은 취향은 문화혁명 당시 부르주아라는 비판의 빌미를 제공하기도 했다.

근공검학단은 당초 취지와는 달리 공부보다는 노동에 얽매여야 했다. 프랑스가 중국 청년들을 받아들인 것은 그들의 교육을 위해서가 아니라 부족한 노동력을 보충하기 위해서였다. 실제 근공검학단은 전쟁터에 널려 있는 시체를 처리하는 등 대표적인 3D 업종에 종사해야 했다. 외국에서 일하는 노동자들은 온갖 착취와 압박, 설움을 겪어야 한다. 덩샤오핑도 고무신을 만드는 공장, 르노자동차 공장 등지에서 비숙련 노동자로 일했다. 그는 이곳에서 노동운동에 눈을 떴고, 사회주의 사상을 배웠다. 그는 선진 문물을 배우기 위해 프랑스에 갔으나 결국 노동자의 조직, 교육 등을 학습해 혁명가가 됐다. 1924년 그는 중국 공산주의 청년 동맹 유럽 지부의 회원으로 가입하고 기관지인 《적광(赤光, 붉은 태양)》 편집에 동참하면서 공산주의자의 길로 본격적으로 들어섰다. 당시 《적광》의 편집장이 바로 저우언라이였다.

큰형님 저우언라이

덩샤오핑은 근공검학 시절 향후 자신의 정치 인생에 절대적인 후견인이 되는 저우언라이를 만났다. 저우언라이는 장쑤(江蘇, 강소) 성 화이안(淮安, 회안) 출신으로 중국 공산 정권 수립 후 27년간 총리를 지내 '영원한 총리'로 불린다. 검소한 생활과 사심 없는 정치 활동으로 모든 중국인의 사랑과 존경을 한 몸에 받고 있다. 저우언라이는 덩샤오핑보다 여섯 살 연상이었다. 그는 나이가 어리고 키도 작은 덩을 친동생처럼 보살펴 주었다. 저우언라이

근공검학 시절의 덩샤오핑.

는 중국에 돌아와서도 덩이 위기를 겪을 때마다 그를 구해 주었다. 덩샤오핑은 세 번 실각했다 그때마다 부활했다. 그래서 그를 '부도옹(不倒翁, 오뚝이)'이라고 부른다. 덩샤오핑이 실각할 때마다 저우언라이는 그를 도왔다.

덩샤오핑도 당내에서 가장 친한 사람이 저우언라이라고 고백한 적이 있다. 덩은 "나는 그분을 큰형님으로 여긴다"고 말했다. 또 저우언라이의 부인인 덩잉차오(鄧穎超, 등영초)가 덩샤오핑과 같은 성씨여서 저우언라이 사후에도 덩잉차오는 덩샤오핑을 적극 도왔다. 덩잉차오는 그 공로로 덩샤오핑 집권 시절, 중공 권력의 핵심인 공산당 중앙 상임위원회 위원이 되기도 했다.

프랑스 유학 경험은 덩샤오핑의 일생에 가장 큰 영향을 미쳤다. 덩은 16세부터 22세까지 프랑스에 머물렀다. 이 시기는 청소년기로 평생의 가치관이 결정되는 시기다. 마오쩌둥은 1949년 공산 중국을 건국한 뒤 사회주의 종주국인 소련을 방문하기 전까지 한 번도 외유를 한 적이 없었다. 마오는 중국 사회주의 정권 수립 직후인 1949년 12월부터 이듬해 2월까지 소련을 방문한 것이 첫 외유였다. 청소년기에 외유 경험이 없었던 그는 대외 개방을 주저하고 자력갱생을 강조했다. 그러나 덩샤오핑은 청소년기의 대부분을 프랑스에서 보냈다. 당시 프랑스는 유럽은 물론 세계에서도 일류 국가였다. 덩은 청소년기에 중국보다 발전한 세상을 보았다. 덩샤오핑에게 프랑스는 타도해야 할 제국주의 국가인 동시에 중국이 추구해야 할 근대화된 나라였다. 그래서 중국 혁명은 사회주의 방식을 따르되 중국 혁명이 성공한 뒤 경제 발전은 서구 선진국의 모델을 따라야 한다는 것을 잘 알았다. 자력갱생(자주)을 외치던 마오와, 대외 개방(보편)을 외치던 덩의 차이는 청소년기를 중국에서만 보낸 사람과, 청소년기를 외국, 특히 선진국에서 보낸 사람의 차이라고 해도 과언은 아닐 것이다.

덩샤오핑(왼쪽)과 저우언라이(오른쪽). 근공검학을 통해 만난 이들은 평생 동지였다. 저우언라이는 덩이
실각할 때마다 덩을 보호했다. 덩이 마오를 이어 공산 중국의 황제에 오르는 다리 역할을 한 셈이다. 출
처: 중국공산당 신문망

사회주의 조국 소련으로

프랑스의 전후 재건 경기가 끝나고 노동력이 남아돌게 되자 근공검학단
은 처치 곤란한 존재가 됐다. 근공검학단이 프랑스 당국의 부당한 대우에
항의해 데모를 벌이자 프랑스 정부는 근공검학단의 구심점인 중국 공산주
의 청년 동맹을 탄압하기 시작했다. 그러자 덩샤오핑은 1926년 소련으로 가
서, 중국공산당에 정식 입당했다. 다소 낭만적인 파리지앵에서 직업 혁명가
로 변신하는 순간이었다.

덩샤오핑은 중국 출신 혁명가들의 교육기관이던 중산 대학에 입학해 사
회주의 이념을 본격적으로 배웠다. 당시에는 공산당과 국민당이 군벌을 물
리치기 위해 제1차 국공합작을 하고 있었기 때문에 중산 대학은 군벌과 제
국주의를 반대하는 중국 혁명가들의 소굴이었다. 여기서 덩샤오핑은 대만

의 제2대 총통인 장징궈(蔣經國, 장경국)를 만났다. 장징궈는 장제스의 아들로, 덩은 "장징궈가 공부를 썩 잘하는 학생이었다"고 말한 적이 있다.

덩샤오핑은 러시아에서 1년 정도만 머물고 곧바로 귀국했다. 그가 소련에 머문 기간은 참으로 절묘했다. 러시아 체류는 그에게 혁명가의 요람인 중산대학 출신이라는 계급장을 달아주었고, 너무 오래 머물지 않아 스탈린식 교조주의에 물들지 않았다.

덩샤오핑은 자본주의(프랑스)와 사회주의(소련)를 두루 보고 1927년 중국행 귀국 열차에 몸을 실었다. 그의 유학 생활은 당시 최고의 사회주의 국가와 최고의 자본주의 국가를 경험한 것이었다. 그가 집권한 후 정치는 사회주의, 경제는 자본주의인 '중국적 사회주의'를 채택한 것은 어쩌면 당연한 결과다.

첫 실각

덩샤오핑은 1927년 7년간의 외국 체류를 끝내고 귀국해 본격적인 공산혁명의 길에 나섰다. 중국에 돌아온 뒤 10년간 덩은 중국공산당의 젊은 간부 중 한 명에 불과했다. 특기할 만한 것이 있다면 1933년 당내 권력투쟁으로 실각하고 투옥까지 된 것이다. 그의 첫 번째 실각이었다.

당시 중국공산당은 마오쩌둥을 필두로 한 국내파, 즉 징강 산파와 소련파가 치열하게 당권을 다투고 있었다. 이 싸움에서 왕밍을 우두머리로 한 소련파가 승리했다. 이에 따라 국내파는 대거 실각했다. 마오는 군권을 박탈당했고, 마오의 노선을 추종하던 덩 또한 모든 직무에서 배제됐다. 당시 덩은 소비에트 구역인 장시 성 성위원회 선전부장을 맡고 있었다.

당시 덩샤오핑과 함께 실각한 인물들이 이른바 '등모사고'다. 등소평, 모택민(毛澤民), 사유준(謝唯俊), 고백(古柏) 등이다. 이들 이름의 첫 글자를 따

'등모사고'라고 한다. 특히 모택민은 마오쩌둥의 친동생이다. 등모사고, 이들은 왕밍 노선이 아니라 마오쩌둥 노선을 추종했다는 이유로 실각당했다. 마오는 자신이 실각했음에도 자신을 따라준 '등모사고'를 마음에 새겼을 것이다.

덩샤오핑은 소련 유학 경험이 있음에도 소련파를 지지하지 않고 마오쩌둥의 정치 노선을 추종했다. 이로써 덩은 향후 중공 권력의 최상층부에 진입할 발판을 마련했다. 이후 덩은 문화혁명이 발발하기 전까지 줄곧 마오와 함께했다. 대장정 기간에는 중앙당 간부로 활약했지만 장정 이후 항일 전쟁과 국공 내전 시기에는 군사 분야에서 눈부신 활약을 펼쳤다.

유등군(劉鄧軍)

대장정 이후 덩샤오핑은 1949년 중화인민공화국 건국까지 관료가 아닌 군인으로 맹활약했다. 덩은 독안룡(獨眼龍, 애꾸눈)이라고 불린 류보청이 사단장으로 있던 팔로군 129사단의 정치위원으로, 중일전쟁과 국공 내전 시기 모든 기간을 전선에서 보냈다.

특히 화이하이 대전 등 중요한 군사작전에서 승리한 129사단 정치위원 생활은 덩샤오핑에게 날개를 달아주었다. 화이하이 대전은 덩의 군대 60만과 국민당의 100만 대군이 맞붙어 덩의 군대가 압승한 전투다. 이 전투로 인해 국민당 군대는 치명적 타격을 입고, 국공 내전은 결국 공산당의 승리로 끝났다. 군사 평론가들은 화이하이 대전을 '장제스의 워털루(나폴레옹은 워털루 전쟁에서 패해 몰락했다)'라고 표현한다. 덩은 129사단의 정치위원 시절 군사와 정치의 긴밀한 관계를 정확히 파악했고, 후에 정치 지도자로 발돋움하는 데 결정적 기여를 하는 군부 인맥을 다졌다.

1946년부터 1949년까지 국공 내전 시기에 덩샤오핑의 군대는 연전연승의 빛나는 업적을 이뤘다. 류보청과 덩샤오핑의 제2야전군은 화중, 화남, 서남 지방을 잇달아 해방했다. 그 공로로 덩은 1949년 10월 1일 천안문 광장에서 열린 중화인민공화국 건국식에 참석하고, 쓰촨, 윈난, 구이저우(貴州, 귀주), 시짱(西藏, 티베트) 등 서남 지방 4개 성을 통치하는 당 제1서기에 올랐다.

전쟁 중에 류보청과 덩샤오핑은 최고의 파트너였다. 둘 다 쓰촨 성 출신이고, 용띠로 띠동갑이었다. 류보청이 덩샤오핑보다 열두 살 많았다. 이들은 1938년부터 호흡을 맞추어왔으며, 이후 13년 동안 동고동락했다. 마오쩌둥과 주더가 이끌던 홍군의 주력부대를 주모군이라고 부르듯 류보청과 덩샤오핑이 이끌던 군대를 유등군(劉鄧軍)이라고 불렀다. 류보청은 사령관이었고, 덩샤오핑은 정치위원이었다. 덩샤오핑은 류보청을 통해 군사전략을 배울 수 있었고, 정치위원으로 활동함으로써 군사와 정치를 적절히 조화하는 기술을 익혔다. 이후 덩샤오핑의 군사적 리더십과 군·정 간의 조정 능력은 정권 쟁취에 결정적 역할을 한다.

오마진경(五馬進京)

덩샤오핑은 1952년 마오쩌둥의 부름으로 베이징으로 올라가기 전까지 실질적인 중국 서남 지방의 왕으로, 거주지인 충칭에서 권세를 누렸다. 1952년 국무원 부총리로 중앙 정계에 화려하게 등장한 덩은 마오쩌둥, 저우언라이, 류샤오치의 후원 아래 중공 최고 지도자 중 하나로 자리매김했다.

당시 덩샤오핑과 함께 베이징에 입성한 지방 간부가 현 국가주석 시진핑의 아버지 시중쉰, 덩쯔후이(鄧子恢, 등자회), 가오깡(高崗, 고강), 라오수스(饒漱石, 요수석) 등이었다. 마오가 공산 중국의 황제라면 이들은 각 지역을 다스리던 왕이었다. 서남왕이 덩샤오핑, 서북왕이 시중쉰, 동북왕이 가오깡,

덩샤오핑과 류보청. 전쟁 중에 류보청과 덩샤오핑은 최고의 파트너였다. 마오쩌둥과 주더가 이끌던 홍군의 주력부대를 주모군이라고 부르듯 류보청과 덩샤오핑이 이끌던 군대를 유등군(劉鄧軍)이라고 불렀다.

동남왕이 덩쯔후이, 화동왕이 라오수스였다. 이른바 '오마진경(五馬進京, 다섯 마리 말이 베이징에 입성하다)'이다.

오마진경은 중국 역사에서 상당히 의미 있는 사건이다. 수천 년 동안 이어지던 지방분권의 역사가 막을 내리고 강력한 중앙집권의 정치 문화가 시작되는 출발점이기 때문이다. 현재의 공산당처럼 강력한 중앙 권력을 가진 왕조는 중국 역사에 없었다. 진시황도 마오보다 권력이 약했다. 자고로 중국은 땅덩이가 크기 때문에 지방자치가 발달했다. 교통과 통신이 발달하지 않았던 옛날, 황제는 자신의 직할지만 다스리고 지방은 제후를 봉해 다스리게 했다. 제후는 황제의 권위를 인정하는 한, 해당 지역에서 황제에 버금가는 권세를 누렸다. 그러나 현대는 교통과 통신이 발달해 있다. 중앙이 지방을 통제할 수단을 가진 셈이다. 중국 역사 이래 공산당만큼 강력한 중앙 권력을 가진 왕조는 없었다.

다섯 마리 말은 베이징 입성 후 각각 영욕을 달리했다. 훗날 가오깡과 라오수스는 반당 혐의로 실권했다. 그러나 덩쯔후이와 시중쉰은 숱한 정치적 부침을 거듭한 끝에 국무원 부총리까지 올랐다. 그리고 덩샤오핑은 마오의 뒤를 이어 역사상 가장 중앙집권화된 중국을 통치하는 사실상의 황제가 됐다.

3년 하방

그러나 덩샤오핑이 권력의 정상에 오르기까지 과정은 결코 만만치 않았다. 덩은 문화혁명이 발발하자 류샤오치와 함께 주자파로 몰리면서 하방을 당했다. 홍위병들은 류샤오치를 '주자파 1호', 덩샤오핑을 '주자파 2호'라고 불렀다.

1969년 10월 20일부터 1973년 2월 20일까지 덩샤오핑은 장시 성 난창 시 신젠(新建, 신건) 현에서 3년 하방 생활을 겪었다. 그의 두 번째 실각이었다. 만 65세로 적지 않은 나이에 장시 성 생산건설병단의 노동자로 하방당한 덩샤오핑은 자신과 노선을 같이한 류샤오치와는 달리 죽음은 면했다. 이 시기 덩은 일생 최대의 고난과 아픔을 인내하면서 보냈다.

그는 트랙터 수리 공장 노동자로 일하면서 한편으로는 글을 읽고 한편으로는 체력을 단련하는 절치부심의 세월을 보냈다. 그는 시련의 시기를 오히려 전화위복의 계기로 삼았다. 그는 이때 장정 이후 복용해 오던 수면제를 끊었다. 중국공산당 1세대 지도부는 대부분 수면제 또는 아편 중독자들이었다. 험난한 국민당과의 싸움, 역사의 불가사의인 대장정을 수행한 그들은 수면제나 아편이 없으면 잠을 이룰 수 없었다. 마오쩌둥도 수면제가 없으면 잠시도 눈을 붙일 수 없을 정도의 중증 불면증 환자였다.

덩샤오핑은 장시 하방 생활 중 하루도 빠지지 않고 트랙터 수리 공장에 출근했다. 하방 당시 그의 동료들은 "그가 한때 공산당의 지도자였다고는 생각할 수 없을 정도로 성실하고 조용했다"고 덩을 기억했다. 그는 성실성과 인내력, 낙관적 생활 태도로 유배 생활의 고통을 견뎌냈다. 막내딸 덩룽(鄧榕, 등용)이 기록한 『나의 아버지 덩샤오핑(我的父親鄧小平)』에 따르면 덩은 매일 집 마당이 마르고 닳도록 산책했다. 덩룽은 "아버지의 단호하고 빠른 걸음을 쳐다보면서 아버지의 신념, 사상, 결의가 점점 뚜렷하고 확고해진다고, 앞날의 투쟁에 대비하고 있는 것 같다고, 나 혼자 생각했다"고 적었다.

당시 덩샤오핑은 500여 평의 집 마당을 매일 40바퀴씩 돌았다. 그가 다닌 길이 파일 정도였다. 주위 사람들은 그 길을 '덩샤오핑로'라고 불렀다. 이는 단지 건강을 관리하기 위한 산책이 아니었을 것이다. 복권 후 국가를 어떻게 경영할 것인가를 사색하는 시간이었을 것이다. 그가 복권된 후 실시한 개혁개방 정책의 대부분이 장시의 유배 생활 중 완성된 것이었다. 덩은 유배 기간에도 결코 낙담하지 않고 재기를 위한 준비를 했다. 중국 사회주의 미래에 대한 구상과 마오쩌둥과 연관된 정치 문제를 깊이 사색했고, 마오쩌둥 사후의 중국 사회주의 건설과 그 진행을 준비했다.

삼락삼기(三落三起)

덩샤오핑은 1973년 파탄에 이른 경제 상황을 염려한 마오쩌둥에 의해 복권돼 다시 베이징으로 돌아왔다. 덩은 문화혁명으로 피폐해진 중국을 되살리기 위해 실용주의 정책을 실시하지만 사인방(四人幇)의 간계로 세 번째 실각을 하게 된다. 사인방은 문화혁명 당시 4인의 실권파를 이른다. 마오의 부인인 장칭(江靑, 강청)을 비롯, 정치국 위원 야오원위안(姚文元, 요문원), 국가

부주석 왕훙원(王洪文, 왕홍문), 국무원 부총리 장춘차오(張春橋, 장춘교)가 그들이다.

1976년 1월 8일, 영원한 총리 저우언라이가 사망하자 베이징 시민들은 천안문광장에 모여 저우언라이의 사망을 애도했다. 사인방은 추도 대회를 제한하고 저우언라이를 추모하는 화환을 치워버렸다. 시민들은 이에 분개했으며, 3월 난징을 시작으로 사인방을 비판하는 대자보가 나붙기 시작했다. 더 나아가 4월 5일 청명절(한식)에는 백만 인파가 천안문 광장에 모여 저우언라이를 추모했다. 이 천안문 시위는 사인방과 문화혁명에 대한 반대였으며, 저우언라이와 덩샤오핑에 대한 지지였다. 1976년의 천안문 시위를 1차 천안문 사건, 1989년의 천안문 시위를 2차 천안문 사건이라고 한다.

사인방은 천안문 사건을 반혁명 사건이라고 규정하고 이를 탄압했다. 또 덩샤오핑이 이들의 배후라며 덩의 당 내외 모든 직위를 박탈했다. 저우언라이 장례식장에서 조사를 읽은 것을 마지막으로 덩의 모습은 공식 석상에서 더 이상 보이지 않았다. 이것이 덩의 세 번째이자 마지막 실각이었다. 덩은 세 번째 실각을 당했지만 오래가지 않아 기회는 다시 왔다. 1976년 9월 9일 공산 중국의 건국 황제 마오쩌둥이 숨진 것이다. 이듬해 덩은 세 번째 복권을 하면서 마오의 뒤를 잇는 공산 중국의 새 황제로 등극했다. 덩샤오핑이 '삼락삼기(三落三起, 세 번 넘어지고 세 번 일어섬)' 끝에 자신의 시대를 연 것이다.

사인방과의 혈투

마오쩌둥도 내심 덩샤오핑을 아꼈다. 마오는 일찍이 덩의 능력을 높이 평가했다. 1957년 소련을 방문한 마오는 동행한 덩을 흐루시초프에게 소개하면서 "저 작은 친구를 과소평가하지 마시오. 그는 장제스의 정예 100만 대군을 궤멸시킨 사람이오. 저 사람 앞에는 밝은 미래가 있소"라고 말했다. 당시 중국과 소련은 이념 분쟁 중이었고, 덩은 중국 측 수석 대변인으로 눈부신 활약을 펼치며 마오를 흡족게 했다.

마오는 이후에도 덩샤오핑이 실각할 때마다 당적은 유지할 수 있도록 배려했다. 공산당 일당독재 치하의 중국에서 당적을 박탈당하는 것은 정치적 죽음을 의미했다. 특히 마오쩌둥은 문화혁명 당시 사인방의 공격에서 덩을 보호해 주었다. 류샤오치의 죽음은 못 본 체했지만 덩샤오핑은 화를 면하게 해주었다. 또 세 번째 실각 때, 덩의 당적도 박탈해야 한다는 사인방의 요구에 마오는 "그가 자손들에게 당원증을 보여줄 수 있어야지"라며 거절했다. 마오는 덩을 100% 믿지는 않았지만 자신의 사후 중국에 꼭 필요한 인재라고 판단했기 때문이다. 마오는 덩샤오핑을 "문(文)으로는 저우언라이보다 위고, 무(武)로는 린뱌오보다 위"라며 "하늘이 내린 인재" 즉 천재(天才)라고 평가했다.

마오와 덩의 마지막 대결

사실 마오는 죽을 때까지 덩샤오핑에게 권력을 물려주고 싶어했다. 단 조건이 있었다. 문화혁명을 긍정하라는 것이었다. 그러나 덩은 이를 거부했다.

마오는 문혁과 관련, 3 대 7 평가를 바랐다. 즉 30%의 과오가 있지만 70%는 성과가 있다고 평가해 주길 원했다. 그리고 덩샤오핑이 이런 기조로 정치국 회의를 주재해 문혁에 관한 결의를 해주기를 바랐다. 마오가 덩에게 마지막 한 수를 띄운 것이다. 마오가 이 같은 제의를 한 것은 다목적 포석이었다. 문혁 당시 하방을 당한 덩은 당연히 반문혁파였다. 그런 덩이 회의를 주재해 문혁의 '공은 70%, 과는 30%'라는 결의를 채택한다면 반대 진영의 입을 틀어막을 수 있을 터였다. 더욱 중요한 것은 덩에게 마지막 기회를 주기 위해서였다. 마오는 이미 늙고 병들어 있었다. 사실상 덩에게 권력을 받아줄 것을 요청한 것이다. 그러나 덩은 마오의 제의를 일언지하에 거절했다. 덩도 마오처럼 원칙적인 문제에서 절대 물러서지 않는 인물이었다. 당대의 영웅들 간의 대결이었다. 부러질지언정 구부릴 수는 없을 터였다. 덩을 회유하려던 마오는 카리스마에 엄청난 상처를 입었다. 이것이 두 영웅 간의 마지막 충돌이었다. 이후 덩에 대한 마오의 사랑과 믿음은 분노와 증오로 변한다.

결국 마오는 화궈펑(華國鋒, 화국봉)을 후계자로 점찍었다. 능력이나 경력으로 보건대, 덩샤오핑만 한 인물이 없었지만 그는 이미 자신의 곁을 떠난 사람이었다. 그렇다고 문화혁명의 정신을 가장 잘 계승하겠지만 경륜이 없는 사인방에게 나라를 맡길 수는 없었다. 마오는 궁여지책으로 무색무취한 화궈펑을 선택했다. 화궈펑은 마오의 고향인 후난 성 출신으로 그의 충복이었다.

킹메이커 예젠잉

1976년 마오쩌둥이 병석에 누워 사경을 헤매고 있을 때, 중국공산당은 차기 대권을 두고 사인방 등 강경파와, 덩샤오핑을 필두로 하는 온건파가 치열하게 권력을 다투고 있었다. 두 세력의 권력투쟁에서 일단 사인방이 우세했다. 사인방 세력은 상하이를 중심으로 강력한 민병대를 조직하고, 덩샤오핑을 지지하는 당 원로들과 군부 세력에 대항했다. 마오쩌둥이 사망하기 직전, 덩샤오핑은 국방부장 예젠잉의 주선으로 베이징을 몰래 빠져 나와 광저우(廣州, 광주) 군구로 피신해 있었다. 그곳에는 팔로군 129사단 정치위원 시절 부하이던 쉬스요우(許世友, 허세우)가 군구 사령관으로 있었다. 덩샤오핑은 이곳에서 사인방의 암살 공격을 피했다. 덩샤오핑 세력은 국방부장 예젠잉을 중심으로 당내의 원로 세력과 군 세력을 포섭하는 데 주력했다. 예젠잉은 여러 번 광저우에 몰래 내려가 덩과 쿠데타를 협의하고 장칭 세력 제거를 결정했다.

예젠잉은 우선 사인방 세력에 속하지만 비교적 중립적인 위치에 있는 마오쩌둥 경호 사단의 책임자인 왕둥싱(汪東興, 왕동흥)을 만나 설득 작업을 폈다. 장칭 집단을 제거하기 위해서는 베이징에 주둔하는 왕둥싱 부대의 동조가 절대적으로 필요했기 때문이다. 왕둥싱도 당 원로와 군부의 힘을 잘 알았다. 만일 자신이 장칭의 편에 선다면 중국은 내란에 빠질 가능성이 높았다. 앞서 광저우 군구 사령관인 쉬스요우는 다른 지역의 군구 사령관들에게 만일 덩샤오핑을 죽이기 위해 광저우로 내려온다면 전쟁을 불사하겠다고 강력하게 경고했었다.

왕둥싱은 일단 자신의 정치적인 입지를 고려해 예젠잉을 지지키로 했다. 왕둥싱의 지지를 얻어낸 예젠잉은 덩샤오핑의 오랜 동지인 천윈(陳雲, 진운), 리셴녠(李先念, 이선념), 저우언라이의 부인인 덩잉차오 등과 접촉해 당 원로 그룹에게서 덩샤오핑 지지를 엮어냈다.

마오쩌둥의 사망이 임박한 시점에 예젠잉의 공작은 치밀하게 진행됐다. 장칭은 9월 5일, 상하이에서 마오쩌둥이 위독하다는 연락을 받았다. 그녀는 베이징으로 달려왔다. 9월 9일, 마오쩌둥이 사망하자 장칭은 제일 먼저 중앙 정치국 회의에서 '비덩(批鄧, 덩샤오핑을 비판한다는 뜻)'을 강력하게 주장했다. 장칭의 공세가 계속되는 가운데 덩샤오핑 세력은 쿠데타 준비를 완료하고 상하이에 기반을 둔 사인방 세력을 베이징으로 끌어들이는 전략을 꾸미기 시작했다.

예젠잉은 마지막으로 마오쩌둥의 후계자인 화궈펑을 면담하고 그에게 덩샤오핑 지지를 요구했다. 예는 동참한다면 총서기직을 보장할 것이라고 약속했다. 군내에 지지 기반이 없던 화궈펑은 예젠잉과 그의 배후 세력인 군부

왼쪽이 예젠잉, 오른쪽은 덩샤오핑, 가운데는 화궈펑이다. 마오쩌둥은 화궈펑을 후계자로 지명했지만, 예젠잉의 무혈 쿠데타로 권력은 덩샤오핑에게 돌아갔다. 출처: 중국공산당 신문망

를 과소평가할 수 없었다. 그는 장칭과 덩샤오핑을 비교하면서 이해득실을 따졌다. 화궈펑은 장칭을 버리고 덩샤오핑을 선택했다. 그는 어리석게도 장칭을 제거한 후 실권이 없는 덩샤오핑을 충분히 제압할 수 있다고 판단했다.

예젠잉은 거사 일을 10월 6일로 잡고, 상하이에 머물며 민병대를 훈련시키고 있던 사인방을 베이징으로 끌어들였다. 10월 6일, 베이징에서 마오쩌둥 선집 제5권의 최종 교정본을 승인하기 위한 중앙 정치국 상무위원회가 열렸다. 사인방 중에서 왕훙원, 장춘차오는 당연직으로 참가했고, 교열을 맡은 야오원위안도 참석했다. 예젠잉, 화궈펑, 왕둥싱은 이들을 기다렸다.

시간이 되자 왕훙원이 제일 먼저 회의장에 들어왔다. 공안원들이 재빨리 왕훙원에게 달려들어 포박했다. 장춘차오와 야오원위안도 왕훙원과 마찬가지로 회의장 입구에서 체포됐다. 이어서 왕둥싱 휘하의 경호 부대원들은 장칭이 머물고 있는 중남해로 달려갔다. "마오 주석의 시신이 아직 식지도 않

일망타진된 사인방. 왼쪽 위에서부터 시계 방향으로 장춘차오, 왕홍원, 야오원위안, 장칭. 출처: 중국공산당 신문망

았다"며 반항하는 장칭을 체포함으로써 사인방은 일망타진됐다. 예젠잉은 무혈 쿠데타가 성공하자 광저우 군구에 피신해 있던 덩샤오핑에게 이 사실을 알렸다. 덩샤오핑은 회심의 미소를 지었다.

사인방을 제거하고 다음 날까지 계속된 공산당 중앙 정치국 회의에서 화궈펑은 당 주석과 중앙군사위 주석, 국무원 총리에 선임됐다. 덩에게 협력한 대가로 당군정 모든 권력을 한 손에 쥔 것이다. 이제 덩샤오핑을 가로막는 것은 화궈펑밖에 없었다. 화궈펑이 당군정을 모두 장악했기 때문에 화궈펑만 제거하면 모든 권력이 덩샤오핑에게로 올 터였다.

덩샤오핑과 화궈펑의 마지막 대결은 범시론(凡是論, 마오쩌둥이 무조건 옳다는 논리)과 실사구시론(實事求是論)의 이념 투쟁에서 승패가 결정됐다.

1978년 4월, 《광명일보》에 「실천은 일체의 진리를 검증하는 표준이다」라는 글이 실렸다. 이 글을 본 공산당 중앙당교(中央黨校)의 이론 연구실은 '실천은 진리를 검증하는 유일한 표준이다(實踐是檢證眞理的唯一標準)'로 제목을 바꾸고 중앙당교 기관지에 《광명일보》의 글을 게재했다. 이어 여러 매체가 이를 추종 보도했다. 의미는 간단했다. 이론은 진리(범시론)가 아니라 실천에 의해서만 검증될 수 있다는 말이다. 다시 말해 이론은 실천에 의해서만 검증될 뿐 기존에 진리(범시론)라고 여겨진 것이 이론이 될 수 없다는 것이다. 이 글은 어떤 책이나 경전, 누구의 말(마오쩌둥)을 무조건 옳다고 떠받드는 것은 올바른 견해가 아니라는 비판이 숨어 있다. 이 글의 궁극적인 목표는 범시론의 주창자인 화궈펑이었다. 화궈펑과 왕둥싱은 이에 대해 즉각 반격했지만 사상해방의 물결은 누구도 막을 수 없었다. 덩샤오핑의 오른팔인 후야오방(胡耀邦, 호요방)은 각종 언론 매체를 통해 범시론을 공격했다.

1978년 11월, 덩샤오핑, 천윈, 녜룽전 등 당 원로들은 1976년 천안문 사건과 문화혁명 기간 중 피해를 입은 사람들의 명예를 회복해 줄 것을 화궈펑에게 요구했다. 11월 26일에 천안문 사건은 반혁명 사건이라는 규정이 삭제되고 혁명 사건으로 수정됐다. 문화혁명 기간 중 여러 사건의 진상이 밝혀지고, 류사오치, 펑더화이 등 피해자는 명예를 회복했다.

12월 13일, 덩샤오핑은 공산당 중앙공작회의(1978. 11. 10~1978. 12. 15)의 폐막 연설에서 "당은 사상해방, 실사구시로 일치단결하여 전진하자"는 발언을 했다. 범시론을 부정하고 실사구시를 강조한 발언이었다. 실사구시론이 범시론을 물리쳤음을 선언한 것이다. 덩은 한 번도 화궈펑에게 직접 물러나라고 하지 않았다. 당의 원로들을 복권시킴으로써, 이들로 하여금 화궈펑을

덩샤오핑 리더십 읽기 1: 화합과 포용

덩샤오핑은 지주 집안 출신이었다. 유년기의 유복한 환경은 덩샤오핑에게 건전한 판단력과, 여러 사람들과 원만하게 어울릴 수 있는 친화력을 갖게 해주었다. 덩샤오핑은 탁월한 사교성으로 중국공산당 내에 적이 거의 없었다. 그가 사인방과 벌인 결투에서 승리하고 정권을 잡을 수 있었던 것은 주위에 적을 만들지 않았기 때문이다. 정치의 달인인 그는 '친구의 극대화, 적의 극소화'라는 명제를 뼛속 깊이 체화한 인물이었다.

덩샤오핑은 평생 세 번 결혼했다. 두 번째 결혼이 진웨이잉(金維映, 김유영)과의 결혼이었다. 덩샤오핑은 첫 번째 실각을 당하고 감옥에 갇혔을 때, 진웨이잉에게서 이혼장을 받았다. 그녀는 덩샤오핑의 프랑스 유학 동기인 리웨이한(李維漢, 이유한)과 재혼했다. 진웨이잉은 리웨이한과의 사이에서 아들 리톄잉(李鐵映, 이철영)을 낳았다. 덩은 자신의 자식이 아님에도 리톄잉을 성심껏 보살펴주었다. 리톄잉은 후에 공산당 간부로 성장했다. 덩은 자신과 피 한 방울 섞이지 않았고, 가장 어려울 때 자신을 버린 여자의 자식임에도 리톄잉을 끝까지 후원해 준 것이다.

이 같은 포용력은 그의 주위에 사람들이 몰려들게 했다. 덩샤오핑의 쿠데타가 아니라 예젠잉의 쿠데타였다고 할 수 있을 만큼 예젠잉은 덩의 집권 과정에서 결정적 역할을 했다. 예젠잉은 덩보다 일곱 살 연상이었다. 그런데도 예젠잉은 사인방을 일망타진한 뒤 덩샤오핑에게 권력을 갖다 바쳤다. 덩샤오핑이 스스로 권좌에 오른 것이 아니라 주위 사람들이 그를 중국 최고의 권좌에 올려놓았다고 해도 과언이 아니었다.

그는 집권 후에도 화합을 추구했다. 사인방을 몰아낸 뒤 문화혁명 피해자들을 복권시킴으로써 당시 억울하게 희생된 당 원로들을 위로했다. 그렇다고 마오에게 모든 허물을 전가하지도 않았다. 덩은 마오와 관련 '공이 7할, 과가 3할'이라고 정의함으로써 자신에게 권력을 물려주지 않은 마오에게도 화해의 손길을 내밀었다. 덩샤오핑의 화합 또는 포용은 그가 천안문 사건 이후 모든 공직에서 물러났음에도 중국을 통치할 수 있게 해준 덩샤오핑 리더십의 핵심이었다.

물러나게 했다. '정치 9단'다운 노회한 전략을 쓴 것이다.

1978년 12월 18일, 베이징에서 마오쩌둥이 소련파를 몰아내고 당권을 장악한 준이 회의와 쌍벽을 이루는 역사적인 회의가 열렸다. 중국공산당 11기 3중전회(1978. 12. 18~1978. 12. 22)가 개최된 것이다. 덩샤오핑은 이 회의에서 그동안 지루하게 싸워온 화궈펑에 대해 최종 승리를 선언했다. 덩샤오핑의 지지자인 천윈은 복권되어 서열 2위의 당 부주석에 선임되고, 덩의 직계인 후야오방, 저우언라이의 부인 덩잉차오가 정치국 상무위원이 됐다. 당의 정책은 실사구시 노선으로 정해졌다. 마오쩌둥의 시대가 가고 덩샤오핑의 시대가 온 것이다.

3

"잘살아 보세" vs 개혁개방

베이징 컨센서스와 서울 컨센서스

1장
대한민국 근대화의 기수, 박정희

박정희는 1961년 5월 16일 군사 쿠데타로 집권했다. 당시 한국의 1인당 국민소득은 82달러로, 세계 125개 국가 중 101번째였다. 북한은 320달러로 세계 50위권이었다. 연간 총 수출액은 3300만 달러, 외환 보유액은 2300만 달러였다.

그로부터 18년이 지나 박정희가 김재규의 총탄에 스러진 1979년, 한국의 1인당 국민소득은 1676달러(20배), 연간 총 수출액은 175억 달러(530배), 외환 보유액은 57억 달러(248배)가 되었다. 박정희가 대한민국을 세계 최빈국에서 개발도상국 수준으로 끌어올린 것이다.

박정희의 경제개발에 문제점은 있다. 재벌 중심 개발로 양극화를 심화시켰고, 지가와 물가를 너무 많이 올려놓았다. 그러나 분명한 것은 그가 산업화의 기틀을 마련했다는 점이다. 특히 "잘살아 보세", "하면 된다"는 슬로건 아래 국론을 통일했다. 그 결과 산업화·근대화가 달성됐다. 박정희는 "잘살아 보세"라는 시대정신을 선점하고, 이를 실현한, 능력 있는 정치인이었다.

박정희와 쿠데타 세력은 5·16 당시 다음 6개 항을 공약으로 내걸었다.

1. 반공을 국시의 제1로 삼고 반공 태세를 재정비 강화한다.

2. 미국을 위시한 자유 우방과의 관계를 공고히 한다.

3. 모든 부패와 구악을 일소하고 청렴한 기풍을 진작시킨다.

4. 민생고를 시급히 해결하고 국가 자주 경제의 재건에 총력을 경주한다.

5. 국토 통일을 위하여 공산주의와 대결할 수 있는 실력을 배양한다.

6. 양심적인 정치인에게 정권을 이양하고, 군은 복귀하여 본연의 임무를 다한다.

네 번째 공약은 시급히 경제개발을 하겠다는 것이다. 쿠데타로 집권한 박정희에게는 정당성이 없었다. 경제개발로 정당성을 확보하겠다는 선언인 셈이다. 막상 경제개발을 선언했지만 나라의 곳간은 비어 있었다. 당시 외환보유액은 2300만 달러에 불과했다. 일단 외자 유치가 시급했다.

한일 국교 정상화

덩샤오핑은 개혁개방을 선언하면서 믿는 구석이 있었다. 바로 화교 자본이었다. 그가 집권 후 맨 먼저 한 일 중 하나가 룽이런을 발탁한 것이었다. 룽이런은 화교 사회에 막강한 영향력을 행사하고 있었다. 그를 통해 화교 자본을 끌어들이기 위해서였다. 실제로 중국은 화교 자본을 종잣돈으로 비약적인 발전을 했다. 그러나 박정희는 종잣돈을 구할 길이 없었다. 미국은 군사 쿠데타로 집권한 박정희를 마뜩지 않게 생각하고 있었다. 또 미국의 원조 자금을 받는 나라에게 차관을 제공할 수 없다는 입장이었다. 일본도 국교 수립이 안 된 상황에서 한국에 차관을 제공할 수 없었다. 박정희는 결국 '뜨거운 감자'인 대일 청구권 카드를 꺼냈다. 이는 민족의 자존심을 팔아먹는 행위라는 비난이 불 보듯 뻔한 일이었다. 그러나 박정희에게는 다른 방법이 없었다. 특히 일본은 종잣돈 공여자일 뿐 아니라 수출 시장이기도 했다. 덩샤오핑이 개혁개방을 선언하고 제일 먼저 한 일 중 하나가 대일, 대미 관계 정상화였다. 일본과는 중일전쟁을 벌였고, 미국과는 한반도를 무대로 전쟁을 벌였다. 두 나라 모두 불구대천의 원수였다. 그러나 나라 경제가 더 급했다. 선진기술과 자본을 받아들이는 한편 수출 시장을 확보하기 위해서는 선택의 여지가 없었다. 박정희도 마찬가지였다.

박정희는 집권 후 곧바로 한일 국교 정상화를 추진했다. 국제적 환경도 좋았다. 일본과의 국교 정상화는 한국의 의지보다 미국의 의지가 더 강했다. 한반도 이북에서는 소련·중국·북한이 삼각동맹을 맺고 있었다. 미국은 이에 대항하기 위해 미국·일본·한국을 잇는 삼각동맹 구축이 시급했다. 미국은 특히 동북아시아 지역에서 유일하게 경제력을 갖춘 일본에게 한미일 삼각동맹의 한 축이라는 국제적 지위를 부여하는 대신 한국 경제개발의 부담을 일본과 나누려 했다. 일본도 한일 국교 정상화에 대한 의지가 각별했다. 일본 정부는 국교 정상화로 한국 시장을 열어달라는 강력한 압박을 재계로부터 받고 있었다.

예상대로 한국 국민들의 반대는 엄청났다. 1963년 말부터 야당은 '대일 굴욕 외교 반대 범국민 투쟁위원회'를 구성해 투쟁에 나섰고, 이듬해 6월 3일에는 서울의 18개 대학이 한일 국교 정상화 반대 시위를 벌였다. 이른바 6·3 사태였다. 서울 18개 대학 1만 5000여 명 등 총 3만 명가량이 길거리로 나와 한일 국교 정상화 반대를 외쳤다. 이들은 국회의사당을 점거하기까지 했다. 학생들의 시위가 정국을 위협할 정도였던 것이다. 이에 따라 정부는 서울 일원에 계엄령을 선포하고 시위를 진압했다. 한일 협상의 막후 주역이던 김종필이 공화당 의장직을 사임하고 외국에 나가야 했다.

국내의 격렬한 반대에도 1965년 6월 22일 한일 국교 정상화 협정이 도쿄에서 체결됐다. 국교를 정상화하는 대가로 일본은 한국에 무상 공여 3억 달러, 유상재정 차관 2억 달러를 각각 10년에 걸쳐 균등 분할 제공하고, 민간

1965년 6월 22일 한일 국교 정상화 협정이 도쿄에서 체결됐다. 사진은 박정희 대통령이 한일 국교 정상화와 관련, 특별 담화문을 발표하고 있는 모습. 출처: 국가기록원

차관 3억 달러를 추가로 제공키로 했다. 모두 8억 달러였다.

국교 정상화에만 매달린 나머지 청구권 자금을 너무 적게 받았다는 지적도 나온다. 실제 8억 달러 중 일본 정부가 무상 공여하는 자금, 즉 청구권 자금은 3억 달러에 불과했다. 나머지 5억 달러는 차관이었다. 차관은 갚아야 하는 돈이다. 청구권 3억 달러는 일제강점기 36년에 대한 대가로는 터무니없이 적은 금액이었다. 이승만 정권이 일본에 요구한 청구권 금액은 20억 달러였다. 장면 정권은 28억 5000만 달러였다.

이뿐 아니라 박정희는 개인 청구권을 포기했다. 박정희 정부는 한일 협정 합의문에 '우리는 나라로서 청구한다. 개인에 대해서는 국내에서 조치하겠다'고 명기했다. 이로 인해 우리의 위안부 할머니들은 일본에게 받아야 할

1964년 3월 24일 서울에서 대일 굴욕 외교를 반대하는 대규모 학생 시위가 벌어졌다. 수만 명의 학생들이 길거리로 나와 한일 국교 정상화 반대를 외쳤다. 출처: 국가기록원

배상에서 철저히 배제됐다. '인권', '민주주의'라는 단어는 박정희의 사전에 없었다. 또 회담 타결에만 급급한 나머지 이승만이 설정한 평화선을 포기함으로써 향후 독도를 둘러싼 갈등의 씨앗을 뿌렸다. 박정희 정권은 일본의 강력한 요구에 따라 평화선을 포기하고 독도 인근을 한일 공동 어로 구역으로 설정했다. 이는 독도를 둘러싼 양국 간 갈등의 불씨가 됐고, 한일기본조약이 굴욕 외교라는 비판의 근거가 됐다.

그러나 청구권 자금 유입은 금방 효과가 났다. 이듬해인 1966년 12.4%의 경제성장률을 달성했다. 1962년부터 1967년까지 제1차 경제개발 5개년 동안 연평균 8.5%의 성장률을 기록했다. 경제성장보다 더욱 중요한 것은 1964년 수출 입국을 선언한 박정희 정부에게 일본이라는 거대한 수출 시장

이 열렸다는 점이다.

한국의 백기사 서독

일본의 청구권 자금 유입에 앞서 중요한 외화 펌프가 하나 있었다. 바로 서독이었다. 일본의 청구권 자금보다 서독의 차관이 먼저 유입됐다.

서독은 한국의 백기사였다. 한국은 1962년 10월 서독으로부터 1억 5000만 마르크(3000만 달러)의 차관을 들여왔다. 박정희가 집권한 후 처음으로 유치한 차관이었다. 당시 한국 정부는 상환할 능력이 없었기 때문에 광부와 간호사들이 일하는 조건으로, 즉 광부와 간호사들의 임금을 담보로 차관을 들여왔다. 이에 따라 한국이 서독에 광부를 파견한 것은 1963년부터다. 그들 중 상당수는 대학 졸업자인 인텔리들이었다. 실제 광부들보다 공대 출신들이 더 많이 파견됐다. 광부 모집에 합격한 사람들의 명단이 사법시험 합격자처럼 신문 사회면에 실릴 정도였다. 외국에 나간다는 것 자체가 특권이던 시절이었다. 당시로서는 고급인 인력들이 서독으로 갔다. 이렇게 시작된 차관은 1982년까지 총 5억 9000만 마르크(1억 2000만 달러)에 달했다.

서독으로 광부와 간호사를 파견한 지 1년, 1964년 박정희는 서독 방문에 나섰다. 사실상 담보로 팔려간 광부들과 간호사들을 격려하는 것이 주목적이었다. 그러나 이보다 더 큰 목적이 있었다. 더 많은 차관을 얻어내기 위함이었다. 미국과 일본으로부터의 자금줄은 막혀 있는 상태였다. 그러나 서독은 달랐다. 서독은 '라인 강의 기적'이라고 불리는 전후 경제 재건에 성공, 여윳돈이 있었다. 또 한국과 같이 공산주의 세력과 맞서고 있었다. 한국과 서독은 '동병상련의 정'을 나눌 수 있었던 것이다. 박정희도 서독 방문 내내 이 점을 강조했다.

1964년 12월 10일 오전 루르 지방의 함보른 탄광, 박정희 대통령 내외 환

1963년 12월 21일 서독으로 파견되는 광부 1진의 모습. 출처: 국가기록원

영 행사가 열렸다. 행사장에서 애국가가 연주됐다. 모두들 우느라 애국가를 제대로 부르지 못했다. 박정희 또한 감정이 격해져 미리 준비한 원고를 읽지 않고 솔직한 심정을 토로했다.

> 여러분 저는 지금 몹시 부끄럽고 가슴 아픕니다. 대한민국 대통령으로서 무엇을 했나 가슴에 손을 얹고 반성합니다. 나에게 시간을 주십시오. 우리 후손만큼은 결코 이렇게 타국에 팔려 나오지 않도록 하겠습니다.
> ──김성진, 『박정희』(살림, 2007)에서 재인용

박정희의 연설은 끝까지 이어지지 못했다. 광부와 간호사뿐 아니라 바로 옆에 있던 육영수 여사까지 울기 시작했다. 박정희도 눈물을 보이고 말았다.

박정희는 서독 국회에서 연설하는 자리에서도 돈을 빌려줄 것을 호소했다.

돈 좀 빌려주십시오. 한국은 여러분의 나라처럼 공산주의와 싸우고 있습니다. 한국이 공산주의자들과 대결해 이기려면 반드시 경제를 일으켜야 합니다. 그 돈은 꼭 갚겠습니다.

—— 김성진, 『박정희』(살림, 2007)에서 재인용

박정희는 서독 방문을 통해 돈뿐 아니라 많은 아이디어를 얻었다. 고속도로 건설과 새마을운동의 아이디어가 서독 방문에서 나왔다는 것이 정설이다. 무제한 속도로 달릴 수 있는 아우토반(고속도로), 그리고 아주 깨끗한 농촌이 박정희의 뇌리에 깊숙이 박혔다. 박정희 정권 시절 청와대 경제 수석을 지낸 오원철은 저서 『박정희는 어떻게 경제강국 만들었나』에서 "특별보좌관들과 수석 비서관들은 대통령으로부터 농촌 경지 정리, 농어촌 전화 사업, 상수도 설치, 지붕 개량 등에 대해서 쉴 새 없이 질문을 받았다. 대통령의 구상이 하나씩 밝혀지면서 그것을 실천에 옮기기 위한 지시가 내려졌다. 그 대부분이 1964년 말 서독 방문에서 얻은 영감과 결심에서 연유하고 있다는 것은 결코 나만의 생각이 아닐 것이다"라고 밝혔다.

1963년부터 15년간 7만 9000여 명의 광부와 1만여 명의 간호사들이 서독으로 갔다. 그중 65명의 광부와 44명의 간호사, 8명의 기능공이 현지에서 사망했다. 외로움에 시달려 자살한 수도 광부 5명, 간호사 19명이었다.(홍하상, 『주식회사 대한민국 CEO 박정희』(국일미디어, 2005)) 조국 근대화를 위해 이국땅에서 목숨을 바친 대한민국 근대화의 역군들이었다.

베트남전쟁은 2차 대전 후 자유 진영의 맏형이 된 미국이 공산 세력의 확산을 저지하기 위해 베트남과 벌인 전쟁이었다. 그러나 베트남 전쟁은 미국인들에게조차 인정받지 못했다. 훗날 베트남전 징병을 기피한 빌 클린턴이 미국 대통령에 당선됐다. 미국인들마저 베트남전쟁의 정당성을 인정하지 않은 셈이다. 그런 전쟁에 한국의 젊은이들을 총알받이로 바쳐야 했을까? 1964년 7월 18일부터 1973년 3월 23일까지 총 31만 2853명이 베트남에 파병됐다. 이중 4960명이 전사했다. 부상자는 1만 5922명이었다. 그리고 고엽제로 인한 후유증도 무시할 수 없다. 역전의 용사들이 지금도 노구에 병마와 싸우고 있다.

그러나 '남의 불행은 나의 행복'이라는 명제가 국제 관계에서 관철되고 있는 것 또한 사실이다. 일본이 2차 대전 후 빨리 부활한 것은 순전히 한국전쟁 덕분이었다. 일본은 한국전쟁 특수로 전후에 빠르게 회복할 수 있었다. 일본은 한국전쟁을 계기로 국제수지가 적자에서 흑자로 반전됐으며, 1950년 10.9%, 1951년 13%의 경이적인 경제성장률을 달성할 수 있었다. 한국전쟁은 우리에게는 불행이었지만 일본에게는 행운이었던 것이다.

베트남 참전 효과는 일본의 청구권 자금과 비교가 되지 않을 만큼 큰 액수였다. 베트남 파병으로 인한 직접 수익은 군인들이 미국으로부터 받은 월급이었다. 직접 유입된 월급 이외에도 유형무형의 부대 효과가 있었다. 베트남 파병으로 인한 경제 효과에 대한 견해는 천차만별이다. 베트남 파병을 찬성하는 쪽은 경제 효과가 컸다고 주장하고, 베트남 파병을 반대하는 진영은 경제 효과가 미미했다고 보고 있다. 베트남 파병으로 확실하게 우리에게 들어온 금액은 약 10억 달러다. 미국의 일반회계국(GAO)이 1973년 작성한 보고서에 따르면 베트남 파병과 관련해 미국이 한국에 지불한 금액은 모두 10억 3000만 달러였다. 이에 비해 베트남 파병으로 모두 50억 달러의 경제

1964년 10월 12일 베트남 파병 맹호부대 환송식. 여학생들이 국군 장병들을 환송하고 있다. 출처: 국가기록원

효과가 발생했다는 분석도 있다. 국방부는 군사 원조 증가분 10억 달러, 한국군 파월 경비 10억 달러, 베트남 특수 10억 달러, 기술이전 및 수출 진흥 지원 20억 달러라고 분석했다.(김성진, 『박정희』(살림, 2007)에서 재인용)

베트남 파병으로 인한 경제 효과는 최소 10억 달러에서 최대 50억 달러다. 최소 10억 달러만 잡아도 대일 청구권 자금(3억 달러)보다 훨씬 많은 금액이다.

베트남 전쟁이 한국 기업 근대화의 출발점이라는 견해도 있다. 한국이 참전하자 미군은 한국 군납 업체로부터 전쟁 물자를 조달하기 시작했다. 한국 업체가 미군의 군납 업체에 선정되기 위해서는 미국식 회계와 절차를 따라야 했다. 그전 한국 기업들은 주먹구구식으로 입찰 경쟁에 참여했다. 그러나 베트남전을 계기로 한국 기업들은 근대화된 입찰 경쟁 시스템에 적응해야 했다. 이에 따라 한국 기업은 회계를 비롯한 경영 시스템을 전반적으로 근대화하게 되었다.

또 베트남에 다수의 한국 기업이 진출했다. 대표적인 것이 건설업이다. 이들은 베트남에서 익힌 노하우를 중동 특수가 닥쳤을 때, 그대로 이용한다. 당시 베트남에서 가장 돈을 많이 번 회사는 한진상사였다. 한진상사는 항만 하역을 전문으로 하는 운수 업체였다. 베트남전쟁의 운수를 독점하다시피 했다. 1967년 한 해의 용역 실적이 2500만 달러였다. 다른 모든 회사의 용역 실적을 합쳐 놓은 것보다 많았다. 한진상사는 베트남에서 돈을 벌어 대한항공을 인수했다. 베트남은 한진에게 축복의 땅이었던 것이다.

베트남전은 미국의 요청도 요청이지만 박정희가 정치와 경제적 주도권을 노리고 적극적으로 대처한 측면이 컸다. 사실 박정희가 한국군의 베트남 파병을 먼저 제안했다. 미국이 베트남전에 참전하지 않던 시기에 이미 박정희는 한국군을 파병할 수 있다고 미국에 밝혔다. 박정희는 국가재건최고회의 의장 신분으로 1961년 11월 14일 케네디 미국 대통령과 정상회담을 가졌다. 당시는 미국이 베트남에 파병을 하지 않을 때였다. 그럼에도 박정희는 케네디 대통령에게 "미국이 승인하고 지원한다면 한국 정부는 베트남에 한국군을 파병할 용의가 있다"고 밝혔다. 박정희는 미국이 주한 미군을 빼내 베트남에 투입할 것을 두려워하고 있었다. 미국은 당시 한국에 2개 사단을 주둔시키고 있었다. 박정희는 한국이 선수를 쳐 한국군 몇 개 사단을 베트남에 파병하는 대신 미군을 한국에 묶어두는 것이 안보에 더 유리하다고 판단했다.

1964년 미국은 통킹 만 사건을 빌미로 베트남전에 참전했다. 1964년 8월 2일 북베트남군(월맹군) 어뢰정 3척과 미군 구축함이 통킹 만에서 충돌했다. 미국은 이 해상 전투를 구실로 베트남에 육군을 투입했다. 사실 통킹 만 사건은 조작됐다. 베트남전 당시 미국 국방장관이던 로버트 맥나마라(Robert S. McNamara)는 1995년 자신의 회고록에서 "통킹 만 사건은 미국의 자작극이었다"고 고백했다.

통킹 만 사건을 계기로 베트남에 육군을 투입한 미국은 베트남전의 수렁에 빠졌다. 월맹군은 게릴라전에 능숙했다. 그러나 미군은 게릴라전에 서툴렀다. 미군은 월맹군에게 발목을 잡힐 수밖에 없었다. 이에 따라 미국은 미군을 빼고 다른 나라 군대를 투입할 생각이었다. 한국 또는 필리핀 군대를 염두에 두고 있었다. 특히 한국군은 게릴라전에 강한 부대였다. 한국군은 지리산 일대의 빨치산을 토벌하는 과정에서 익힌 게릴라전의 노하우가 있었다. 박정희는 미국의 의도를 간파하고, 미국의 파병 요구에 발 빠르게 대처했다.

한미일 삼각무역 구조 정착

베트남전 특수로 한국 경제는 한 단계 더 도약했다. 베트남 파병을 시작할 무렵인 1965년 1인당 국민소득은 105달러였다. 그러나 철군할 때인 1974년에는 1인당 국민소득이 약 다섯 배인 541달러가 됐다. 또 1965년 1억 7500만 달러에 불과하던 수출도 1974년에는 44억 6000만 달러에 달했다.

특히 베트남전쟁은 한미일 삼각무역 구조를 정착시키는 계기가 됐다. 미국은 베트남전에 적극 협조한 한국의 상품을 대량으로 수입해 줬다. 한국은 일본으로부터 원재료나 자본재를 수입한 뒤 국내의 값싼 노동력을 이용, 이를 가공해 미국으로 수출했다. 이른바 가공무역의 트라이앵글 시스템이 완성된 것이다. 이는 한국이 막 시작한 수출 드라이브형 경제개발을 성공시키는 데 중요한 기반이 됐다.

대일 청구권 자금과 베트남 파병으로 인한 경제 효과는 1960년대 한국 경제를 이끌어간 양대 축이었다. 이뿐 아니라 정치적 효과도 컸다. 당초 미국은 쿠데타로 집권한 박정희 정권에 호의적이지 않았다. 그러나 박정희가 베트남전쟁에 적극 협조함에 따라 미국은 박정희를 정치적 파트너로 인정하기 시작했다. 박정희는 베트남전 참전의 대가로 미국에서 융숭한 대접을 받았다. 1965년 5월 16일 미국에서 박정희와 존슨 미국 대통령 간의 정상회담이 열렸다. 박정희는 미국이 보내준 보잉 707 전용기를 타고 미국 방문길에 올랐다. 미국에서 박정희의 위상이 현격하게 높아졌음을 상징하는 일화였다. 당시 한국은 대통령 전용기도 없었다.

베트남 부대 효과, KIST

베트남 파병으로 인한 부수 효과는 또 있었다. 바로 한국 과학기술의 산실, 한국과학기술연구소(KIST)가 설립된 것이다. 미국은 한미 정상회담에서 KIST 설립 재원으로 무상 원조 5000만 달러를 제공할 것을 약속했다. 한국은 바로 전해 사상 처음으로 수출 1억 달러를 돌파했다. 한국 연간 수출 금액의 절반에 해당하는 액수였다. 당시로서는 엄청난 금액이었다.

미국은 MIT 같은 공과대학을 지어주겠다고 제안했다. 그러나 박정희는 대학 대신 연구소를 만들어달라고 부탁했다. 이론에 치우친 대학보다 공업 발달에 필수적인 실용 기술을 빨리 개발하는 연구소가 경제 발전에 더 유리하다고 판단했기 때문이다.

미국이 제공한 5000만 달러의 무상 원조로 1966년 KIST가 설립됐다. KIST는 이후 한국 공업 발전의 견인차 역할을 했다. 당시 박정희는 대한민국의 미래가 과학기술에 달려 있다고 보고 KIST에 파격적인 지원을 아끼지 않았다. KIST 연구원의 월급이 서울대 교수보다 세 배 정도 많았다. 또 유명한 외국인 교수를 초빙하기 위해 국내에 없는 의료보험을 미국과 계약해 주기도 했다.

박정희는 최형섭을 초대 소장으로 임명하고, KIST의 닻을 올리게 했다. 이후 최형섭은 5년간 KIST 소장, 7년간 과학기술처 장관을 지내며 과학 입국 실현의 선봉장이 됐다. 최형섭은 강골로 유명했다. 박정희는 KIST 건설 공사 중 한 달에 두 번꼴로 현장을 방문했다. 최형섭은 일에 지장이 있으니 자주 오지 말라고 직언했다. 이후 박정희는 공사 현장을 방문해 인부들에게 막걸리만 돌리고 곧바로 사라졌다. 최형섭은 박정희 사후 "나도 너무했지. 5%는 그분의 말을 따를걸. 그분이 그렇게 돌아가실 줄이야……"라고 회한 에 찬 말을 했다.(김성진, 『박정희』(살림, 2007)에서 재인용)

최형섭의 회고록『불이 꺼지지 않는 연구소』를 보면 KIST의 설립 목적이 분명해진다. 그는 회고록에서 다음과 같이 밝혔다.

우리가 해야 할 일은 학구적인 것이 아니라 기업이 원하고 기업이 필요로 하는 것이다. 따라서 연구하는 사람들도 이에 맞는 일을 해야 한다. 그렇지만 현실은 이와 다르다. 공부한 사람들, 특히 외국에서 학위를 딴 사람들은 학 구적인 것을 좋아한다. 사회의 요구와 연구원의 대응을 현실에 맞게 조화시 키는 일이 연구소 경영진이 고려해야 할 당면 과제였다.

최형섭은 과학기술 개발은 국가 발전의 지름길이라는 신념을 가지고 있 었다. 그는 KIST 소장을 지낸 후 1971년 과학기술처 제2대 장관으로 임명돼 7년 6개월간 재직했다. 과학기술처 장관 재직 시 대덕연구단지 건설을 계획 하고 추진했다. 최형섭은 대한민국의 '과학 대통령'이었던 것이다.

수출 입국

박정희는 1964년 1월 연두 기자회견에서 수출 진흥을 위해 전력 질주할 것이라고 밝혔다. 수출 입국(輸出立國)을 선언한 것이다. 수출 입국은 말 그대로 수출로 나라를 세운다는 말이다. 팔 수 있는 것이면 무엇이든 내다 파는 시대가 된 것이다. 우리 어머니의 머리카락도 수출 대상이 됐다. 당시 어머니가 머리에 수건을 매고 있으면 머리카락을 팔아 밥 한 끼를 마련했다는 증거였다.

가발 수출은 1964년에 처음 이뤄졌다. 1964년에는 1만 4000달러, 1965년에는 155만 달러어치에 불과했다. 그런데 이해 말 행운이 찾아왔다. 중국에서 핵실험을 한 것을 이유로 미국이 중국산 머리카락에 대해 금수 조치를 내린 것이다. 일본이나 홍콩은 중국산 머리카락으로 가발을 만들고 있었다. 일본과 홍콩은 원료 공급이 막히게 된 것이다. 이후 미국 가발 시장은 한국산 가발의 독무대가 됐다. 이에 따라 가발 수출이 폭발적으로 늘었다. 수출 10억 달러를 돌파하던 1970년 한국 수출 상품 중 약 10%가 가발이었다. 단일 품목으로는 의류, 합판에 이어 3위였다. 주요 수출 품목이었던 것이다.

아시아 개발도상국 모두가 경제발전의 주요 전략으로 삼는 것이 수출이다. 싼 인건비를 이용, 가공무역을 통해 선진국에 제품을 내다 파는 전략이다. 중국도 개혁개방 초기 경제특구를 설치하고 수출을 발전 전략의 으뜸으로 삼았다. 경제력이 미약해 내수가 형성되지 않는 상황에서 수출 이외에 경제를 단기간에 발전시킬 수 있는 방법은 없었다. 아시아 개도국의 공통된 발전 전략이 바로 수출 드라이브 정책이었다.

아시아 개도국들은 수출 경쟁력 확보를 위해 자국 통화를 평가절하할 수밖에 없었다. 지금도 그렇지만 당시도 한국은 샌드위치 신세였다. 지금은 일본에게는 기술로 밀리고 중국에게는 가격에 밀린다. 당시도 똑같은 상황이었다. 일본에게는 기술로 밀리고, 대만에게는 가격에 밀렸다. 중국 본토는 아직 세계 경제에 편입되지 않았다.

당시 한국의 인건비는 대만과 비슷했다. 1964년 초 한국의 시간당 인건비는 16센트였다. 대만은 시간당 19센트였다. 인건비가 비슷한 조건에서 우리보다 한 발 앞서 있던 대만과는 경쟁이 되지 않았다. 일본의 식민지였던 대만은 일본 기업들의 하청 기지 역할을 하면서 경제가 빠르게 성장하고 있었다.

이에 따라 박정희는 환율을 일시에 100%가량 올렸다. 1964년 5월 정부는 달러당 130원이던 환율을 달러당 255원으로 올렸다. 환율이 오른 것은 돈의 가치가 그만큼 떨어졌다는 것을 의미한다. 옛날에는 130원만 있으면 1달러로 바꿀 수 있었는데, 환율 인상, 즉 원화 평가절하 이후에는 255원이 있어야 1달러로 바꿀 수 있었다. 이후에도 한국은 수출 경쟁력 확보를 위해 고환율 정책을 유지했다. 그만큼 노동자들은 저임금을 감내해야 했다. 스스로 임금을 낮춰서라도 가격 경쟁력을 확보해야 할 형편이었다. 고환율 기조는 지금도 최대의 논쟁거리 중 하나다. 국민의 노동력을 희생해서 돈을 버는 것이기 때문이다. 그러나 당시 상황은 이 같은 논쟁도 사치였다. 절대 빈곤의 처지였기 때문이다. 환율 인상, 즉 원화 가치 평가절하 덕분에 1964년, 수출은 최초로 1억 달러를 돌파했다. 이해 목표이던 1억 달러를 초과 달성해 1억 2000만 달러어치를 수출했다. 그리고 불과 6년 후인 1970년에는 10억 달러를 돌파했다.

수출 진흥 확대회의

박정희는 수출을 독려하기 위해 1965년부터 '수출 진흥 회의'를 달마다 개최했다. 이 회의는 그가 김재규의 총탄에 스러진 1979년 10월까지 15년간 매달 열렸다. 이 회의는 1969년부터 '수출 진흥 확대회의'로 확대 개편됐다. 첫 번째 확대회의에 대외 공관장들이 참석했고, 박정희는 이들에게 다음과 같이 경고했다.

"1968년도 지역별 수출 목표 달성을 분석해 보면 상주 공관이 없는 지역의 수출이 오히려 잘되고 있습니다. 앞으로 수출 목표가 미달된 공관에는

정부의 제1차 경제개발 5개년 계획의 모형 전시장 전경. 출처: 국가기록원

경고장을 보내고, 인사에 반영토록 하겠습니다."(홍하상, 『주식회사 대한민국 CEO 박정희』(국일미디어, 2005)에서 재인용)

이후 대외 공관장의 가장 큰 관심사는 수출이었다. 수출 실적이 좋은 대사는 영전했고, 나쁜 대사는 좌천됐다. 이로 인해 대사들은 '수출 대사'라고 불렸다. 박정희는 15년간 거의 달마다 이 회의를 주재하며 수출을 독려

했다. 박정희는 주식회사 대한민국의 CEO였고, 이 회의에 참석하던 각료들과 수출 업체 사장들은 주식회사 대한민국의 이사들이었다. 이와 함께 수출기업에 파격적인 혜택을 주었다. 당시 일반인은 은행에서 연리 25%로 돈을 빌려야 했지만 수출 기업들에게는 6%만 받았다. 수출용 원자재를 수입하는 기업에게는 세금을 면제해 주었다. 또 수출로 달러를 벌어들인 기업들에게는 소득세를 80%까지 감면해 주었다.

이렇게 수출을 독려한 결과, 수출은 1964년 1억 달러, 1970년에는 10억 달러, 1977년에는 100억 달러를 돌파했다. 특히 1억 달러를 돌파한 1964년 '수출의 날'이 제정됐다. 당시 수출은 1억 2000만 달러를 기록했다. 1억 달러를 돌파한 시점이 11월 30일이었다. 이후 11월 30일을 수출의 날로 지정해 기념했다. 세계 어디에도 수출의 날은 없을 것이다. 그만큼 수출에 목숨을 걸었다는 의미다. 수출 드라이브 정책을 편 결과, 한국의 수출은 1964년부터 1970년 10억 달러를 달성할 때까지 연간 약 40%의 성장률을 보였다. 세계 어디에도 유례가 없던 성장률이었다.

경부고속도로 건설

박정희는 서독 방문 중 아우토반에서 강한 인상을 받았다. 히틀러가 유일하게 잘한 일이 아우토반 건설이라는 말이 있을 정도다.

박정희는 산업의 대동맥을 만들기 위해 경부고속도로 건설을 결심했다. 박정희는 독일에서 귀국하자마자 고속도로에 대한 연구를 시작했다. 그로부터 약 2년 후인 1967년 5월, 박정희는 경부고속도로 건설 계획을 발표했다. 반대가 많았다. 일반 국도도 제대로 갖춰지지 않은 상황에서 고속도로는 시기상조라는 것이었다. 그러나 박정희는 밀어붙였다. 경부고속도로는 428킬로미터였다. 박정희는 태국에서 고속도로를 건설해 본 정주영을 불렀

1968년 2월 1일 열린 경부고속도로 기공식에 군인들이 동원됐다. 군인 동원이 상징하듯 경부고속도로 공사는 건설이 아니라 전쟁이었다. 출처: 국가기록원

다. 그리고 428킬로미터 구간 중 현대건설에 105킬로미터를 맡겼다.

1968년 2월 1일 공사가 시작됐다. 정주영의 작전은 '빨리빨리'였다. 공사를 빨리 끝낼수록 인건비를 그만큼 줄일 수 있기 때문이었다. 총성 없는 건설 전쟁이 시작된 것이다. 공사가 아니라 군사작전이었다. 이로 인해 건설 중 사망자가 77명이나 됐다.

1970년 7월 7일 공사 시작 2년 반 만에 서울에서 부산을 잇는 428킬로미

박정희 리더십 읽기 3: 마이웨이

박정희는 반대가 많아도 국익 또는 경제 발전에 도움이 되면 자신의 길을 걸었다.

한일 국교 정상화는 서울 일원에 계엄령을 선포해야 할 정도로 반대가 극심했지만 박정희는 밀어붙였다. 뒤이은 월남 파병도 야당의 반대가 심했지만 강행했다. 박정희는 군 출신이었기 때문에 군부를 설득하는 데 큰 어려움이 없었을 것이다. 만약 문민정부가 파병을 추진했다면 군부를 설득하는 것이 쉽지는 않았을 것이다. 반대가 많았지만 한일 국교 정상화와 베트남 파병은 1960년대 한국 경제를 이끌어간 두 축이었다.

이뿐 아니라 박정희는 경제개발 과정에서도 반대가 많은 굵직한 사업을 밀어붙였다. 경부고속도로 건설도 반대가 많았다. 그러나 박정희는 이를 무시하고 경부고속도로 건설을 강행했다.

포항제철 건설도 반대가 많았다. 국제적인 비웃음을 사기도 했다. 외국인들은 경공업 역량도 제대로 못 갖춘 한국이 중공업의 핵심인 제철 사업을 추진하는 것은 무리라고 보았다. 박태준이 차관을 얻기 위해 미국을 방문하자 미국은 회의적인 태도로 일관했다. 특히 미국 철강 회사인 코퍼스 사의 포이 회장은 박태준의 간곡한 호소에도 차관을 제공하지 않았다. 포이 회장은 대신 하와이 별장을 제공하고, 쉬고 갈 것을 권했다. 박태준은 하와이에서 일본 청구권 자금을 생각해 냈고, 이를 실행에 옮겼다. 이른바 '하와이 구상'이었다.

철강은 산업화를 이루기 위해서는 반드시 확보해야 할 기본 재료였다. 박태준이 포철을 건설하고, 박정희는 방패막이 역할을 했다. 박태준은 박정희가 가장 믿고 신뢰하던 부하였다. 박정희는 5·16쿠데타를 앞두고 박태준에게 "자네는 참여하지 말게. 대신 일이 잘못되면 내 가족을 챙겨주게"라고 부탁했을 정도로 박태준을 신뢰했다.

박정희는 박태준에게 이른바 '종이 마패'를 발행해 주기도 했다. 그 종이 마패에는 "박태준을 건드리면 누구든 가만히 안 둔다"라는 글이 쓰여 있었다.

당시 박태준은 공화당 실력자들로부터 정치자금을 강요받고 있었다. 외국에서 차관을 들여온 업체는 그중 일부를 여당의 정치자금으로 내놓아야 하는 것이 당시의 관행이었다. 박정희는 이 같은 소식을 듣고 박태준에게 '종이 마패'를 써준 것이다.

박정희-박태준 콤비의 활약 덕에 포항제철은 세계 최고의 종합 제철소가 됐고, 한국은 철강 강국이 됐다. 포항제철 건설을 반대했던 한 외국인 전문가가 훗날 박태준에게 "내가 간과한 것이 하나 있었습니다. 바로 당신입니다. 그러나 제가 잘못 판단한 것은 아닙니다. 당신이 기적을 일으킨 겁니다"라고 말했다는 후일담이 전해진다.

박정희는 주위의 비판에 전혀 흔들리지 않고 자신의 길을 갔다. 박정희의 생각은 1969년 10월 10일 3선 개헌을 앞두고 발표한 '국민투표 실시에 즈음한 특별 담화문'에 잘 나타나 있다.

야당의 반대를 무릅쓰고라도 국가와 민족을 위해 도움이 되는 일이라면, 내 소신껏 굽히지 않고 일해 온 나를 가리켜 그들은 독재자라고 말하고 있습니다. 야당이 나를 아무리 독재자라고 비난하든 나는 이 소신과 태도를 고치지 않을 것입니다. 오늘날 우리의 야당과 같이 '반대를 위한 반대'의 고질이 고쳐지지 않는 한 야당으로부터 독재자라고 불리는 대통령이 진짜 국민을 위한 대통령이라고 나는 생각합니다.

박정희는 자신의 경제개발에 대한 확신을 가지고 있었다. 그리고 생전에 술에 취하면 "내 무덤에 침을 뱉어라"고 말하곤 했다. 이는 자신감의 표현이었을 것이다. '당신들이 나를 지금 독재자라고 비판하지만 언젠가는 나의 길이 맞았다는 것이 증명될 것이다. 만약 그렇지 않다면 그때 내 무덤에 침을 뱉어도 늦지 않을 것'이라는 말이었을 것이다.

터의 고속도로가 완공됐다. 투입된 인원은 연인원 900만 명, 장비는 165만 대였다. 건설비는 430억 원이었다. 킬로미터당 약 1억 원이었다. 당시 세계의 고속도로 건설 비용 중에서 가장 저렴했다. 일본의 고속도로는 평균 7억원 내외였다. 이탈리아는 3~4억 원이었다.(오원철, 『박정희는 어떻게 경제강국 만들었나』(동서문화사, 2006))

경부고속도로 개통으로 일일 생활권 시대가 열렸다. 부산에서 아침을 먹고 서울에서 점심을 먹는 시대가 된 것이다. 무엇보다 중요한 것은 산업의 대동맥이 건설됐다는 점이다. 경부고속도로는 물류 혁명을 가져왔고, 한국이 산업화를 달성하는 데 중요한 역할을 했다.

경부고속도로 건설로 경부 축만 발전해 호남이 소외됐다는 지적도 있다. 그러나 당시 주요 교역 대상국은 일본과 미국이었다. 중국은 언제 열릴지 아무도 알 수 없었다. 따라서 국토 발전의 축이 경부 축일 수밖에 없었다.

중화학공업 육성

1970년대에 들어서자 국내외 환경이 급변했다. 닉슨 미국 대통령은 1969년 '닉슨 독트린'을 발표했다. 닉슨은 "강대국이 핵으로 위협하는 경우를 제외하고는 아시아에 개입하지 않겠다"고 선언했다. 다시는 베트남전 같은 아시아의 국지전에 참전하지 않겠다는 뜻이었다. 이와 함께 한반도에 주둔하던 2개 사단 중 1개 사단(7사단)을 철수했다. 당시 한국에 주둔하던 주한 미군 병력 6만 2000명 중 3분의 1을 철수한 것이다. 이즈음 미국과 중국은 이른바 '핑퐁외교'를 통해 화해 협력 시대를 열었다. 동서 냉전이 완화 조짐을 보이고 있었던 것이다.

박정희 정권은 반공 안보 이데올로기에 편승한 정권이었기 때문에 동서 화해 무드는 정권의 기반을 흔들 수 있었다. 그리고 박정희가 아무리 철권 통치를 강화한다 해도 세계적 물결을 거스를 수는 없었다. 이 같은 물결은 국내에도 상륙했다. 야당이 약진하는 결과로 나타났다. 1971년 대통령 선거에서 박정희는 야당인 신민당의 후보 김대중에게 신승했다. 당시 김대중 후보는 "이번에 정권교체를 하지 못하면 박정희 후보가 종신 대통령이 돼 총통제를 실시할 것"이라고 공세를 폈다. 이에 대한 국민의 호응도 뜨거웠다. 4월 27일 개표 결과, 박정희 634만 2828표, 김대중 539만 5900표였다. 박정희가 95만여 표 차로 승리했다. 박정희가 압도적인 조직과 자금을 가지고 있었음에도 100만 표 이하로 승리를 거둔 것이다. 김대중 후보가 '선거에서 이기고 개표에서 졌다'는 말이 나올 정도였다. 선거 이후 부정선거 논란이 거세게 번졌고, 재야 및 학생들의 민주화 운동도 더욱 치열해졌다.

박정희는 이러한 국내외적 상황을 돌파할 특단의 조치가 필요했다. 바로 '10월 유신'이었다. 1972년 10월 17일, 10월 유신이 발표됐다. 김대중의 예언이 적중한 것이다. 박정희는 10월 유신을 발표하며 수출 100억 달러, 1인당 개인소득 1000달러를 목표로 내걸었다. 그리고 수출 100억 달러를 달성하기 위해 1973년부터 방위산업과 중화학공업을 집중적으로 육성했다. 방위산업 육성은 미군 철수로 인한 위기감이 크게 작용했다. 박정희는 더 이상 미국만 바라보고 있을 수는 없다고 판단했다. 이에 따라 자주국방이 가장 큰 과제로 떠올랐다. 자주국방의 핵심은 방위산업 육성이었다. 방위산업을 육성하기 위해서는 중화학공업 육성이 선행돼야 했다. 방위산업에 들어가는 소재, 기술 등이 모두 중화학공업이기 때문이다. 예컨대, 자동차에 대포를 장착하면 탱크가 된다. 상선에 대포를 장착하면 그것이 바로 군함이다. 이에 따라 박정희는 방위산업과 중화학공업을 동시 육성하는 전략을 채택했다.

1960년대 한국의 수출 품목은 광산물이 42%로 가장 많았다. 1964년 수출 입국을 선언한 후 경공업 제품의 비중이 높아졌다. 1972년에는 섬유, 합판, 가발 같은 경공업 제품이 전체 수출의 88%를 차지했다. 이것 가지고는 수출 100억 달러를 달성할 수 없었다. 새로운 성장 동력이 필요했다. 바로 중화학공업이었다. 선례도 있었다. 일본은 2차 대전 직후 경공업 위주로 산업을 발전시키다 수출액이 20억 달러를 돌파했을 때, 중화학공업으로 전환했다. 이때가 1957년이었다. 일본은 산업의 중심을 경공업에서 중화학공업으로 전환한 지 10년 만인 1967년 수출 100억 달러를 달성했다. 한국은 1973년 중화학공업 육성을 선언한 지 4년 만인 1977년 수출 100억 달러를 돌파했다.

국제경제 상황도 한국의 경공업 위주 성장 전략을 재검토하게 했다. 1970년 미국은 경상수지 악화로 고전하고 있었다. 이에 따라 미국은 개발도상국의 경공업 제품에 대해 수입 규제 조치를 취하는 등 보호무역주의를 채택했다. 이 때문에 한국의 경공업 위주 성장 전략은 한계에 봉착하고 있었다.

1960년대 국제경제는 선진국-중공업, 후진국-경공업이라는 도식이 성립돼 있었다. 그러나 1970년을 전후로 이 도식이 깨지고 있었다. 중화학공업 중에서도 노동 집약적 산업과 공해 유발 산업이 후진국으로 이전되는 추세가 나타나기 시작했다. 이는 교통·통신의 발달로 선진국에 있는 모기업이 후진국에 설립된 생산 시설을 원격 조정할 수 있게 됐기 때문이다. 이에 따라 공해 배출 업소나 노동 집약적 형태의 중공업 시설이 선진국에서 후진국으로 이전되는 트렌드가 나타나고 있었다.

박정희는 이에 따라 철강, 석유화학, 조선, 전자, 기계(자동차), 비철금속 등 모두 6개 산업을 중심 업종으로 선정하고, 중화학공업 발전에 박차를 가했다.

이때부터 집중 육성한 중화학공업이 지금까지 대한민국을 먹여 살리고 있다. 이른바 대한민국 '5대 산업'이다. 자동차, 철강, 선박, 반도체 등 전자, 화학공업이다. 이들 5대 산업은 김대중 정부 시절 집중 육성한 IT산업이 전면에 부상하기 전까지 한국 경제를 이끈 견인차였다.

박정희는 방위산업과 중화학공업을 병행 육성하는 전략을 구사해 두 마리 토끼를 모두 잡았다. 방위산업을 무기생산만 전담하는 공기업으로 육성

1967년 포항제철 기공식이 열렸다. 기공식을 축하하기 위해 수많은 시민들이 몰려들어 인산인해를 이루고 있다. 출처: 국가기록원

했다면 수요가 포화 상태에 이르렀을 때, 채산성이 급속히 악화될 수 있었다. 그러나 민간 기업이 무기와 일반 상품을 함께 생산한다면 무기 수요가 포화 상태에 이르렀을 때 오는 피해를 미연에 방지할 수 있을 터였다. 민간 기업이 일반 상품과 함께 무기를 생산하고, 정부는 이 업체를 뒷받침하는 역할을 했다. 이에 따라 방위산업도 발전시키고, 중화학공업도 육성할 수 있었다. 방위산업과 중화학공업을 동반 육성한 정책은 박정희의 탁월한 선택이었다. 박정희의 선택을 도운 인물이 한국 중화학공업의 얼개를 짠 오원

철 경제 수석이다. 오원철은 한국 중화학공업의 총설계사였던 것이다. 박정희는 오원철을 '오국보(國寶)'라고 부를 정도로 신임했다고 한다.

사막에서 달러를 캐다

1973년 10월 6일 이집트는 이스라엘을 기습 공격했다. 4차 중동전쟁이 시작된 것이다. 중동전쟁이 시작되자 산유국들이 자원 무기화를 선언했다. 이에 따른 석유 금수 조치로 원유가가 하루아침에 네 배나 폭등했다.

박정희의 발전 모델은 수출 드라이브 정책이었다. 따라서 국외 상황에 민감할 수밖에 없었다. 게다가 1973년 초 중화학공업 육성을 선언해 놓은 상태였다. 중화학공업 육성을 위해서는 원유가 필수적이었다. 한국은 전형적인 친미 국가로 분류됐기 때문에 아랍 산유국에서 석유를 배분하지 않았다. 따라서 공급량이 하루아침에 22%나 줄었다. 석유 위기로 인해 1974, 1975년 도매 물가 상승률이 100%, 소매 물가 상승률은 72%에 달했다. 한국전 이후 최고의 물가 상승률이었고, 최대의 경제 위기였다.

그러나 하늘이 무너져도 솟아날 구멍은 있다. 또 위기는 기회이기도 하다. 세계는 고유가로 신음했지만 산유국은 달러가 넘쳐났다. '사우디아라비아에서는 개가 달러를 물고 다닌다'는 농담이 있을 정도였다. 이에 따라 박정희는 달러를 벌기 위해 중동 진출을 선언했다. 석유 무기화로 벼락부자가 된 중동에서 달러를 캐자는 것이었다. 이때부터 건설업 해외 특수가 시작됐다.

삼환건설이 혜성처럼 나타났다. 삼환건설은 국내 건설사 중 최초로 해외 진출에 성공한 회사였다. 삼환건설은 베트남전이 한창이던 1963년 베트남에 지사를 설립했다. 한국 건설 업체의 해외 진출 1호였다. 해외 건설 노하우를 갖고 있던 삼환건설은 국내 건설업계 최초로 사우디아라비아에 진출했다. 사우디 지다 시의 미화(美化)공사를 수주한 것이다. 1974년 9월 착공한 지 얼마 되지 않아 시장으로부터 회교도들의 메카 순례가 시작되는 12월 20일까지 공사를 마무리해 달라는 부탁을 받았다. 마침 현장에 있던 최종환 삼환건설 사장은 야간 공사를 지시했다. 횃불로 어둠을 밝히며 공사를 강행했다. 그러던 어느 날, 우연히 그곳을 지나던 파이잘 국왕이 이 광경을 목격했다. 파이잘 국왕은 "저렇게 부지런하고 성실하고, 책임감 있는 사람들에겐 공사를 더 주라"고 지시했다.(김성진, 『박정희』(살림, 2007)에서 재인용) 중동에서 '코리아 넘버원' 신화가 시작된 것이다. 이후 삼환건설은 사우디의 펜타곤이라고 불리는, 2억 4000만 달러 규모의 사우디 방위 사령부, 사우디 왕궁 및 왕자 궁 등을 수주하며 승승장구했다.

삼환건설이 길을 트자 그동안 베트남과 동남아시아에서 해외건설 경험을 쌓은 국내 건설 업체들이 속속 중동에 진출했다. 한국 건설 업체들은 베트남에서 닦은 경험과 기술, 인력, 장비들을 그대로 중동으로 옮겼다. 1974년 남광토건, 신한기공에 이어 1975년 대림산업, 신원개발이 중동에 진출했고, 1975년 10월에는 현대건설이 그때까지 국내 건설 업체가 수주한 해외 공사로는 최대 규모인 1억 4460만 달러짜리 바레인 수리 조선소 건설공사를 수주했다.

중동 건설의 백미, 주베일 항만 공사

중동 건설의 백미는 사우디아라비아의 주베일 항만 공사였다. 현대건설은 1976년 2월 사우디에서 주베일 항만 공사를 수주했다. 수주액이 무려 9억 4000만 달러였다. 당시 환율 기준, 4500억 원으로 한국 1년 예산의 25%에 해당하는 금액이었다. 세계 주요 언론들이 금세기 최고의 역사라고 보도할 정도로 큰 공사였다. 공사 규모가 워낙 커 이름 없는 한국 기업이 수주한 것 자체가 뉴스였다.

당시만 해도 중동 국가들은 한국은행권의 보증을 믿지 않았다. 따라서 제3국 은행의 보증을 원했다. 이것이 중동 진출 한국 건설 업체의 가장 큰 어려움이었다. 현대는 사우디 정보 요원을 한국에 초청, 울산 조선소 등을 견학시키는 한편 한국의 은행권이 국제사회에서 문제를 일으킨 적이 없음을 확인케 했다. 이 같은 노력 덕분에 사우디는 제3국 은행의 보증을 면제해 주었다. 이후 중동 국가 대부분이 한국 건설 업체에 제3국 은행의 보증을 면제해 주었다.

당시 사우디는 한국 민간 기업을 믿을 수 없다며 한국 정부를 대표하는 현지 대사와 계약을 원했다. 이에 따라 계약은 사우디 정부와 유양수 주사우디 한국 대사 사이에 이뤄졌다. 1976년 6월 16일 공사 계약이 체결됐다. 공사 만료는 1979년 12월까지였다. 실제 공사 기간은 3년 반밖에 남지 않았다. 완공 날짜를 앞당길수록 상여금은 많이 받지만 넘기면 지체 보상금을 물도록 되어 있었다. 여기서 정주영 특유의 기지와 '빨리빨리'가 진가를 발휘한다.

주베일 항만 공사의 핵심은 해상 유조선 정박 시설(OSTT, Open Sea Tanker Terminal)이었다. 해안에서 12킬로미터 떨어진 수심 30미터의 바다 한가운데에 30만 톤급 유조선 네 척을 동시에 접안시키는 시설이었다. 정주영 현대건설 사장은 "시간이 돈"이라며 공기 단축을 명령했다. 그리고 OSTT 공사에 들어가는 철 구조물을 쪼개서 89개로 나눈 뒤(이것을 재킷(Jacket)이라 함), 재킷을 울산 조선소에서 만들도록 했다. 비용 절감과 시간 단축을 위해서였다. 크기가 가로 18미터, 세로 20미터, 높이 36미터였다. 웬만한 아파트 한 동보다 더 큰 크기였다. 중량은 400~500톤이었다. 문제는 이것을 어떻게 운반하느냐였다. 재킷이 너무 커 화물선으로는 옮길 수 없었다. 여기서 정주영의 천재성이 발휘된다. 정주영은 바지선 두 척을 연결해 그 위에 재킷을 싣고 운반할 것을 지시했다. 세계 건설사에 유례가 없던 방법이었다. 그러나 대성공이었다.

사우디 주베일항 건설공사를 성공리에 마친 한국은 이후 중동에서 수많은 건설공사를 따냈다. 중동에서 일으킨 '건설 한류'였다. 그러나 건설공사는 한계가 있었다. 노동 집약적 산업이기 때문이다. 한국보다 인건비가 싸면 공사가 그 나라로 가게 돼 있다. 요즘 중동에서는 주로 파키스탄 노동자들이 건설공사를 맡고 있다.

결국 노동 집약적인 산업에서 기술 집약적인 산업으로 전환해야 더 많은 돈을 벌 수 있다. 이후로는 플랜트 공사가 중동에서 주된 달러벌이가 됐다. 플랜트(plant)는 공장이라는 말이다. 따라서 플랜트 공사는 말 그대로 공장을 지어주는 공사다. 이른바 턴키(turn-key) 베이스 방식으로, 공장을 열쇠(key)로 돌리면(turn) 바로 돌아가게 공사를 해주는 것이다. 이란의 쉬라즈 종합 비료 공장, 사우디 담수화 플랜트 건설 등이 대표적이다.

건설 산업의 중동 진출은 석유 위기를 극복하게 해주었을 뿐 아니라 건설업이 주요 수출 산업으로 부상하는 계기가 됐다. 1965년부터 1973년까지 9년간 한국의 해외 건설 수주액은 4억 2300만 달러에 불과했다. 그러나 1974년부터 1981년까지는 435억 달러나 됐다. 1974년 총 수출액에서 해외 건설이 차지하는 비중은 5.8%였다. 이에 비해 1981년에는 무려 64.4%나 됐다. 1981년 한국의 총 수출액이 210억 달러였고, 해외 건설 수주액이 136억 달러였다. 136억 달러는 나라별로는 미국을 제외하고 세계 최고였다. 한국이 세계 제2의 해외 건설 대국이 된 것이다.

박정희 전성시대

조국을 근대화의 반석 위에 올려놓은 박정희는 1979년 10월 26일 중앙정보부장 김재규에게 살해당했다. 대통령의 신변을 지키는 사람이 청와대 경호실장이다. 체제를 지키는 경호실장이 중앙정보부장이다. 박정희는 박정희

체제의 경호실장이던 김재규에게 살해된 것이다. 권불십년이라고 했다. 박
정희 정권이 20년이 다 돼가던 시점이었다. 권력 최상층부에서 심각한 동맥
경화 현상이 나타나고 있었던 것이다.

박정희 경제개발의 꽃은 1980년대에 피었다. 1970년대는 제1차, 제2차
석유 위기 등 대외환경이 수출을 주력으로 하는 한국에 절대적으로 불리했
다. 그러나 1980년대 중후반에 접어들면서 수출 중심인 한국에 절호의 찬스
가 왔다. 이른바 '3저 현상'이었다.

3저 현상은 저환율, 저금리, 저유가 현상을 이른다. 저환율은 달러가 싸
졌다는 말이다. 사실은 일본 돈이 비싸지다 보니 미국 돈이 상대적으로 싸
졌다. 1960~1970년대 꾸준히 성장을 거듭하던 일본은 1970년대 후반부터
세계 제2의 경제 대국으로 부상했다. 일본의 발전으로 엔화 가치는 상승하
고 달러 가치는 하락했다. 일본은 달러가 약세로 돌아서자 1980년대 초반
미국의 부동산을 속속 사들였다. 미국의 상징 엠파이어스테이트 빌딩도 일
본 자본이 삼켰다. 이로 인해 미국에서 '저팬 배싱(Japan Bashing, 일본 때리
기)' 현상이 나타날 정도였다. 일본의 부동산 버블 경기였다. 일본의 거품 경
기는 1985년 플라자 합의로 엔화를 3배 정도 고평가하자 끝났다. 이후 일본
은 '잃어버린 10년'을 보냈다.

어쨌든 달러가 상대적으로 싸졌으니 물가가 안정됐다. 한국은 대부분 물
자를 달러로 수입하기 때문이다. 그리고 달러가 싼 데 비해 일본의 엔화는
상대적으로 비쌌다. 일본은 수출 시장에서 한국과 경쟁 관계다. 일본의 엔
화가 강세이기 때문에 한국에는 유리할 수밖에 없었다. 이와 함께 국제적인
저금리 현상도 나타났다. 한국과 같은 신흥공업국들은 공장을 짓고 산업을
일으키기 위해 많은 돈이 필요했다. 금리가 낮으니 기업들의 투자가 활발히
일어났다. 게다가 저유가 현상도 나타났다. 산유국들끼리 다툼이 생겨 생산
을 많이 하는 바람에 원유 가격이 크게 떨어졌다. 국제 유가는 1985~1986년
사이에 배럴당 28달러에서 14달러로 100% 폭락했다. 이 여파로 1차 원자재

가격 역시 평균 12% 이상 하락했다. 한국처럼 원자재를 거의 100% 수입에 의존하는 나라에는 엄청나게 도움이 됐다.

3저 현상으로 인해 경기가 활황인데도 물가는 안정된, 이른바 '골디락스' 현상이 나타났다. 이 덕분에 한국은 올림픽을 개최한 1988년 수출 600억 달러, 1인당 개인소득 5000달러를 달성했다. 1977년 수출 100억 달러, 1인당 개인소득 1000달러를 돌파한 지 11년 만에 수출은 여섯 배, 개인소득은 다섯 배 증가한 것이다. 이로써 한국은 국제사회에서 대표적인 신흥 개발도상국으로 자리 잡았다. 그리고 올림픽을 개최하면서 국민의 자존심이 높아졌고, 국가 브랜드도 크게 올라갔다. 일각에서 전두환이 독재를 했지만 그 시절이 좋았다는 말도 나온다. 전두환의 업적이 전혀 아니다. 박정희가 축적해 둔 경제 내공이 국제적인 3저 현상과 맞물리며 꽃이 핀 것이다. 전두환은 그저 운이 좋았을 뿐이다.

당시 한국뿐 아니라 아시아 개도국들이 국제적인 3저 현상의 수혜를 입었다. 특히 3저 현상은 '아시아 사소룡(四小龍)'이라 불리던 한국, 대만, 홍콩, 싱가포르가 이머징 마켓(emerging market, 신흥 시장)의 새로운 강자로 부상하는 계기가 됐다. 이후 아시아 사소룡은 2000년대 들어 브릭스(BRICs: 브라질, 러시아, 인도, 중국)가 나오기 전까지 이머징 마켓을 대표했다. 그러나 이 중 선진국 클럽이라고 할 수 있는 경제협력개발기구(OECD)에 가입한 나라는 한국밖에 없다. 한국을 제외한 대만, 홍콩, 싱가포르는 도시국가이거나 중국의 위성국가이기 때문이다. 한국이 OECD에 가입할 수 있도록 초석을 닦은 인물이 바로 박정희였다.

박정희는 한국의 전성시대를 보지 못하고 세상을 떠났다. 박정희가 독재자이고, 그로 인해 수많은 사람이 죽거나 고통을 받았지만 근대화 공로는 인정할 수밖에 없다. 지구 상에서 미국을 넘어설 유일한 나라는 중국이고, 지역으로는 동북아시아다. 동북아시아에 한국, 중국, 일본이 있다. 2013년 현재 3국의 GDP를 합하면 미국과 비슷하다. 중국이 9조 달러, 일본이 5조 달러, 한국이 1조 2000억 달러, 모두 합하면 15조 2000억 달러다. 미국은 약 16조 달러다. 중국이 급성장하고 있기 때문에 앞으로 1~2년 후면 동북아시아 3국의 GDP가 미국의 GDP를 추월할 것이다.

동북아시아 3국의 공통점이 있다. 모두 국가 주도로 자본주의를 실현했다는 점이다. '아시아적 자본주의' 또는 '교도 자본주의'라고 할 수 있겠다. 동북아시아 3국은 오늘의 자본주의가 있게 한 산업혁명의 당사국이 아니었다. 뒤늦게 서구 자본주의를 받아들인 나라들이다. 동북아시아 3국은 후발주자의 이점을 살리면서 국가 주도형으로 자본주의를 신속하게 발전시켜 현재의 번영을 누리고 있다. 한국은 일본을, 중국은 한국을 벤치마킹했다. 한국의 국가 주도형 자본주의의 정점에 박정희가 있었다. 경제 발전의 관점에서만 본다면 박정희는 분명 반신반인이었다.

양극화를 가져온 박정희 모델

박정희의 경제개발에도 약점은 있다. 현재 한국 경제의 최대 문제는 양극화다. 그 양극화가 잉태된 때가 바로 박정희 시절이었다. 한국은 이제 자본주의 성숙기에 접어들고 있다. 따라서 성장률이 둔화되고 있다. 남북통일이 되지 않는 한 다시는 예전처럼 10% 내외의 성장을 구가하는 일은 없을 것이다. 경제구조상 저성장이야 어쩔 수 없다. 그러나 양극화는 해소할 수 있는 문제다. 그러나 양극화는 더욱 심해지고 있다. 특히 양극화는 한국인의 정서상 더욱 용인하기 힘들다. 배고픈 것은 참아도 배 아픈 것은 못 참는 것이 한국인의 정서다.

그 양극화의 원인(遠因)이 박정희의 대기업 중심 수출 주도 성장이다. 수출 중심 성장은 내수 위축, 소득 양극화와 맞물려 있다. 한국 경제가 해외로부터의 충격에 취약한 것 또한 과도한 대외 의존 때문이다. 인구 5000만 명이면 결코 작은 경제 규모가 아니다. 내수로도 경기를 부양할 수 있는 규모다. 그러나 박정희 시절 재벌 중심의 수출 드라이브 정책을 쓴 결과, 한국 경제는 양극화에 취약한 구조가 됐다.

양극화는 신자유주의를 무비판적으로 수용한 김대중의 민주정부와 노무현의 참여정부에도 책임이 있다. 한국이 국제통화기금(IMF) 체제에 들어간 때가 1997년이다. 당시 한국은 경제 주권이 없었다. IMF의 구제금융을 따내기 위해 미국이 시키는 대로 해야 했다. 당시 미국 자본주의를 풍미한 가치가 '신자유주의'였다. 미국은 한국에게 신자유주의를 강요했다. 그런데 미국 또한 신자유주의 때문에 2008년 사실상 망했다. 서브프라임 모기지 위기로 대변되는 미국 자본시장의 붕괴다. 미국이 사실상 망했지만 IMF 체제를 겪지 않아도 됐던 것은 미국이 기축통화인 달러를 거의 무제한으로 찍어낼 수 있기 때문이다. 한국은 외환 보유액, 즉 달러 부족으로 IMF에 구제금융을 신청할 수밖에 없었지만 미국은 그들이 달러를 찍어내기 때문에 IMF에 구제금융을 신청할 필요가 없다. 미국은 망하고 싶어도 망할 수 없는 나라인 것이다.

미국은 레이건 정부 이래 신자유주의가 만능이었다. 특히 1990년대 초반 동구권이 붕괴하자 신자유주의는 더욱 맹위를 떨쳤다. 신자유주의는 국가권력의 시장 개입을 최소화하고 시장의 기능과, 민간의 자유로운 활동을 중시하는 이론이다. 신자유주의 영향으로 정부가 시장 개입을 최소로 한 결과, 월가에서는 희한한 상품이 나오기 시작했다. 2008년 미국발 금융 위기의 시원은 서브프라임 모기지론이다. 서브프라임 모기지론은 신용이 안 좋은 대출자를 상대로 높은 이자를 받고 주택 담보대출을 해주는 것이다. 미국인들은 집값이 계속 오를 것이라고 믿고 주택 매입에 열을 올렸다. 그러나 영원히 집값이 오를 수는 없는 법이다. 집값이 임계점에 다다르자 떨어지기 시작했다. 서브프라임모기지 대출을 받았던 서민들이 잇따라 파산했다. 은행은 담보로 잡은 집을 팔아 대출금을 회수하면 그만이다. 그런데 더 많은 사람들이 파산을 선언하자 더 많은 집이 매물로 쏟아졌다. 집이 한꺼

번에 매물로 쏟아지면서 가격은 더 떨어졌다. 가격이 상승할 가능성이 없기 때문에 집을 사는 사람은 없었다. 이제 서브프라임 모기지 채권은 쓰레기가 됐다. 여기에서 그쳤다면 미국의 중앙은행인 연방준비제도이사회(FRB)가 부실화된 서브프라임 모기지 채권을 모두 떠안으면 그만이다.

그러나 미국 은행들은 이 서브프라임 모기지 채권을 담보로 새로운 금융상품을 개발해 시장에 내다 팔았다. 이른바 파생상품이다. 최첨단 금융 기법이 동원됐다. 수학의 천재들이 상품을 설계했다. 심지어 날씨의 변화까지도 '재무공학(financial engineering)'이란 미명 아래 파생상품으로 개발됐다. 위기가 불거지자 시장에 파생상품이 쏟아져 나왔다. 수학의 천재들도 정확한 파생상품 및 그 손실 규모를 계산할 수 없었다. 더 큰 문제는 이 채권을 각국의 은행들이 사 갔다는 것이다. 이제 위기는 미국만의 위기가 아니라 전 세계의 위기가 됐다. 국가가 시장을 지나치게 방임한 나머지 시장을 통제할 수 없게 된 것이다. 이후 각국 중앙은행은 파생상품에 대한 감독을 강화하는 한편 국제결제은행(BIS) 비율도 대폭 높였다. 달러를 거의 무한대로 찍어낼 수 있는 미국은 망하지 않았다. 그러나 신자유주의는 망했다. 물론 국가가 시장의 기능에 반할 정도로 개입하면 역효과만 난다. 중국의 대약진 운동이 대표적인 예다. 그러나 정부는 최소한 시장의 규칙을 만들어줄 정도의 개입은 해야 한다.

결국 극단적인 자유방임이 낳은 결과가 서브프라임 위기에 이은 파생상품 위기였다. 즉 2008년 미국발 세계 금융 위기였다. 이 위기로 신자유주의는 파산선고를 받았다. 그런데 한국의 민주 정권(1997~2007)은 불과 몇 년 후면 파산선고를 받을 신자유주의자들의 논리를 금과옥조로 여기고, 그 정책을 무비판적으로 수용했다. 이로 인해 비정규직이 양산된 시점이 민주 정권 시절이었다. DJ의 민주정부는 IMF 체제 때문에 어쩔 수 없었다고 해도, 노무현의 참여정부마저 신자유주의 노선을 계속 추종했다. 노동시장 유연성 제고 등의 정책이 전가의 보도처럼 사용됐다. 노동시장 유연성 제고, 말은 참 고상하다. 그러나 쉽게 풀면 고용주가 고용자를 마음대로 자를 수 있는, 살벌한 정책이다. 대표적인 경영자가 잭 웰치(Jack Welch)였다. 잭 웰치는 신자유주의를 상징하는 경영자였다. 그의 주특기는 직원 해고였다. 기업이 수익을 개선하려면 가장 많이 들어가는 경직성 경비인 임금을 줄여야 한다. 마침 기술혁신으로 생산성도 크게 높아졌다. 잭 웰치는 기업의 수익 개선을 위해 직원들을 무자비하게 잘랐다. 그래서 얻은 별명이 뉴트론 잭(Neutron Jack), 즉 중성자탄 잭이었다. 핵폭탄보다 더 무섭다는 중성자탄이다. 사실 잭 웰치는 정주영보다 훨씬 하수였다. 잭 웰치는 직원을 자르는 선수였지만 정주영은 직원을 고용하는 선수였다.

또 신자유주의자들이 주장하는 것이 시장 개방과 공기업 민영화다. 신자유주의자들은 자유무역과 국제분업이라는 논리로 시장 개방을 주장했다. 또 정부가 관장하던 영역을 대거 민간에 이전할 것을 촉구했다. 신자유주의는 경쟁 시장의 효율성이 극대화되는 긍정적인 측면이 있다. 그러나 실업, 그로 인한 양극화 그리고 시장 개방 압력으로 인한 선진국과 후진국 간의 갈등 초래 등 단점도 분명하다.

그런데도 참여정부는 신자유주의를 맹목적으로 추종했다. 노동시장 유연성 제고 등 대표적인 신자유주의적 정책을 그대로 유지했다. 또 미국과 자유 무역 협정(FTA)을 체결했다. 이후 양극화 현상은 더욱 뚜렷해졌다. 민주화 세력은 경제 발전은커녕 양극화만 심화시켰다. 이에 따라 민주화 세력은 경제를 운용할 능력이 없는 집단이라고 국민에게 찍혔다. 지금도 박정희 향수가 살아 있는 것은 민주 정권이 경제 발전은커녕 양극화를 더욱 확대했기 때문이다. 아이러니컬하게도 박정희 타도를 그토록 외치던 민주화 세력이 박정희 부활의 실마리를 제공한 셈이다.

그러나 더욱 근본적인 원인은 한국의 경제 체질 차제가 양극화에 취약한 구조였다는 점이다. 그 체제는 박정희 시절 만들어졌다. 수출 입국을 선언한 박정희는 대기업(재벌) 육성, 고환율 정책으로 나라 경제를 이끌었다. 정부는 대기업이 상품을 수출해 달러를 벌어들이도록 하고, 그 대기업을 돕기 위해 고환율 정책을 유지했다.

고환율 정책은 양극화로 연결될 수밖에 없다. 지금도 한국은 고환율 정책을 쓰고 있다. 기업들의 수출 편의를 위해서다. 그러나 우리는 쌀을 제외하고 거의 모든 생필품을 수입한다. 고환율이면 수출에는 유리하지만 수입에는 불리하다. 수출가가 낮아지는 대신 수입가는 그만큼 올라가기 때문이다. 결국 생필품 물가, 즉 서민 물가가 올라갈 수밖에 없다. 고환율 정책은 기업들에는 보약이지만 서민들에게는 쥐약이다. 기업들은 고환율이면 가격 경쟁력이 생기기 때문에 수출에 훨씬 유리한 환경이 조성된다. 그러나 서민들은 수입 물가 상승으로 인한 인플레이션으로 고통을 받아야 한다. 고환율 정책은 기업은 더욱 부자가 되고 서민은 더욱 가난해지는 부익부 빈익빈, 즉 양극화가 심화될 수밖에 없는 정책인 것이다.

예전에는 대기업들이 고환율의 특혜를 누린 대신, 고용은 많이 해주었다. 10%에 가까운 고도성장을 하고 있었기에 인력 수요도 많았다. 그러나 이제 한국도 고성장을 하는 시대는 끝났다. 따라서 기업들이 예전처럼 고용을 하지 않는다. 그리고 생산성도 비약적으로 높아졌다. 옛날에 두 명이 하던 일을 한 명이 해도 충분하다. 시중에는 이런 농반진반의 우스갯소리가 있다. "IMF 이후 기업 사장들이 깨달은 것. 열 명 중 다섯 명을 잘라도 공장은 돌아간다."

대기업 중심 정책도 양극화를 심화시킬 수밖에 없다. 대기업 중심 정책은 효과적인 경제개발, 민족자본의 신속한 형성이라는 긍정적 측면이 있다. 대기업이 한국의 신속한 근대화에 결정적 역할을 한 것도 사실이다. 그러나 대기업 중심 정책은 구조적으로 양극화를 심화시킬 수밖에 없는 정책이다.

대기업 중심 정책은 또 위기에 취약한 측면도 있다. 대기업이 흔들리면 나라 경제 전체가 흔들리기 때문이다. 삼성은 2013년 그룹 전체로 380조 원의 매출을 올렸다. 같은 해 한국의 GDP는 1428조 원이었다. 삼성그룹 매출이 한국 전체 GDP의 26.6%를 차지한다. 따라서 삼성이 흔들리면 나라 경제 전체가 흔들린다. 삼성의 실적이 조금만 안 좋아져도 나라 전체가 삼성의 '어닝 쇼크'에 충격을 받는다. '달걀을 한 바구니에 담지 말라'는 투자 격언처럼 경제 권력이 대기업에 집중되지 않고 중소기업에 골고루 나뉘어 있을 때, 외부의 충격에도 강한 국가 경제가 된다. 이웃 대만은 대기업이 아니라 중소기업이 경제의 중심이다. 대만은 1997년 아시아 금융 위기 때 큰 피해를 입지 않았다. 그러나 대기업 중심인 한국은 막대한 타격을 받았다.

대기업 중심 정책은 IMF 사태의 씨앗이기도 했다. 한국은 1970년대 중화학공업에 집중적으로 투자를 했다. 이때부터 경제 권력은 정치권력의 통제를 벗어나기 시작했다. 자동차, 반도체, 석유화학 등 중화학공업은 대부분 거대한 장치산업이다. 따라서 초기 투자 비용이 막대하게 들어간다. 이후 초기 투자 비용을 견뎌낸 대기업들은 공룡처럼 커졌다. IMF 사태는 공룡처럼 커진 대기업들의 방만한 투자를 정부가 통제하지 못했기에 터진 위기였다.

IMF 위기를 극복한 기업들은 더욱 커져 이제 국가권력을 위협하는 수준에 이르렀다. 삼성그룹의 2013년 총 매출은 380조 원이다. 이에 비해 같은 해 정부 예산은 342조 원이었다. 삼성이라는 기업집단 하나의 살림 규모가 나라의 살림 규모보다 더 큰 것이다. 이에 따라 재벌 총수들은 막대한 권한을 행사한다. 대통령의 임기는 5년이다. 그런데 재벌 총수의 임기는 죽을 때까지고, 대물림도 가능하다. 대한민국 대통령은 장관 하나 자기 맘대로 임명하지 못한다. 그러나 대기업 총수는 직원들의 생살여탈권을 쥐고 있다. 이 정도면 대한민국 최고 권력자는 대통령이 아니라 재벌 총수다.

이에 따라 양극화 해소, 즉 경제민주화를 요구하는 목소리가 커지고 있다. 박정희 이후 양극화를 해소할 기회는 몇 차례 있었다. 그러나 모두 실기했다. 특히 민주화 세력은 양극화 해소는커녕 양극화를 심화시켰다. 그 결과 재벌은 더욱 막강해졌다. '삼성공화국', '현대공화국'이라는 말이 나올 지경이다.

사실 민주화 세력만큼 경제민주화를 잘할 세력은 없다. 산업화 세력에게 경제민주화를 바라는 것은 고목에서 꽃이 피길 바라는 것과 같다. 산업화 세력이 현재의 양극화 구조를 정착시켰기 때문이다. 이는 박근혜 정부에서 도 여실히 증명된다. 박근혜 대통령은 대선 과정에서 경제민주화를 주요 공약으로 내걸었다. 오히려 민주화 세력보다 경제민주화 이슈를 선점했다. 그러나 집권 이후에는 대폭 후퇴했다. 오죽했으면 경제민주화의 상징, 김종인 씨가 새누리당을 탈당했을까.

지가 폭등

박정희 모델의 문제점이 또 하나 있다. 고속 성장을 이룬 대신 지가와 물가를 너무 올려놓은 점이다. 한국의 지가 총액은 공시지가 기준으로 2000조 원 정도 된다. 2000조 원이면 저 넓은 캐나다를 여섯 번 살 수 있고, 프랑스를 여덟 번 살 수 있다.(유종일 엮음, 『박정희의 맨얼굴』(시사IN북, 2011))

자영업을 하는 사람들은 아주 잘 알겠지만 투자 비용 중 가장 큰 비중을 차지하는 것이 임대료다. 땅값이 비싸기 때문에 임대료는 높을 수밖에 없고, 그 투자 비용은 고스란히 소비자에게 전가된다. 높은 땅값이 높은 물가로 이어지는 것이다.

지가 앙등은 대부분 박정희 시절 이뤄졌다. 한국은 박정희 시절 걷잡을 수 없는 개발 열기에 휩싸였다. 그 결과, 폭발적 지가 상승이라는 괴물이 탄생했다. 정부가 오히려 지가 상승을 부추기는 측면도 있었다. 대표적인 정책이 바로 체비지 정책이었다. 체비지의 개념은 이렇다. 정부가 도로를 건설하는데 어떤 개인의 땅 100평을 수용했다. 그런데 50평만 도로에 편입되고 나머지 50평은 남았다. 바로 나머지 50평이 체비지다. 즉 사업을 시행하는 사업자가 그 사업 비용을 충당하기 위해 환지처분하지 않고 일반에 매각하기 위해 남겨 놓은 땅이 체비지다. 정부는 체비지를 팔아 건설 비용을 충당했다. 정부가 이런 방식을 선호한 이유는 따로 예산을 투입하지 않고도 도로를 건설할 수 있기 때문이다. 따라서 공무원들은 체비지 가격이 높게 형성되기를 바랐다. 정부가 나서서 땅장사를 하는 마당에 부동산 투기는 규제의 대상이 아니라 조장의 대상이었다.

이정우 경북대 교수가 작성한 대통령 임기별 지가 추이 표를 보면 박정희 시절 땅값이 압도적으로 많이 올랐다는 사실을 알 수 있다. 한국 부동산 투기의 대명사인 강남 개발이 박정희 시절에 이뤄졌다. 박정희 시절인 1963~1979년(1961~1962년은 통계가 없음) 전국의 지가 총액이 3.4조에서 329조 원으로 폭등했다. 땅값이 무려 100배 가까이 상승한 것이다. 같은 기간 1인당 국민소득은 100달러에서 1676달러로 약 17배 상승하는 데 그쳤다. 국민소득은 쥐꼬리만큼 오른 데 비해 지가는 폭발적으로 상승한 것이다.

대통령별 지가 상승 기여도를 보면 박정희가 50.5%로 압도적 1위다. 그다음이 이승만 14.7%, 노태우 8.8%, 전두환 7.5%, 노무현 2.3% 순이다. 김대중과 김영삼은 오히려 마이너스를 기록했다. 김대중 −0.1%, 김영삼 −0.7%이다. 눈에 띄는 대목은 민주 정권 시절에는 지가 상승이 미미한 데 비해 권위주의 정권 시절에는 지가 앙등이 유독 심했다는 점이다.

정권	이승만	박정희	전두환	노태우	김영삼	김대중	노무현
기간	1953~1960	1963~1979	1980~1987	1987~1992	1992~1997	1997~2002	2002~2007
불로소득/생산소득	43.2	248.8	67.9	96.3	−5.2	−0.6	8.4
연평균 지가상승률	21.6	33.1	14.9	17.7	−1.2	−0.6	4.3
지가상승 기여도	14.7	50.5	7.5	8.8	−0.7	− 0.1	2.3
경제성장률	4.7	9.1	8.7	8.3	7.1	4.2	4.3

역대 정권 지가 추이, 단위 %. 출처: 『박정희의 맨얼굴』(시사IN북)

땅값 급등에 따른 불로소득도 박정희 시절이 압도적이었다. 박정희 정권은 생산 소득보다 부동산 급등에 의한 불로소득이 두 배 반(248.8%)이나 됐다. 노태우 96.3%, 전두환 67.9%, 이승만 43.2%, 노무현 8.4%, 김대중 -0.6%, 김영삼 -5.2% 순이었다.

이정우 교수는 박정희 정권을 비롯한 독재 정권 시절 지가가 앙등한 이유를 다음과 같이 분석했다.

독재 정권은 과욕으로 인해 경제도 무리하게 운용한다. 그리하여 눈앞에서는 성과를 올리는 듯하지만 두고두고 부담을 남기고 후대에 경제성장 자체를 어렵게 만든다. 반면 민주 정권은 그런 경향과 정반대로 정직한 경제운용을 한다. 독재 정권이 경제를 살리는 듯하지만 결국 망치고, 민주 정권은 일견 경제에 무능해 보이지만 실은 훨씬 더 유능하다.

권위주의 정권은 정당성이 약했다. 권위주의 정권은 경제성장으로 이를 만회하려 했고, 따라서 성급하고 무리한 정책을 추진했다. 권위주의 정권 시절 경제성장률이 높았던 것은 사실이다. 그러나 경제성장률이 아무리 높아도 물가와 지가가 함께 상승하면 국민의 가처분소득은 그만큼 줄 수밖에 없다. 허울 좋은 거품 성장인 것이다.

이정우 교수의 분석에서 적나라하게 드러나듯 박정희 집권 기간 땅값은 100배 올랐다. 이에 비해 1인당 국민소득은 17배 오르는 데 그쳤다. 경제개발로 인해 1인당 국민소득은 17배 올랐지만 땅값은 이보다 여섯 배 가까이 많은 100배가 오른 것이다. 경제가 압축 성장을 한 것이 아니라 땅값이 압축 상승을 한 것이다. 이런 경제성장이라면 차라리 안하는 것이 낫다. 박정희의 경제개발 전에는 서민들의 주머니가 가벼웠지만 집을 사는 것이 그렇게 어렵지 않았다. 집값도 그만큼 쌌기 때문이다. 경제개발을 한 뒤 서민들의 주머니는 제법 두둑해졌다. 그러나 집값의 상승 속도는 서민의 지갑이

두둑해지는 속도보다 여섯 배 빨랐다. 따라서 서민들이 집을 사는 것은 경제개발 이후 여섯 배 더 어렵게 됐다. 결국 지가와 물가 상승을 동반한 경제성장은 '빛 좋은 개살구'에 불과한 것이다.

지가 앙등은 경제적 문제뿐 아니라 사회적 문제도 야기한다. 현저한 부익부 빈익빈, 근로 의욕 저하, 부의 정당성 상실 등이다. 아파트 보급률이 100%를 넘지만 아파트 한 채 없는 서민이 있는가 하면 여러 채의 아파트를 독차지한 졸부들도 있다. 그리고 수도권에서는 아파트 한 채가 수억대를 호가한다. 이 때문에 이른바 '88만 원 세대'라고 불리는 젊은이들은 아예 집 사는 것을 포기했다. 매달 88만 원을 벌어서 평생을 저금해 보았자 수억대를 호가하는 아파트를 살 수는 없을 터다. 이에 따라 88만 원 세대는 '마이 하우스'가 아니라 '마이 카'에 집착하고 있다. 이른바 대체 소비다. 대체 소비는 소유하고 싶은 재화가 너무 비싸 소유는커녕 임대나 공유조차 불가능하게 되면 이를 아예 포기하고 다른 것을 소비하는 현상을 말한다. 88만 원 세대에게 집이란 평생 소유하지 못할 '그 무엇'이다. 특히 88만 원 세대들은 부모들이 무리하게 집을 장만해 '하우스 푸어'로 전락하는 것을 보고 자란 세대들이다. 이들에게는 하우스 푸어로 살 바에야 집을 포기하고 차로 소유에 대한 욕구를 달래는 것이 합리적 선택일 것이다. 철없는 88만 원 세대가 차로 사치를 하는 것이 아니라 사회가 그들에게 차로 대체 소비를 하게 강권하는 것이다.

이뿐 아니라 노동 의욕도 저하될 수밖에 없다. 부동산 투기만 잘하면 되는데, 굳이 땀 흘려 일할 필요가 없다. 열심히 일해서 돈을 버는 것이 아니라 부동산 투기로 일확천금을 노리는 이른바 '천민자본주의'가 발호할 수밖에 없다.

한국 사람들이 부자를 인정하지 않는 데는 지가 상승이 큰 이유를 차지한다. 한국인 특유의 '사돈이 땅 사면 배 아프다'는 정서도 있다. 그러나 더욱 중요한 것은 대부분 부자들이 부동산 투기로 돈을 벌었다는 사실이다. 부자들이 근면 검약과 뛰어난 아이디어로 돈을 벌었다면 이를 인정할 수밖에 없다. 그러나 불로소득인 부동산 투기로 부를 이뤘다면 그 부자들을 존경해야 할까? 오히려 그들을 백안시하는 것이 정상이다.

무엇보다 문제는 우리 후손들이 높은 지가 부담을 계속 안고 살아야 한다는 점이다. 지가는 하방 경직성을 갖고 있다. 가격이 좀처럼 떨어지지 않는다. 경제성장률은 금방 떨어지지만 지가는 경제성장률만큼 빨리 하락하지 않는다. 우리 후손들은 앞으로도 상당 기간 높은 지가에 신음해야 할 운명이다.

2장
개혁개방의 총설계사, 덩샤오핑

마오쩌둥이 정치로 신중국을 건국했다면 덩샤오핑은 경제로 신중국을 건국했다. 마오가 확보한 자주의 바탕 위에 덩은 경제를 일으켜 세웠다. 자주만으로는 살 수 없다. 북한이 그렇다. 김일성은 자주를 확보했지만 인민을 굶주리게 했다. 이로 인해 북한은 탈북자가 속출하는 등 체제 위기를 겪고 있다. 인민의 자존심을 살려 주는 것도 중요하지만 그들을 먹고살게 해주어야 나라가 존재한다. 마오가 중국인의 자존심을 살려 주었다면 덩은 중국인을 먹고살게 해 주었다.

중국인을 먹고살게 해준 덩샤오핑이 사망한 지 20년이 가까워 온다. 사망당시 그의 유해는 화장돼 바다에 뿌려졌다. 홍콩 반환을 꼭 보고 싶다던 그는 그 꿈을 이루지 못하고 1997년 2월 19일 사망했다. 그해 7월 1일 홍콩은 중국에 반환됐다. 그의 유해는 한 줌 재로 변했지만 그의 정신은 계속되고 있다. 그가 '개혁개방'이라는 유훈으로 지금도 중국 대륙을 통치하고 있다고 해도 과언이 아니다.

'차이나 3.0' 세대

일부에서는 시진핑 현 국가주석을 새로운 세대로 분류한다. 유럽의 대표적 싱크 탱크인 유럽외교관계협의회는 2013년 보고서에서 현재의 중국을 '차이나 3.0' 세대라고 명명했다. '차이나 1.0'은 마오쩌둥을 필두로 신중국을 건설한 세대고, '차이나 2.0'은 덩샤오핑을 대표로 생산을 한 세대라면, '차이나 3.0'은 시진핑을 중심으로 소비를 하는 세대라는 것이다. 유럽외교관계협의회는 중국이 소비를 시작하면서 세계경제의 지형을 바꾸고 있다고 진단했다. 그러나 저자는 아직 중국이 본격적인 소비를 시작했다고 보지 않는다. 저자도 유럽외교관계협의회의 분석에 전적으로 동의한다. 중국이 본격적인 소비를 하면 미국을 꺾고 세계 최고의 경제 대국이 될 것이다. 그러나 지금도 중국이 생산하고 미국이 소비하는 패턴이 지속되고 있다. 중국이 생산한 것을 중국이 소비하면 중국이 미국의 달러를 사줄 필요가 없다. 그러면 달러가 무너진다. 달러가 무너지면 미국이 무너진다. 그러나 아직까지 중국은 미국의 달러를 사주고 있다. 중국이 생산하고 미국이 소비하는 패턴이 지속되고 있기 때문이다. 중국의 소비는 이제 시작 단계에 불과하다. 해외여행을 할 수 있을 정도의 경제력을 갖춘 소비자들은 중국 인구의 10% 내외다. 본격적인 소비의 시대가 열렸다고 하기에는 부족하다.

물론 시진핑을 비롯한 5세대 지도자들은 덩샤오핑이 직접 발탁한 집단이 아니다. 덩샤오핑은 그 자신이 마오와 함께 혁명을 한 혁명 1세대였고, 스스로 2세대의 지도자가 됐다. 그리고 3세대인 장쩌민(江澤民, 강택민), 4세대인 후진타오(胡錦濤, 호금도)를 직접 발탁했다. 따라서 시진핑호는 덩이 발탁하지 않은 첫 지도부다. 그런 면에서는 시진핑 지도부를 새로운 세대라고 할 수 있겠다. 그러나 경제 발전 단계는 아직도 소비가 아니라 수출이 중심이다. 덩샤오핑 시대, 즉 생산의 시대를 넘어서지 못하고 있는 것이다. 현재 중국 GDP에서 소비가 차지하는 비중은 50%를 약간 밑돈다. 미국은 약

80%다. 아직도 경제성장이 수출 및 투자 중심, 즉 생산 중심이라는 뜻이다. 따라서 정치적 측면에서는 덩샤오핑 시대가 끝났지만 경제적 측면에서는 덩샤오핑 시대가 계속되고 있다고 봐야 한다.

PPPI GDP 중국이 미국 추월

흔히 한 나라의 경제를 평가할 때 동원되는 통계가 GDP, 무역 총액, 외환 보유액, 외국인 직접 투자(FDI) 등이다. GDP는 나라 살림의 규모를 보여준다. 무역 총액은 그 나라가 세계경제에 얼마나 깊숙이 편입돼 있는지를 보여준다. 그리고 외환 보유액은 그 나라의 곳간이 얼마나 튼실한지를 보여준다. FDI는 그 나라의 미래를 보여준다. 그 나라의 미래가 밝아야 FDI가 유입되기 때문이다. 중국은 위의 네 지표 중에서 GDP만 빼고 모두 미국을 추월했다.

2013년 중국의 GDP는 약 9조 달러다. 16조 달러인 미국에 이어 세계 2위다. 3위인 일본의 5조 달러보다 약 4조 달러 많다. 중국의 외환 보유액은 4조 달러에 가깝다. 단연 세계 1위다. 2013년 중국의 외환 보유액은 전년 동기보다 5097억 달러 늘어난 3조 8200억 달러를 기록했다. 2008년 2조 달러 수준이던 외환 보유액이 5년 사이에 두 배 가까이 는 것이다. 이는 2위 일본의 세 배 수준이다. 중국의 외환 보유액이 급증하고 있는 것은 중국의 미래에 베팅하는 외국 자본이 중국으로 대거 유입되고 있기 때문이다.

중국의 무역 총액도 2013년 미국을 추월해 세계 최고가 됐다. 2013년 중국의 수출액과 수입액을 합친 무역 총액은 전년보다 7.6% 증가한 4조 1603억 달러로 집계됐다. 이는 미국의 3조 9000억 달러보다 많은 것이다. FDI도 단연 세계 1위다. 2013년 중국의 FDI는 전년 대비 5.3% 증가한 1176억 달러를 기록했다. FDI 분야는 이미 2005년 미국을 제치고 세계 1위가 됐다.

이제 주요 경제지표 중에서 중국이 미국에 뒤진 것은 GDP뿐이다. 그러나 구매력 평가 기준 GDP를 적용하면 2014년 중국이 미국을 추월할 전망이다. 구매력 평가 기준(PPPI, Purchasing Power Parity Index) GDP는 실질적으로 재화를 구매할 수 있는 능력을 기준으로 경제 규모를 평가한 것이다. 중국은 1인당 국민소득이 적지만 물가도 그만큼 싸기 때문에 국민들이 실제 구매할 수 있는 재화의 양은 상대적으로 많다. 즉 국민들의 실질 구매력을 기준으로 GDP를 다시 환산한 것이 구매력 평가 기준 GDP다.

세계 최고의 경제지인 영국의 《파이낸셜타임스》(FT)는 2014년 4월 30일 중국이 올해 미국을 제치고 세계 제일의 경제 대국에 등극할 전망이라고 보도했다. FT는 세계은행이 구매력 평가 기준을 적용해 GDP 규모를 재산정한 결과, 이렇게 나타났다고 전했다. 세계은행이 발표한 자료에 따르면 2011년 구매력 평가 기준 중국의 GDP 규모는 미국의 87%에 이른다. 여기에 국제통화기금(IMF)이 내놓은 2011~2014년 경제성장률 전망치를 대입하면 2014년 말 중국이 미국을 앞지르게 된다는 것이다. 2011년부터 2014년까지 중국 GDP는 24%의 증가율이 예상되는 반면 미국은 7.6% 성장하는 데 그칠 전망이다. 이에 따라 2014년 말 중국의 구매력 평가 기준 GDP는 19조 달러, 미국은 18조 달러가 될 것으로 예상된다. 이로써 미국은 1872년 영국을 추월해 세계 제일의 경제 대국이 된 이래 142년 만에 2위로 주저앉을 것으로 보인다고 FT는 예상했다.

일본 우경화의 원인 중국

중국의 부상은 세계 경제 지형만 바꿔놓은 것이 아니다. 세계 정치 지형도 바꾸고 있다. 최근 일본 극우 세력 부활의 가장 큰 원인이 바로 중국이다.

일본은 아베 정권 출범 이후 극우 세력이 판을 치고 있다. 아베 신조 총리가 전범들의 위패가 안치된 야스쿠니 신사를 참배하고, 연일 극우 인사들의 망언이 쏟아지고 있다. 마치 군국주의가 부활한 듯하다.

일본 최대 공영방송사 NHK의 경영 위원인 하쿠타 나오키(百田尚樹)는 2014년 3월 도쿄 도지사 선거 지원 연설에서 태평양전쟁 말기 미군의 도쿄 공습과 원폭 투하를 '비참한 대학살'이라고 규정한 뒤 "일본인 전범을 단죄한 도쿄 재판은 '비참한 대학살'을 얼버무리기 위한 것"이라고 말했다. 그는 또 "1938년 장제스가 '일본이 난징 대학살을 했다'고 선전했지만 세계 각국은 무시했다. 왜냐하면 그런 일은 없었기 때문"이라며 "도쿄 재판에서 난징 대학살이 등장한 것은 미국이 자신의 죄(원폭 투하)를 감추기 위한 것"이라고 말했다. 앞서 모미이 가쓰토(籾井勝人) NHK 신임 회장도 취임 기자회견에서 "한국뿐 아니라 전쟁 지역에는 모두 위안부가 있었으며, 독일, 프랑스에도 있었다"는 망언을 했다. 이 정도면 망언도 풍년이다. 아베 정권은 이들의 망언 퍼레이드를 저지하지 않고 있다. 오히려 즐기고 있는 듯하다. 사실 그럴 수밖에 없다. 이들이 '아베의 입'이기 때문이다. 문제의 발언을 한 인물들의 인사권을 쥔 사람이 바로 아베다. 더 나아가 아베 스스로가 망언을 일삼고 있다. 아베는 2012년 10월 "일본의 과거사 반성 3대 담화(미야자와 담화, 고노 담화, 무라야마 담화)를 모두 수정하겠다"고 밝힌 적이 있다.

아베 정권만 극우적인 생각을 하는 것일까? 아니다. 일본은 민주주의 국가다. 민주국가에서는 정권이 일방적으로 독주를 할 수 없다. 아베 정부가 극우 노선을 걸을 수 있는 것은 국민의 지지가 그 밑바탕에 깔려 있기 때문이다.

일본의 우경화에는 여러 가지 원인이 있다. 고령화, 장기간 경기 침체, 동일본 대지진 등 잇따른 자연재해. 그러나 가장 큰 원인은 바로 중국이다. 2010년 중국의 GDP가 일본의 GDP를 추월했다. 중국의 일본 추월은 일본 국민에게 충격과 공포, 그 자체였다. 1970년대 후반 이후 일본은 세계 제2의 경제 대국이었다. 그러나 중국에게 그 자리를 내주었다. 중국은 한때 일본이 자본과 기술을 이전해 주던 2류 국가였다. 일본이 그런 중국에게 먹힌 것이다. 일본 국민들은 '그동안 우리는 뭘 했나'라는 자괴감이 들 수밖에 없다. 그들은 차라리 일본이 중국 만주를 점령하고 '대동아공영권'을 외치던 군국주의 시절이 더 좋았다는 생각을 할 것이다.

세계 경제는 물론 세계 정치마저 바꾸어놓고 있는 것이 중국의 부상이다. 중국의 부상은 오롯이 개혁개방 덕분이다. 개혁개방은 '대내 개혁 대외 개방'을 줄인 말로 중국 경제개혁의 상징이다. 개혁개방을 설파해 오늘의 중국이 있게 한 장본인이 바로 덩샤오핑이다.

흑묘백묘론과 선부론

1978년 덩샤오핑은 정권을 잡자마자 검은 고양이든 흰 고양이든 쥐만 잘 잡으면 된다는 '흑묘백묘론(黑猫白猫論)'과 아랫목이 따뜻해지면 윗목도 자연스럽게 따뜻해진다는 '선부론(先富論)'을 설파하며 개혁개방에 시동을 걸었다.

덩샤오핑은 아주 쉬운 말로 인민을 설득하는 능력이 탁월했다. 자본주의냐 사회주의냐 하는 논쟁을 흰 고양이든 검은 고양이든 쥐만 잘 잡으면 된다는 말로 잠재웠고, 성장이냐 분배냐 하는 논쟁은 먼저 돈을 벌어야 한다는 선부론으로 돌파했다. 선부론은 부자가 돼야 나누어 줄 것이 생기기 때문에 우선 돈을 벌어야 한다는 논리다. 분배보다는 성장이 우선이라는 것이다. 지역적으로는 동남연해를 먼저 개발하면 자연스럽게 내륙 지방도 발전한다는 이론이다.

덩은 1979년 광둥(廣東, 광동) 성의 선전(深圳, 심천), 주하이(珠海, 주해), 산터우(汕頭, 산두)와 푸지엔(福建, 복건) 성의 샤먼(廈門, 하문)에 4대 경제특구를 설치하고 발전의 불씨를 당겼다. 2013년 광둥 성의 수출액은 약 7000억 달러다. 이는 한국의 수출액 5600억 달러보다 많은 것이다. 한 성의 수출액이 세계 10위권의 무역 대국인 한국보다 많은 것이다. 광둥 성은 개혁개방의 전초기지로 중국 전체 무역의 3분의 1을 차지하고 있다. 값싼 인력과 잘 갖춰진 인프라로 세계적 기업들이 광둥 성을 제조 기지로 삼고 있다. 광둥성은 '중국 산업혁명'의 진원지인 셈이다. 광둥 성의 개발 열기는 상하이를 끼고 있는 양쯔 강 삼각주를 거쳐 베이징, 톈진 등 발해만권으로 북상했다. 그리고 서부 대개발 붐이 일면서 서부 내륙으로도 발전의 온기가 퍼지고 있다.

덩샤오핑 개혁개방 사상의 캐치 프레이즈가 '흑묘백묘론'과 '선부론'이다. 흑묘백묘론은 '흑묘백묘 주노서 취시호묘(黑猫白猫 住老鼠 就是好猫)'를 줄인 말이다. 검은 고양이든 흰 고양이든 쥐를 잘 잡으면 좋은 고양이라는 말이다. 즉 고양이 빛깔이 어떻든 고양이는 쥐만 잘 잡으면 되듯이, 자본주의든 공산주의든 상관없이 중국 인민을 잘살게 하면 그것이 제일이라는 뜻이다. 원래 흑묘백묘는 덩샤오핑의 고향인 쓰촨 성의 속담 흑묘황묘(黑猫黃猫)에서 유래한 용어다. 흑묘황묘는 검은 고양이든 황색 고양이든 쥐만 잘 잡으면 된다는 뜻이다. 덩샤오핑이 흑묘백묘론을 처음 언급한 때는 1962년이다. 1958년 마오쩌둥이 주도한 대약진운동은 중국에 엄청난 재앙을 가져다주었다. 덩은 대약진운동의 후유증을 치유하기 위해 1962년 열린 공산당 중앙서기처 회의 석상에서 흑묘백묘론을 처음 제시했다. 그는 흑묘백묘의 예를 들며 자본주의적인 이윤 동기를 동원해 생산력을 증대하는 것이 급선무라고 주장했다. 경제개발을 최우선 과제로 삼은 덩샤오핑에게 체제는 문제가 아니었다. 그는 공산당 정권만 유지할 수 있다면 경제 체제가 사회주의든 자본주의든 상관하지 않았던 것이다.

덩샤오핑의 흑묘백묘론은 곧 마오쩌둥의 미움과 질시를 받게 되고, 문화혁명이 발발하자 덩은 처절한 보복을 당한다. 문혁 당시 지식인과 자본주의적 관료들은 대거 하방을 당했다. 덩과 류샤오치 국가주석은 주자파로 몰려 실각했다.

그러나 1978년 덩샤오핑이 복권하자 흑묘백묘론은 부활했다. 덩은 정권을 잡자마자 흑묘백묘론과 선부론을 외치며 개혁개방에 시동을 걸었다. 흑묘백묘론이 세계에 알려진 계기는 1979년 덩샤오핑이 집권 후 첫 미국 나들이를 하고 미국과 공식 수교를 텄을 때다. 이때 덩샤오핑은 검은 고양이 흰 고양이의 예를 들며 경제에 자본주의적 요소를 도입할 것을 전 세계에 천명했다. 이후 흑묘백묘론은 'Black cat, White cat Theory'로 번역되며 세계적으로 유명해졌다. '권력은 총구에서 나온다'가 마오쩌둥의 상징이라면 '흑묘백묘론'은 덩샤오핑을 상징하는 구호가 됐다.

선부론은 '일부 사람을 먼저 부유하게 하라(讓一部分人先富起來)'의 준말이다. 부자가 될 수 있는 사람을 먼저 부자가 되게 하라는 의미다. 지역적으로는 대외무역이 쉬운 동남연해를 개발한 뒤 내륙지역으로 발전의 훈기를 불어넣겠다는 뜻이다. 선부론은 평균주의가 아닌 엘리트주의를 상징하는 말이다. 문화혁명을 주도한 마오쩌둥이 평균주의를 제창했다면 개혁개방을 단행한 덩샤오핑은 엘리트주의를 지향했다. 덩샤오핑이 집권 후 맨 먼저 한 일 중 하나가 대학 입시를 부활시킨 것이다. 문화혁명 시기에는 당성이 좋은 학생들이 대학에 진학했다. 당성을 강조했기 때문에 학력은 하향 평준화돼 학생들의 학력 수준이 크게 떨어졌다. 문화혁명 시기 중국의 학교는 거의 파괴되다시피 했다. 학교는 배움터가 아니라 홍위병 양성소였다. 문화혁명으로 인해 중국 과학이 20~30년 후퇴했다는 평가도 있다. 덩샤오핑은 중국을 발전시키기 위해서는 무엇보다 인재가 필요하고, 인재를 키우기 위해서는 엘리트주의를 추구할 수밖에 없다고 생각했다. 그는 1977년 전격적으로 대학 입시를 부활시켰다. 따라서 78학번부터는 입시 경쟁을 치르고 대학에 입학한 세대들이다. 이제 50대 중반인 이들은 중국 사회 각 분야에서 중추적 역할을 하며 '개혁개방호'를 이끌고 있다.

덩의 선부론 또한 보기 좋게 맞아떨어지고 있다. 주 강 삼각주, 양쯔 강 삼각주, 발해만권 등 중국의 동남연해는 이미 발전 궤도에 진입했다. 상하

흑묘백묘론과 선부론을 설파하며 개혁개방을 외친 덩샤오핑. '권력은 총구에서 나온다'가 마오쩌둥의 상징이라면 '흑묘백묘론'은 덩샤오핑을 상징하는 구호가 됐다.

이의 1인당 GDP는 이미 1만 달러를 돌파했다. 2012년 기준 상하이의 1인당 GDP는 1만 2784달러로 중국 최고다. 이제 동남연해의 발전 바람이 내륙으로 스며들고 있다. 쓰촨 성, 후난 성, 안후이 성, 간쑤(甘肅, 감숙) 성 등 내륙지역도 발전 도상에 올랐다. 세계적 다국적 기업들은 동남연해가 급속히 발전해 인건비와 지가가 급등하자 상대적으로 인건비와 지가가 저렴하고 인프라도 잘 갖춰진 내륙지역에 제2공장을 앞다투어 짓고 있다. 특히 물류가 필요 없는 연구 개발(R&D) 센터가 내륙지역에 우후죽순 격으로 들어서고 있다.

중국의 해안 지역, 특히 주 강 삼각주와 양쯔 강 삼각주는 급성장에 따른 후유증을 앓고 있다. 광저우와 상하이 등지는 임금 및 지가 상승 속도가 가팔라 최근 상업 지구 임대료가 크게 올랐다. 공업지구는 이용 가능한 땅이 거의 없는 실정이다. 임금도 많이 올랐지만 인력난은 더욱 심각하다. 중국 정부가 도농 격차를 줄이기 위해 농촌에 다양한 세제 혜택을 제공하면서 농촌에서 도시로 이주하는 이른바 '농민공(農民工)'이 크게 줄었기 때문이다. 게다가 급격한 경제개발로 동남연해의 환경이 급속히 악화돼 이 지역 정부가 환경 관련 기준을 대폭 강화하고 있다. 이에 따라 오염 배출 업체는 속속 내륙으로 공장을 옮기고 있다. 내륙 지방은 아직까지는 발전이 덜 됐기 때문에 지역의 경제 성장을 위해 공해 배출 업소도 마다하지 않고 받아주고 있다.

또 내륙 지방의 인프라가 크게 개선되면서 서부로 공장을 옮기는 것이 과거보다 훨씬 쉬워졌다. 중국은 정권 유지 차원에서라도 내륙 개발에 박차를 가하고 있다. 중국공산당은 내륙 지역의 반발을 우려해 부유한 해안 도시와 소득 격차를 줄이는 캠페인을 대대적으로 벌이고 있다. 특히 다리 및 고속도로, 발전소 건설에 수십억 달러를 투입하는 등 인프라 개선에 심혈을 기울이고 있다. 이로 인해 내륙 지방의 인프라가 크게 개선됐다. 내륙 지방이 무엇보다 좋은 것은 이직률이 0%에 가깝다는 점이다. 광둥 성의 경우, 노동자의 이직률이 40%나 된다. 광둥 성은 경제 발전으로 사회가 다양해져 노동자들이 선택할 폭이 넓어졌기 때문이다. 그러나 내륙은 아직까지는 선택의 폭이 제한적이다. 특히 R&D 센터는 각광을 받고 있다. R&D는 제품을 운송할 필요가 없기 때문이다. 제조 업체는 수출을 위해 동남연해 지역을 선호하지만 R&D 센터는 그럴 필요가 없다. 2001년 모토로라는 동남연해 지역보다 임금이 저렴할 뿐 아니라 지역 명문대 출신의 엔지니어를 고용할 수 있는 쓰촨 성의 성도 청두(成都, 성도)에 R&D 센터를 개설했다. 이후 알카텔, 에릭슨, 노키아, 마이크로소프트 등 세계적 다국적 기업들이 잇따라 청두에 R&D 센터를 설립했다. 이로 인해 인구 1000만의 청두는 중국 서부 지역에서 가장 부유한 도시가 됐다. 거리엔 아우디와 뷰익 판매상이 즐비하고, 세계적인 명품 루이뷔통과 구찌, 까르띠에가 입점해 있다. 덩샤오핑의 혜안이 돋보이는 대목이다.

중국의 오늘이 있게 한 덩샤오핑의 선부론은 이제 폐기됐다. 지금은 골고루 잘살자는 '균부론(均富論)'이 선부론을 대신하고 있다. 중국 지도부는 2005년, 당 강령을 선부론에서 균부론으로 바꿨다. 급속한 발전으로 빈부 격차가 심해짐에 따라 사회에 위화감이 조성되고 있기 때문이다. 실제로 중국의 지니계수(경제적 불평등 지수)는 미국보다 더 심각하다. 2013년 현재 중국의 지니계수는 위험 수준인 0.4를 훨씬 상회하는 0.473이다. 이는 미국의 0.408보다 더 높은 수치다. 중국의 지니계수는 최근 빈부 격차 완화를 위한 중앙정부의 노력 덕에 그나마 소폭 하락한 것이다. 중국의 지니계수는 2008년 0.491로 고점을 찍은 뒤 2009년 0.490, 2010년 0.481, 2011년 0.477, 2012년 0.474로 조금씩 낮아지고 있다.

빈부 격차로 인한 위화감은 공산당 정권을 붕괴시킬 수 있는 폭발력을 가지고 있다. 그래서 중국공산당은 선부론(먼저 잘살고 보자)에서 균부론(골고루 잘살자)으로 급선회했다. 균부론은 나누어 줄 것이 있다는 뜻이다. 성장(선부론)이 아니라 분배(균부론)가 중국 경제의 화두가 될 정도로 중국은 발전한 것이다.

개혁개방 삼총사

덩샤오핑이 개혁개방을 선언하기 직전 마지막으로 해결해야 할 문제가 있었다. 마오쩌둥과 문화혁명에 대한 평가였다. 문화혁명을 긍정하고 개혁개방을 추진할 수는 없었다. 마오와 문화혁명에 대한 평가 없이 개혁개방은

개혁개방의 CEO 주룽지 전 총리가 기자회견을 하고 있다.

단 한 발짝도 나갈 수 없었다.

덩샤오핑은 "지난날의 과실을 모두 마오쩌둥 한 사람의 잘못이라고 볼 수는 없다. 그래서 우리는 객관적으로 마오쩌둥을 평가해야 한다. 공이 우선이고 과는 둘째다. 마오쩌둥이 없었다면 새로운 중국도 없었다. 마오는 공이 7할이고 과가 3할이다"고 말했다. 마오쩌둥의 혁명 사상은 옳았지만 문화혁명은 틀렸다는 말을 완곡하게 표현한 것이다. 그러나 7할이 공이라고 평가함으로써 마오쩌둥의 혁명 정신을 계승할 것임을 분명히 했다. 그는 "천안문 광장에 마오쩌둥 초상화가 영원히 걸려 있을 것"이란 말로 신중국을 건설한 마오의 업적을 인정하고, 자신이 그의 계승자임을 분명히 했다.

마오쩌둥 평가 문제를 마무리한 덩샤오핑은 곧바로 "가난이 사회주의는

개혁개방을 해외 화교 사회에 전파한 룽이런은 '개혁개방의 전도사'라고 불린다.

아니"라며 개혁개방에 시동을 걸었다. 덩은 일단 인재부터 구했다. 문화혁명으로 하방 또는 감옥에 간 능력 있는 인사들을 다시 불러들였다. 완리(萬里, 만리), 후야오방 등이 그들이다. 그중 특기할 만한 인물이 중국의 철혈재상으로 불리는 주룽지(朱鎔基, 주용기)와, 개혁개방의 전도사라는 별명이 붙은 룽이런(榮毅仁, 영의인)이었다.

개혁개방의 삼총사를 꼽는다면 덩샤오핑, 주룽지 전 총리, 룽이런을 들 수 있다. 개혁개방이라는 비전을 제시한 덩샤오핑을 '개혁개방의 총설계사'라고 한다면 그 비전을 실천한 주룽지를 '개혁개방의 집행자(CEO)'라고 할 수 있다. 그리고 개혁개방 이념을 해외 화교 사회에 전파한 룽이런을 '개혁개방의 전도사'라고 할 수 있다.

개혁개방의 CEO 주룽지는 과열된 중국 경제를 연착륙시켜 중국이 장기간 고성장하는 발판을 마련한 인물이다. 중국은 급격한 경제성장의 부작용으로 1990년대 중반 고인플레(물가 상승)를 경험하게 된다. 당시 고인플레를 잡고 중국 경제를 고성장 저인플레 구조로 정착시킨 장본인이 바로 주룽지다. 주룽지의 성공으로 중국은 1990년대 후반부터 저물가 속에서 연간 10% 내외의 고속 성장을 지속하고 있다. 이른바 '골디락스(Goldilocks)' 현상이 펼쳐진 것이다. 골디락스라는 용어도 중국 때문에 유명해졌다. 골디락스는 높은 성장을 이루고 있음에도 물가는 안정된 상태를 뜻한다. 영국의 전래 동화 '골디락스와 곰 세 마리(Goldilocks and the three bears)'에 등장하는 소녀의 이름에서 따온 것이다. 골디락스는 동화에서 세 마리 곰이 각각 끓인 세 가지 수프, 뜨거운 것과 차가운 것, 적당한 것 중에서 적당한 것을 먹고 기운을 차렸다. 이것을 경제 상태에 비유해 골디락스는 뜨겁지도 차갑지도 않은 호황을 뜻하는 말이 됐다. 세계에서 가장 권위 있는 경제 신문인 《파이낸셜 타임스》가 중국이 2004년 9.5%의 고도성장을 이루면서도 물가 상승이 없는 것을 두고 '중국 경제가 골디락스에 진입했다'고 기사화해 전 세계에 알려졌다. 이후로 경제 발전은 계속되는데 인플레가 없는, 최적의 경제 상태를 이르는 경제용어로 정착했다.

중국을 고성장 저인플레, 즉 골디락스로 이끈 공로로 중국인들은 주룽지를 부국강병을 실현한 독일의 철혈 재상 비스마르크에 비유하고 있으며, 서방 언론도 그를 '중국의 경제 차르(China's Economic Czar)'라고 불렀다.

2005년 10월 26일 89세의 나이로 타계한 룽이런은 개혁개방의 전도사였다. 덩샤오핑이 개혁개방을 선언하고 제일 먼저 한 일이 상하이의 민족자본가인 룽이런을 발탁한 것이다. 1949년 공산당이 중국 대륙을 해방하자 대부분 자산가들이 홍콩 등지로 도망갔다. 그러나 룽이런은 상하이를 지켰다. 그리고 자신의 재산을 공산당에 헌납했다. 공산당은 그를 어여삐 여겨 '붉은 자본가(Red Capitalist)'라는 칭호를 내렸고 이후 상하이 부시장, 방직공업부

부부장(차관) 자리도 주었다. 그러나 문화혁명 때 하방당해 고초를 겪다 덩샤오핑이 정권을 잡자 다시 전면에 등장했다. 빠른 경제성장을 위해 화교자본이 절실했던 덩에게 룽이런 이상의 카드는 없었다. 룽이런은 상하이를 대표하는 자본가인 룽씨 일가의 좌장으로 해외 화교 사회에 막강한 영향력을 행사했다. 룽씨 일가가 뜨면 세계 화교 사회가 들썩인다는 말이 있을 정도였다. 덩샤오핑은 화교 자본 유치의 최적임자로 룽이런을 지목했고, 룽이런은 자신을 개혁개방의 전도사라 칭하며 공산 중국에 화교 자본을 유치하는 선봉에 섰다.

덩샤오핑이 개혁개방을 선언하자 '한 번 중국인이면 영원히 중국인'이라는 말을 증명하듯 화교들은 공산 중국에 막대한 '시드 머니(seed money, 종잣돈)'를 제공했다. 막상 개혁개방을 선언했지만 자본이 없었던 중국공산당에게 화교 자본은 가뭄의 단비였고, 이를 종잣돈으로 삼아 중국은 단기간에 급성장할 수 있었다. 개혁개방 초기 중국 FDI의 대부분이 화교 자본이었고, 지금도 FDI 상당 부분을 화교 자본이 차지하고 있다.

대내 개혁, 대외 개방

인재를 다시 모은 덩샤오핑은 곧바로 개혁개방을 실행했다. 대내로는 경제에 자본주의적 색을 입혔다. 인민공사를 해체하고 개체호(個體戶)라는 자영업 개념을 도입했다. 대약진운동 때 만들어진 인민공사는 집단적으로 생산하고 집단적으로 소비하는 마오쩌둥 시대의 유물이었다. 공동 생산, 공동 분배였기 때문에 생산력이 올라갈 까닭이 없다. 덩은 이런 인민공사를 해체하고 일부 유휴지를 개인이 경작할 수 있도록 했다. 그리고 그곳에서 생산된 농작물을 시장에 내다 팔 수 있도록 했다.

덩샤오핑은 각 농가에 토지를 할당해 준 뒤 '농가 생산 청부제'를 실시했다. 농가 생산 청부제로 농민들은 국가와의 개별 계약을 통해 국가에 곡식을 팔았고, 나머지는 시장에 내다 팔았다. 개인의 이윤 동기를 자극한 이 정책은 보기 좋게 성공했다. 인민공사 폐지 이후 중국의 농업 생산량은 급증했다. 개혁개방 전인 1953~1978년 농업의 연평균 성장률은 3.2%에 불과했다. 그러나 개혁개방 후인 1979~1985년에는 9.4%로 증가했다. 식량 생산 증가율 또한 1978년 이전 기간에는 2.4%였으나 이후 7년 동안 4.9% 상승하며 1984년에는 식량 수출국 대열에 올랐다. 역대 중국 황제들의 염원인 '함포고복(含哺鼓腹, 실컷 먹고 배를 두드린다는 뜻으로 먹을 것이 풍족해 즐겁게 지낸다는 의미)'에 성공한 것은 물론 잉여농산물을 외국에 수출할 수준이 된 것이다.

이와 함께 향진기업 제도를 도입했다. 향진기업은 농촌은 농업을, 도시는 공업을 담당한다는 고정관념을 타파한 것으로 농촌의 부업을 장려함으로써 농가의 소득을 높이기 위한 것이었다. 향진기업 발달은 농촌 인구의 도시집중을 억제하고 농촌의 현대화를 촉진하는 촉매제 역할을 했다.

도시에는 개체호 개념을 도입했다. 개체호는 중국의 도시 지역에서 상공업에 종사하는, 종업원 일곱 명 미만의 자영업자들을 말한다. 문화혁명 시기에는 '자본주의의 찌꺼기'로 비판의 대상이었으나 개체호는 개혁개방과 함께 부활했으며, 정부의 시장경제 활성화 정책에 따라 그 수가 급증했다. 국영기업에서 충분히 공급할 수 없는 물품의 제조와 판매업, 서비스업, 요식업 등이 중심 업종을 이뤘다. 개체호의 출현은 개인의 자본과 노동력을 토대로 벌어들인 소득을 본인이 직접 지배하는 경제 형식으로, 개혁개방 초기에 중국이 달려나갈 사회주의 시장경제 체제의 길을 상징적으로 보여주는 제도였다. 개체호는 개혁개방 이후 20여 년이 지난 1999년에 3160만 개에 이르러 절정을 이뤘으나 이후에는 기업들이 집단화하면서 그 수가 줄고 있다.

대외 개방에는 덩샤오핑의 국제 감각이 크게 작용했다. 덩은 젊은 시절 프랑스와 러시아에 유학했고, 중소 분쟁 당시 소련과의 이념 투쟁에 앞장섰으며, 1979년 미국을 방문해서 지미 카터 대통령을 만나 국교를 정상화했다. 그는 초대 총리 겸 외무부장을 지낸 저우언라이에 이어 중국 최고의 국제통이었다. 한때 마오쩌둥도 외교 분야는 덩, 내치는 화궈펑 체제를 생각했을 정도로 덩샤오핑은 국제 정세에 밝았다. 프랑스와 소련 유학 경험이 있는 덩샤오핑은 선진국의 발전상을 잘 이해하고 있었다. 또 대외 개방 없이 중국은 발전할 수 없다는 사실을 직시하고 있었다.

덩샤오핑은 미국과 일본의 자본과 기술을 받아들이고 수출 길을 열기 위해 먼저 수교를 맺었다. 1978년 중일전쟁을 벌인 일본과는 중일 우호조약을 맺었고, 1979년 미국으로 날아가 미국과는 정식으로 국교를 수립했다. 덩은 1979년 1월 28일부터 2월 5일까지 미국을 방문해 국교 정상화에 서명하고, 미국에게서 관세 최혜국(MFN, Most Favored Nation) 지위를 얻어냈다.

점선면 개방

개혁개방을 위한 사전 정지 작업을 마친 덩은 개혁개방의 상징인 특구를 설치했다. 중국의 특구 설치는 점 개방 · 선 개방 · 면 개방 · 전 방위 개방 단계로 진행됐다. 덩샤오핑은 경제적 충격을 최소화하기 위해 동남연해 지역부터 단계적으로 개방하기 시작해 내륙 서부까지 완전히 개방하는 방법을 썼다. 덩의 주도면밀하고 실용주의적인 측면을 느낄 수 있는 대목이다. 덩의 점선면 개방은 중일전쟁 때 공산당이 사용한 점선면 전략을 경제에 응용한 것이다.

점 개방 단계는 1979~1983년 시기로, 광둥 성의 선전 주하이 산터우와 푸지엔 성의 샤먼에 4대 경제특구가 설치됐다. 특구라는 아이디어를 직접 낸 덩샤오핑은 1984년 1월 말에서 2월 초 사이에 이들 특구를 순시했다. 그는 "선전의 진보와 실험은 우리의 경제 특구 정책이 옳았음을 증명한다"라는 비문을 선전에 남겼고, "경제 특구는 좀 더 빠르고 바람직하게 진행되어야 한다"는 비문을 샤먼에 남겼다.

남방 순시에서 돌아온 덩샤오핑은 후야오방과 자오쯔양을 불러 경제특구 확대를 촉구하며 다음과 같이 말했다.

특구는 기술, 경영, 지식, 외교 면에서 득이 된다. 온갖 종류의 혜택을 가지고 온다. 그것은 우리 개방정책의 기반이 될 것이며, 경제뿐만 아니라 인재를 양성하고 외교적 역량을 강화하는 데도 도움이 될 것이다. 기존 특구 외에도 더 많은 항구를 같은 식으로 개방하라.

이후 특구 설치는 일사천리로 진행됐다. 1984년부터 1987년까지 진행된 선 개방 단계에서 공산당은 14개 연해 지역의 주요 항만도시를 개방도시로, 양쯔 강 삼각주, 주 강 삼각주를 개방 지역으로 지정했다. 1988년부터 1991년까지 계속된 면 개방 단계에서 산둥(山東, 산동) 반도, 랴오둥(遼東, 요동) 반도 및 환발해만권을 개방 지역으로 지정했으며, 중국 최남단 섬인 하이난(海南, 해남)도를 성으로 승격해 다섯 번째 경제특구로 지정했다. 전 방위 개방은 1992년 덩샤오핑의 남순강화 이후 서부 내륙 지역도 개방한 것으로, 이로써 중국 대륙은 완전히 개방됐다.

외자 유치

중국이 대외 개방을 단행하자 서구의 자본은 중국으로 대거 몰려들었다. 중국은 싼 인건비와 훌륭한 인프라로 세계의 자본을 스펀지처럼 빨아들였다. 세계의 다국적 기업들은 중국을 단순한 생산 기지가 아닌 거대한 소비 시장으로 보고 막대한 자금을 쏟아부었다.

덩샤오핑은 1979년 미국을 방문해 미국과 국교를 정상화했다. 사진은 덩샤오핑이 미국 지도자들을 만나고 있는 모습. 맨 왼쪽이 카터 당시 대통령, 가운데는 닉슨 전 대통령이다.

개혁개방 전 외자는 주로 차관이었으나 개혁개방 이후에는 FDI 형태로 들어왔다. 차관은 갚아야 하지만 FDI는 갚을 필요가 없기 때문에 훨씬 효과적인 외자 유치법이다. 개혁개방 전 FDI는 제로였으나 개혁개방 후에는 매년 수백억 달러씩 몰려들고 있다. 특히 2005년에는 FDI가 602억 달러를 기록해 미국을 제치고 세계 최고의 FDI 유치국이 됐다. 2013년 현재 중국의 FDI는 약 1200억 달러에 달한다.

중국은 FDI를 바탕으로 신속하게 경제개발을 할 수 있었으며, 세계는 싼값에 물건을 생산하는 생산 기지를 확보하게 됐다. 중국은 싼값에 양질의 노동력을 거의 무한대로 확보하고 있었고, 계획경제 아래 인프라가 빠른 속도로 개선됐기 때문에 서구 기업의 입장에서는 중국만큼 좋은 생산 기지가 없었다. 한국도 국내의 인건비가 치솟고 토지 가격이 상승하자 공장을 중국으로 대거 이전해 젊은 층의 실업 문제가 사회문제로 대두하고 있다. 중국은 세계의 일자리를 뺏어 간 대신 값싼 물건을 전 세계에 토해 냈다. 중국산 저가 공산품이 세계를 뒤덮자 중국이 세계에 디플레이션(물가하락)을 수출한 다는 비판도 있다. 그러나 최근 세계가 고유가 시대임에도 극심한 인플레이 션을 겪지 않고 성장을 지속하고 있는 것은 중국산 저가 제품이 인플레이션 압력을 누그러뜨리고 있기 때문이다.

중국 최고의 수출 상품 '개혁개방'

2013년 중국은 약 2조 달러어치의 상품을 수출했다. 물론 이는 세계 최고 다. 그렇다면 중국 최고의 수출 상품은 무엇일까. 저자는 주저 없이 개혁개 방을 꼽는다. 개혁개방은 망해 가던 사회주의에 제3의 길을 제시했다.

한때 사회주의를 표방하던 국가들은 모두 중국의 개혁개방을 벤치마킹하 고 있다. 베트남판 개혁개방 정책인 '도이모이', 소련판 개혁개방 정책인 '페 레스트로이카', 심지어 북한도 중국의 개혁개방 정책을 배우기 위해 혈안이 돼 있다. 인도도 중국식 개혁개방 정책을 채택하고 있다. 특히 중국의 경제 특 구 모델을 그대로 받아들여 경제 특구를 설치하는 데 심혈을 기울이고 있다.

현재 개혁개방 정책을 채택하고 있는 나라들은 모두 번영을 구가하고 있 다. 인도는 중국과 함께 '친디아(Chindia)'로 불리며 21세기 후반 미국을 제 치고 세계경제를 지배할 나라로 각광받고 있다. 거대 신흥 시장국을 일컫는 신조어인 브릭스의 일원인 러시아도 페레스트로이카의 부작용으로 10년 정 치 대동란을 겪었지만 최근에는 사상 최고의 호황을 누리며 이머징 마켓의 강자로 부상하고 있다. 친디아에 이어 급부상하고 있는 베트남도 풍부한 노 동력, 싼 임금, 훌륭한 인프라 등으로 '리틀 차이나'로 불리며 눈부신 발전 을 거듭하고 있다. 개혁개방은 빈사 상태를 헤매던 사회주의권에 제3의 길 을 제시한 중국의 최대 히트 상품인 것이다.

개혁개방이 페레스트로이카와 다른 것은 개혁개방은 경제를 먼저 발전시키고 나중에 정치체제를 개혁하자는 것인 데 비해 페레스트로이카는 정치를 일단 개혁한 다음 경제를 발전시킨다는 것이었다. 경제 발전 없이 정치 개혁만 추구한 페레스트로이카는 소연방 붕괴를 야기했지만 '선 경제개발 후 정치 개혁'을 채택한 중국은 아직까지 체제 위기 없이 순항하고 있다.

사실 소련은 그동안 너무 고평가돼 있었다. 소련은 역사 이래 단 한 번도 세계 일류 국이 된 적이 없었다. 만년 2류 국가이던 소련은 제정 러시아 시절, 근대화를 위해 표트르(Pyotr) 대제가 수도를 모스크바에서 국토의 서쪽 끝인 상트페테르부르크(Sankt Peterburg)로 옮길 정도였다. 유럽을 배우기 위해서였다. 그러던 소련은 사회주의혁명에 성공한 뒤 이데올로기적인 문제 때문에 미국과 어깨를 나란히 하는 국가가 됐다. 특히 2차 대전 이후 냉전 시대가 도래함에 따라 소련은 사회주의의 대표 국가로서 자본주의의 대표 국가인 미국과 세계를 양분했다. 그러나 소련은 페레스트로이카로 그 실력이 적나라하게 드러났고, 결국 연방이 붕괴됐다. 우주선을 만들었지만 생필품은 화장지 하나도 제대로 못 만들던 나라가 소련이었다.

삼보주론

흑묘백묘론 이후 발전 논리를 뒷받침하는 이데올로기가 이른바 '소강론(小康論)'이다. 소강론의 요지는 현재의 발전 수준을 유지해 2020년까지 개인소득 4000달러, GDP 5조 달러 규모의 소강 사회를 건설하는 것이다. 그런데 중국은 이미 소강 사회를 넘어섰다. 2013년 현재 중국의 GDP는 9조 달러다. 중국의 GDP가 5조 달러를 넘어선 것은 2009년이었다. 목표를 무려 11년이나 앞당긴 셈이다. 지하에 있는 덩샤오핑도 깜짝 놀랄 속도다. 이른바 '스노볼 이펙트(snowball effect)'다. 눈사람을 만들기 위해 눈덩이를 뭉칠 때 처음에는 더디게 공이 커지지만 일정 순간을 지나면 급속하게 커지는 현상을 이른다.

소강은 사서삼경 중 하나인 『예기(禮記)』 「예운(禮運)」 편에 나오는 말로 이상사회인 대동(大同) 세상의 전 단계를 이른다. 스포츠 중계에서 소강상태라는 말이 자주 나온다. 냉전도 열전도 아닌 적당한 평화가 지속되는 상태를 뜻한다. 이를 경제에 대비한다면 큰 부자는 아니지만 그렇다고 가난하지도 않은 상태, 즉 중산층 수준을 얘기한다. 대동 세상은 유교가 구현하는 이상적인 사회를 일컫는다. 모든 사람이 잘살고 평등한 세상이다.

소강론의 뿌리는 덩샤오핑이 생전에 제시한 '삼보주론(三步走論)'이다. 삼보주론은 3단계 발전론이다. 1보는 온보(溫飽), 2보는 소강, 3보는 대동이다. 1보인 온보는 기본적인 의식주를 해결하는 수준이고, 2보인 소강은 생활수준을 중류 이상으로 끌어올리는 수준이며, 3보인 대동은 현대화를 실현해 모두 평등하게 잘사는 것이다. 서구식 표현을 빌리자면 온보는 개발도상국, 소강은 중진국, 대동은 선진국을 의미한다.

덩샤오핑은 삼보주론의 구체적인 수치와 기간도 제시했다. 온보 단계는 1979년부터 1999년까지로 개인소득 800~900달러, GDP 1조 달러를 돌파하는 것이다. 소강 단계는 2000년부터 2020년까지 개인소득 4000달러, GDP 5조 달러를 달성하는 것이다. 대동 단계는 개인소득 1만 달러 이상의 선진사회를 구현하는 것이다.

덩의 목표는 이미 초과 달성됐다. 1998년 중국의 GDP는 1조 195억 달러를 기록, 최초로 1조 달러를 돌파했다. 덩이 제시한 1999년보다 1년 앞서 목표를 달성한 것이다. 앞에서 살펴본 대로 소강 단계의 목표는 더 빨리 달성됐다. 덩샤오핑은 대동은 이상적인 단계이기 때문에 마감 시간과 구체적인 목표치를 제시하지 않았다. 그러나 전문가들은 늦어도 2040년까지는 중국이 미국을 제칠 것이라고 보고 있다. 세계 최고의 투자은행인 골드만삭스는 2040년이면 중국의 GDP가 미국을 제치고 세계 최고가 될 것이라고 전망했

1982년 제1회 전국민 식수일 행사에 덩샤오핑이 가족과 함께 참가하고 있다.

다. 골드만삭스는 중국의 GDP가 2040년 29조 4080억 달러에 달할 것이라고 예상했다. 이에 비해 2040년 미국의 GDP는 29조 1660억 달러에 그칠 것으로 전망했다.

골드만삭스는 중국 경제가 미국을 추월할 것이라고 최초로 전망한 기관이다. 이후 다른 기관도 잇따라 같은 전망을 내놓고 있다. 다른 점이 있다면 중국이 미국을 추월하는 시기가 점점 빨라지고 있는 것이다. 가장 최근 나온 것이 런던에 있는 세계경영연구센터(CEBR)의 전망이다. CEBR은 2013 연례 보고서에서 "중국이 오는 2028년 미국을 제치고 세계 최대 경제국이 될 것"이라고 전망했다. CEBR는 "2028년 중국 GDP가 33조 5130억 달러를 기록할 것"이라며 이같이 예상했다. 이는 골드만삭스의 예상보다 12년 빠른 것이다.

덩샤오핑은 생전에 50년 이후를 대비한 계획을 했고, 그 구상은 놀라울 만큼 정확하게 맞아떨어지고 있다. 덩샤오핑은 말 그대로 '개혁개방의 총설계사'인 것이다.

사회주의 시장경제론

개혁개방을 뒷받침하는 이론이 '사회주의 시장경제론'이다. 중국은 지금 사회주의 초급 단계다. 일반적으로 사회주의는 공산주의의 한 단계를 뜻한다. 마르크스에 따르면 공산주의가 낮은 단계와 높은 단계로 나뉘는데, 높은 단계의 공산주의가 일반적으로 이야기하는 공산주의이고, 사회주의는 낮은 단계의 공산주의를 의미한다. 그런데 중국은 사회주의 중에서도 낮은 단계의 사회주의에 있다는 것이다. 이러한 초급 단계 사회주의에서 일반적 사회주의 이론을 구현할 수 없기 때문에 부득이하게 자본주의적 요소들, 즉 시장 기제를 도입할 수밖에 없다는 것이 사회주의 시장경제론의 핵심이다.

개혁개방 초기에 덩샤오핑을 중심으로 한 개혁파들은 현 사회주의 단계에서 중국이 당면한 최대의 문제는 생산력 발전이라고 전제한 뒤 생산력 증강에 기여할 수 있는 것만이 진정한 마르크시즘이라고 강조했다. 이에 따라 생산력 증강과 경제 발전을 위해서는 자본주의와 시장경제적 요소도 적극적으로 수용할 수 있다는 논리가 개발됐다. 이처럼 경제 발전과 현대화를 추진하는 과정에서 시장의 기능을 도입해 기존의 계획경제 체제를 개혁하기 위해 개혁파들은 1980년대에 '사회주의 초급 단계론'과 '사회주의 시장경제론'을 제시했다. 이후 사회주의 시장경제론은 1992년 공산당의 정식 강령으로 채택됐다. 사회주의 시장경제론을 한마디로 요약하면 정치는 사회주의인데 경제는 자본주의라는 것이다.

중국은 사회주의 국가지만 여느 자본주의 국가보다 더욱 자본주의적이다. 외자 유치를 위해서라면 무엇이든 하는 공무원들, 부자를 인정하는 사회적 분위기 등, 오히려 중국은 한국보다 더 자본주의적이다. 중국은 사유

재산을 인정하는 물권법까지 도입해 중국이 사회주의란 사실을 무색하게 했다. 중국은 껍데기만 사회주의이지 속은 완벽한 자본주의 국가인 것이다.

진정한 사회주의 국가는 1991년 소련의 몰락과 함께 지구 상에서 사라졌다. 사회주의 앞에 수식어가 붙은 것은 이미 사회주의가 아니라는 증거다. 북한의 사회주의를 봉건적 또는 유교적 사회주의라고 한다. 북한은 정통 사회주의가 아니라는 말이다. 중국도 중국의 사회주의를 '유중국특색적 사회주의(有中國特色的 社會主義)'라고 부른다. 직역하면 '중국적 특색이 있는 사회주의'이고, 의역하면 그냥 '중국적 사회주의'다. 중국도 이미 정통 사회주의가 아니란 말이다. 마치 민주주의 앞에 수식어가 붙으면 민주주의가 아닌 것과 같다. 박정희 시절 '한국적 민주주의'라는 말이 유행했다. 유신 독재를 합리화하는 구호였을 뿐 민주주의와는 거리가 멀었다. 오히려 민주주의의 반대말이었다.

4

독재 권력은 어떻게 합리화되었는가?

마오쩌둥, 덩샤오핑, 박정희의 권력 재구축 과정

1장
마오쩌둥과 문화혁명

대약진운동

1952년, 중국은 오랜 내전으로 폐허가 됐던 국가를 어느 정도 안정시켰다. 한국전쟁도 끝나가고 있었다. 그해 곡물 생산량은 중일전쟁 이전 수준을 회복했고, 석탄이나 철강 생산량은 1940년 초의 정점을 넘어섰다. 1953년부터 1차 경제개발 5개년계획이 시행됐다. 마오쩌둥은 이를 통해 중국을 산업화된 강대국으로 변화시키고 본격적인 사회주의 체제를 확립하려 했다.

1957년 1차 5개년계획이 끝난 후의 각종 통계는 마오쩌둥을 고무했다. 이러한 상황에서 1958년부터 대약진운동이 시작됐다. 마오는 사회주의 체제를 완성했으니 공산 사회 실현을 앞당겨야 한다고 생각했다. 이는 중소이념분쟁과도 맞물려 있었다. 중소이념분쟁 이후 중국은 소련의 모델을 접고 '대약진운동'이라는 독자적인 자력갱생 노선을 실시했다. 이로써 제3세계 국가들에게 혁명과 발전의 본보기가 되고자 했다. 국가의 자원이 중공업 분야에 집중됐다. 특히 철강 생산량은 대약진운동의 상징이 됐다. 마을마다 용

대약진운동이 시작됨에 따라 인민들이 대규모로 집단노동에 동원됐다. 장시성 농민들이 관개개선을 위한 수로 건설 작업에 동원돼 흙을 퍼나르고 있다.

광로가 설치돼 숟가락, 젓가락 등 모든 쇠붙이를 빨아들였다. 인민들이 나무젓가락으로 밥을 먹어야 할 지경이었다. 그러나 철의 질은 형편없었다. 마을마다 설치된 용광로는 강철을 생산하는 용광로가 아니라 모든 쇠붙이를 빨아들이는 '블랙홀'에 불과했다. 그럼에도 마오는 15년 안에 영국을 뛰어넘고, 미국까지 따라잡겠다고 큰소리를 치며 인민을 독려했다. 인민들도 자력갱생으로 선진국을 추월한다는 구호에 현혹됐다. 그러나 경공업 발전 없이 중공업 발전을 추구한 것은 재앙을 자초하는 일이었다.

대약진운동의 결과는 참담했다. 기술혁신 없이 대중의 열정에만 의존한 대약진운동은 성공할 리 없었다. 목표량에 이르지 못했어도 허위 보고를 올리는 일이 빈번했다. 목표 달성을 위해 중공업 분야에 거의 모든 자원을 투입했지만 성과가 없었다. 시장이 아닌 계획에 의한 자원 배분은 산업 간의 심각한 불균형만 초래했다. 게다가 흉년이 이어졌다. 도처에서 굶어 죽는 사람이 속출했다. 중국은 3000만여 명이 아사하는 엄청난 재난 속으로 빠져들었다. 자본주의의 가장 우수한 기제는 시장의 원리에 의해 자원이 최적으로 배분된다는 점이다. 그러나 공산당은 인위적으로 자원을 배분했다. 투입 자체가 잘못 됐으니 산출이 좋을 수 없었다. 시장에 역행한 것이다. 시장은 복수를 했고, 이는 참담한 재앙으로 돌아왔다.

펑더화이 팽 당하다

중국의 명시인 이백이 '비류직하삼천척(飛流直下三千尺)'이라고 노래한 여산폭포가 있는 곳, 루산(廬山, 여산)에서 1959년 공산당 확대 간부 회의가 열렸다. 마오쩌둥은 여기에서 공개적인 비판에 직면했다. 국방부장 펑더화이는 마오에게 진언하기 위해 아침 일찍 그의 숙소로 갔다. 인민공화국 초대 국방부장(장관)이던 펑더화이는 마오가 "나의 유일 대장군(惟我彭大將軍)"이

펑더화이가 홍위병들에게 조리돌림을 당하는 모습. '삼반분자 펑덕회'라고 쓰인 팻말을 목에 걸고 있다. 삼반분자는 탐오(貪汚), 낭비(浪費), 관료주의(官僚主義)적인 사람을 일컫는 말이다. 출처: 중국공산당 신문망

라고 극찬한 전우요 혁명 동지였다. 원수 서열 2위로, 마오와 홍군을 함께 창군한 주더를 제외하고는 제일 높았다.

당시 마오쩌둥은 기상 전이었다. 마오는 전형적으로 늦게 자고 늦게 일어나는 형이었다. 펑더화이는 마오가 기상 전이라 허심탄회하게 얘기하지 못하고 발길을 돌렸다. 자신의 숙소로 돌아온 펑은 장문의 편지를 썼다. 마오가 대약진운동의 실패를 인정해야 한다는 완곡한 글이었다. 혁명 동지로서의 간곡한 부탁이었다. 그리고 개인적 서신이었다. 그러나 마오는 이를 인쇄해 당 간부들에게 회람시켰다. '나의 유일 대장군' 펑을 정면으로 겨냥한 것이다. 그는 반당 혐의로 기소됐고, 결국 팽 당했다. 이로써 생명을 나눈 장정 동지들 간의 진한 우애는 끝장났다. 이제 자신의 권력과 이익을 위한 각개약진만 남았을 뿐이다. 이후 마오에게 직언을 하는 사람은 아무도 없었다. '절대 권력은 절대 타락한다'는 동서고금의 진리다. 이후 마오는 날개 없는 추락을 거듭한다.

루산 회의에서 마오쩌둥은 당 주석은 유지했지만 2인자인 류샤오치에게 국가 주석 자리는 내주어야 했다. 류샤오치 주도로, 개인 이익을 추구할 수 있는 좀 더 유연한 생산방식이 도입되자 경제는 회복 기미를 보였다. 그러나 마오는 반격의 기회를 엿보고 있었다. 문화혁명의 먹구름이 서서히 몰려오고 있었던 것이다. 마오는 문화혁명이라는 무기로 대장정을 같이한 혁명 동지들을 모두 쓸어버릴 터였다.

광란의 문화혁명

문화혁명은 겉으로는 계급투쟁을 강조하는 대중운동이었지만 사실은 당내 반대파를 제거하려는 당권 투쟁이었다. 농업 국가인 중국에서 과도한 중공업 정책을 펼쳐 국민경제가 거덜 났다. 이에 따라 민생 경제 회복을 위해

마오쩌둥 리더십 읽기 4: 폭력

마오쩌둥은 '폭력의 화신'이었다. 특히 반대파를 무자비한 폭력으로 억눌렀다. 마오의 희생양이 펑더화이, 류샤오치, 덩샤오핑 등이었다.

이중 가장 먼저 제물이 된 인물이 펑더화이였다. 펑더화이는 마오가 '나의 유일 대장군'이라고 극찬했을 정도로 혁명 과정에서 혁혁한 전공을 세운 역전의 용사였다. 그러나 마오는 펑더화이가 자신의 권위에 도전하자 곧바로 반당 혐의로 몰아 숙청했다.

마오쩌둥은 루산 회의 당시 20여 년 만에 둘째 부인 허쯔전(賀子珍, 하자진)을 만났다. 앞서 그녀는 마오와 장칭의 관계가 연인 사이로 발전하자 당에 이혼을 요구하고 소련으로 떠났다. 장칭에게 마음이 기운 마오에 실망해 소련으로 떠났을 것이다. 그녀는 얼마 후 소련에서 귀국했지만 장칭의 견제로 마오를 만날 수 없었다. 그러던 그녀는 루산 회의가 열리고 있을 때, 소련에서 귀국한 이후 22년 만에 처음이자 마지막으로 마오를 만났다. 마오는 허쯔전을 만난 뒤 심리가 불안정한 상태였고, 펑더화이가 마오에게 대약진운동의 책임을 질 것을 간언하자 그를 반당 혐의로 몰아 숙청했다. 일부 역사가들은 마오가 허쯔전을 만나지 않았더라면 이 같은 일은 벌어지지 않았을 것이라고 말할 정도로 당시 마오의 정신 상태는 불안정했다.

펑더화이는 루산 회의 이후 날조된 반당 혐의를 뒤집어쓰고 당군정의 모든 직위를 박탈당했다. 얼마 후 문화혁명이 발발하자 펑더화이는 홍위병들의 좋은 먹잇감이 됐다. 그는 홍위병들에게 조리돌림을 당한 뒤 베이징 교외로 옮겨져 보호감호 생활을 했다. 그러던 그는 보호감호 생활 8년 만인 1974년 11월 29일 직장암으로 숨졌다. 그의 나이 76세였다. 그의 죽음은 마오가 사망한 뒤까지 비밀에 부쳐졌다.

펑더화이는 죽기 전에 마오쩌둥을 한 번 만나게 해달라고 요구했으나 마오는 끝내 만나주지 않았다. 펑은 임종을 앞두고 주더를 만나게 해달라고 요청했으나 이마저도 불발됐다. 주더와 펑은 인민해방군 총사령관과 부사령관이었다. 펑은 마지막으로 노전우를 보고 싶었을 것이다. 펑이 죽은 뒤 이 이야기를 들은 주더는 목 놓아 울었다고 한다. 주더의 나이 88세였다.

직장암 투병 중이던 펑더화이는 수술도 거부했다. 의료진을 믿을 수 없었기 때문이었다. 그는 "누명이 풀리기 전까지 죽을 수 없다"며 "마오 주석을 만나게 해달라"고 줄기차게 요구했다. 그러던 중 수술 시기를 놓쳐 직장암이 온몸으로 전이됐고, 결국 숨졌다. 그는 가족이 없었다. 혁명에 뛰어들어 결혼 시기를 놓쳤기 때문이다. 그는 홀로 병상에서 이승과 이별해야 했다.

펑더화이의 죽음은 마오쩌둥이 죽고 사인방이 체포된 후에야 세상에 알려졌다. 펑의 죽음은 그가 죽은 지 4년 뒤인 1978년 12월 24일 베이징에서 그의 추도회가 열리면서 일반인들에게 알려졌다.

펑더화이는 마오쩌둥의 권위에 도전했다는 괘씸죄만으로 이같이 처절한 보복을 당했다. 하물며 마오의 권좌를 실제 위협한 류샤오치는 어찌했을까?

펑더화이와 마오.

자본주의 일부를 채용한 정책이 도입됐다. 이 정책이 실효를 거두며 류사오치, 덩샤오핑 등이 새로운 실권파로 떠올랐다. 마오쩌둥 진영에서는 이들을 '주자파(走資派, 자본주의의 노선을 따르는 당권파)'라고 불렀다. 마오는 부르주아타파와 자본주의 타도를 외치며 젊은이들이 나서야 한다고 선동했다. 정보책임자 캉성(康生, 강생)의 사전 작업에 의해 전국 각지에서 학생들이 나섰고, 이들은 대륙을 들쑤셨다. 광란의 10년이 시작된 것이다.

캉성은 중국 현대 정치사에서 대표적인 간신배였다. 그는 공작 정치의 대가이자 저승사자였다. 그는 1933년 중앙당에 의해 모스크바로 파견돼 보안과 정보에 관한 기술을 익혔다. 이때 왕밍과 알게 됐고, 왕밍의 사람이 됐다. 그러나 그는 1935년 옌안으로 돌아와 권력 이동을 눈치챘고, 왕밍 곁을 떠나 마오쩌둥의 편에 섰다. 그리고 왕밍을 공격하는 데 앞장섰다. 마오는 이에 대한 보답으로 옌안 시절 그를 보안 책임자로 임명했다. 그는 보안 책임자가 된 뒤 수많은 인사를 일본이나 국민당의 첩자로 몰아 처형했다. 그 중에는 에드거 스노의 부인 님 웨일스(Nym Wales)가 쓴 『아리랑』의 주인공 김산도 있었다. 캉성은 손에 피를 너무 많이 묻힌 나머지 한동안 권력의 중심에서 벗어나 있었다. 그러나 1959년 펑더화이 실각과 관련, 맹활약하면서 다시 마오의 신임을 얻었다. 그는 중국의 공안 기관인 중공 중앙조사부의 부장을 맡아 장칭과 함께 문화혁명을 주도했다. 문혁을 주도하면서 수많은 사람을 희생시켰다. 이로 인해 얻은 별명이 저승사자였다. 마오쩌둥 사후, 공산당에서 제명됐고, 매장되었던 빠바오샨(八寶山, 팔보산) 혁명 열사 공원에서 유해가 파헤쳐졌다.

그의 또 한 가지 업적(?)은 마오쩌둥에게 장칭을 소개한 것이다. 산둥(山東, 산동) 성 출신인 그는 동향 출신인 장칭을 마오에게 소개한 장본인이었다. 마오가 생전에 "장칭과 결혼한 것이 가장 큰 실수였다"고 고백할 정도로 이들의 만남은 잘못된 만남이었다. 그 매파가 바로 캉성이었다.

문화혁명의 직접적인 발단은 1965년 사인방의 일원인 야오원위안이 「해서파관」을 비판하는 글이었다. 1959년 6월 베이징 부시장인 우한(吳晗, 오함)은 《인민일보》에 「해서, 황제를 꾸짖다」라는 수필을 발표했다. 곧이어 「해서파관(海瑞罷官, 해서 파직당하다)」이란 극본을 써서 1961년 베이징에서 공연했다. 이 연극에서 명나라의 관리인 해서는 황제에게 "당신은 너무 독단적입니다. 당신은 비판을 받아들이려 하지 않습니다"라고 말했다. 펑더화이가 떠올려지는 대목이다. 해서는 펑, 황제는 마오라고 대입하면 꼭 맞는다.

야오원위안이 「해서파관」을 비판하면서 새삼스레 정치 문제가 됐다. '황제' 마오쩌둥을 겨냥했다는 것이다. 마오는 이를 이용했다. 역사 속 인물을 통해 정치적 논쟁을 일으키는 것이 마오의 전매특허였다. 마오는 국가주석 자리를 류샤오치에게 내주었지만 아직도 일반 백성들에게 엄청난 카리스마를 행사하고 있었다. 마오는 류샤오치 등 온건 세력을 '반혁명 수정주의 세력', '자본주의의 길을 가는 주자파'로 몰아세웠다. 나아가 대중이 일어나 이들을 몰아낼 것을 선동했다. 정상적인 절차를 무시하고 대중을 동원한 권력 투쟁은 중국을 혼돈과 폭력의 도가니로 몰아넣었다. 명색이 국가주석인 류샤오치가 고문과 폭행을 당해야 했다.

'조반유리(造反有理, 반란을 일으키는 것은 이유가 있다)'라며 반란을 부추기는 마오쩌둥의 선동에 맨 처음 반응한 곳이 베이징 대학이었다. 베이징 대학 여성 교직원이던 녜위안즈(聶元梓, 섭원재)가 쓴 대자보가 캠퍼스에 나붙었다. 그녀는 캉성의 사주를 받고 대자보를 썼다. 그녀는 대학 총장과 흑색 분자들이 합세, 마오 주석에게 반기를 들고 있다고 공격했다. 캉성은 대자보 원문을 전국의 모든 간행물에 싣게 했다. 이와 함께 학생 동원을 시작했다. 이른바 홍위병(紅衛兵)이 탄생한 것이다. 홍위병은 마오가 이뤄놓은 홍색 사회주의를 지키는 위병(衛兵)이라는 뜻이다. 홍위병은 문화혁명의 전위대가 됐다.

홍위병들이 거리를 휩쓸면서 1966년 8월 18일 천안문 광장에서 문화혁명을 축하하는 백만 인 집회가 열렸다. 홍위병들이 '동녘이 붉게 타오른다'는 노래를 부르며 오랜 시간을 기다린 끝에 첫 햇살이 비치는 순간, 그들의 '동방홍(東方紅, 동쪽의 붉은 태양, 즉 마오)'이 등장했다. 마치 종교 집회를 연상케 하는 대목이다. 마오쩌둥교 신자이던 홍위병들은 부르주아라고 지목된 이들에게 마음껏 테러를 가했다. 약 1000만 명의 홍위병들이 베이징으로 올라왔고, 수도의 수백만 홍위병들이 지방으로 내려갔다. 마오는 이러한 이동을 '새로운 대장정'이라고 의미를 부여했다. 수백수천만의 청소년들이 공짜로 열차를 타고 이동했고, 인민해방군이 그들에게 숙소와 음식을 제공했다.

류샤오치 실각

문화혁명은 인간의 의식을 개조해 혁명을 완성한다는 것이다. 따라서 자의적이고 과격한 형식을 띨 수밖에 없었다. 인민의 적으로 규정된 사람들에게 무차별 테러와 린치가 자행됐다. 과거의 혁명 영웅, 전문가, 학자들이 고문과 구타로 희생됐다. 특히 홍위병들의 최대 표적은 국가주석 류샤오치였다. 그는 이른바 '주자파 1호'였다. 명색이 국가주석이 홍위병들에게 구타와 고문을 당해야 했다. 홍위병들은 류샤오치에게 일명 제트기 고문을 가했다. 제트기 고문은 사람에게 비행기 이륙 자세를 취하게 하는 것이다. 홍위병들은 여기서 그치지 않고 류샤오치를 들어 올린 뒤 바닥에 내동댕이쳤다. 그리고 류샤오치의 머리를 뒤로 잡아채 얼굴을 젖힌 뒤 사진을 찍게 했다. 부인 왕광메이(王光美, 왕광미)도 홍위병들을 말리는 과정에서 머리를 심하게 다쳤다. 류샤오치는 홍위병들의 집단 구타를 당한 뒤 얼마 되지 않아 병을 얻어 숨졌다. 아마도 근인(根因)은 화병이었을 것이다.

류사오치는 마오쩌둥의 고향 후배였다. 류사오치는 마오의 고향에서 얼마 떨어지지 않은 후난 성 닝샹(寧鄕, 영향) 현 부농의 집안에서 태어났다. 1920년 마오가 후난에서 조직한 사회주의 청년단에 가입했고, 1921년 소련으로 유학, 혁명가들의 요람인 중산 대학을 졸업한 뒤 공산당에 입당했다. 1922년 귀국해 노동운동에 뛰어들어 탄광 노조 파업을 성공적으로 이끌었다. 그리고 준이 회의 때 마오를 지지하는 등 줄곧 마오의 편에 섰다. 특히 소련파와 이념 투쟁을 벌일 때는 당의 대표적 이론가로 활약했다. 그는 마오를 대신해 소련파들을 논파했다. 이는 마오를 흡족하게 했다. 마오도 한때 그를 후계자로 염두에 두었다. 그는 중화인민공화국 성립 이후 확실한 서열 2위였다. 그런 그가 홍위병들에게 맞아 죽다시피 한 것이다.

왕광메이의 수난 그리고 용서

류샤오치가 죽었지만 부인 왕광메이의 수난은 그치지 않았다. 왕광메이는 장칭이 가장 미워하는 존재였다. 그녀의 수난은 그녀의 뛰어남 때문이었다. 장칭은 심한 '홍안병(紅眼病, 질투심)'을 앓고 있었다. 1960년대 중국에서 왕광메이보다 세련된 여성은 없었다. 남편이 1959년 마오에게서 국가주석 자리를 물려받은 데다 그녀 또한 세련미를 갖추고 있어서 사실상의 '퍼스트레이디'였다. 이는 진짜 '퍼스트레이디' 장칭의 질투심을 자극했다. 왕광메이의 아버지는 고위관료였다. 그녀는 명문가 출신의 이른바 '엄친딸'이었다. 게다가 영어, 프랑스어, 러시아어에 능통했다. 그리고 수학에도 재능을 보였다. 그녀는 중국 최초의 원자물리학 석사였다. 미국에 유학할 기회가 있었으나 혁명 전선에 뛰어들었다. 왕광메이를 만난 사람들은 누구나 그녀에게 매료됐다. 재치 있고 예의 바르며 지적인데다 우아하기까지 했다. 미테랑 전 프랑스 대통령 부인이 그녀의 친구가 될 정도였다. 장칭에게는 눈엣가시였다. 그녀가 아무리 겸손하고 나서지 않는다 해도 자연스럽게 우러나는 우아함은 어쩔 수 없었다. 삼류 배우 출신인 장칭은 범접도 못할 기품이었다.
왕광메이의 아버지는 쑨원의 정부인 공화정부에서 고위 관리를 지냈고,

외교관으로도 일했다. 런던, 워싱턴에서 근무한 적이 있었다. 아들과 딸의 이름을 모두 재직하고 있던 나라에서 따왔다. 광미(光美)는 미국에서 일할 때 얻은 딸이다. 영국에서 근무할 때 태어난 아들은 광영(光英)이다. 왕광메이는 국공 내전 말기 미국의 마셜 장군이 마오와 장제스의 회담을 중재할 때, 공산당 측 통역으로 일했다. 류샤오치와 왕광메이는 1946년 옌안에서 만나 결혼했다. 당시 왕광메이는 25세였고, 류샤오치는 48세였다. 류는 재혼이었다. 전 부인과는 사별했다. 1959년 류샤오치는 국가주석이 됐고, 사실상의 퍼스트레이디 역할을 수행한 왕광메이의 기품은 더욱 빛났다. 극성스럽고 야하게 치장한 장칭과는 극명한 대비를 이뤘다.

문혁 당시 홍위병들은 왕광메이에게 류샤오치와 이혼할 것을 강요했다. 마치 마오의 첫째 부인인 양카이후이가 국민당 군벌에 잡혔을 때, 마오와의 이혼을 강요당한 것처럼 말이다. 이를 거부한 왕광메이는 12년 동안 억울한 옥살이를 해야 했다. 그녀는 마오가 죽고 사인방이 체포된 뒤인 1978년 베이징 교외의 정치범 수용소에서 출옥했다. 출옥 후 그녀는 우여곡절 끝에 남편 류샤오치의 유골을 찾았다. 그녀가 류샤오치의 유해를 바다에 뿌리며 오열하는 장면은 문화혁명을 상징하는 한 컷의 사진으로 지금도 많은 사람들의 뇌리에 남아 있다.

류샤오치 가족의 불행은 여기서 그치지 않았다. 류샤오치 가족의 희생자는 그를 포함해 모두 네 명이었다. 왕광메이의 어머니는 딸의 스파이 행위를 자백하라는 고문 끝에 사망했다. 광미(光美)의 미(美) 자 때문에 미국의 첩자라는, 소도 웃을 죄를 뒤집어씌운 것이다. 류의 장남인 류룽빈(劉允斌, 유윤빈)은 내몽골에서 맞아 죽었다. 그의 시체는 날조된 유서와 함께 철로에 버려졌고, 기차가 그 위를 지나다녔다. 둘째 아들인 류룽루어(劉允若, 유윤약)는 감옥에서 11년을 보냈다. 감옥은 햇빛이 전혀 들지 않는 곳이었다. 1978년 그가 석방됐을 때는 똑바로 설 수조차 없었다. 그는 수 개월 후 죽었다. 맏딸인 류아이친(劉愛琴, 유애금)은 구타당한 뒤 몽골로 추방됐다. 야

왕광메이와 류샤오치. 옌안 시절 찍은 사진이다. 이들은 옌안 시절 큰 나이 차이를 극복하고 결혼했다. 지성과 미모를 갖춘 왕광메이는 문혁 때, '질투의 화신' 장칭의 희생양이 됐다. 출처: 중국공산당 신문망

만의 세월이었다.

사인방이 실권한 뒤 명예가 회복된 왕광메이는 중국의 최고 정책 자문 회의인 전국정치협상회의(정협) 위원이었으나 정치에 적극 참여하지는 않았다. 그녀는 만년의 시간 대부분을 빈곤한 사람들을 돕는 데 썼다. 자금이 부족할 때면 어머니가 남긴 골동품을 팔았다. 83세 되던 해에 그녀는 마오쩌둥과 류샤오치 두 가정의 모임을 주선했다. '용서로 원한을 갚는' 그녀의 처신은 많은 중국인의 심금을 울렸다. 왕광메이는 집 거실에 1962년 마오쩌둥이 류사오치 일가를 방문할 때 찍은 사진을 계속 걸어놓았다고 전해진다. 왕광메이는 중국인에게 용서와 화해의 상징으로 사랑을 받다 2008년 85세를 일기로 세상을 떠났다. 굴곡진 삶이었지만 천수를 누린 것이다. 그러나 그녀를 핍박했던 장칭은 교도소에서 자살했다.

류사오치 내외뿐 아니라 주자파의 2인자인 덩샤오핑 등 수많은 혁명 간부가 홍위병에게 수난을 당했다. 홍위병의 공격 대상에서 벗어나 있던 유일한 인물이 총리 저우언라이였다. 저우언라이는 홍위병들의 만행으로부터 혁명 간부들을 보호하느라 일상 업무를 못 볼 지경이었다. 마오쩌둥은 류샤오치와 덩샤오핑 등 주자파를 몰락시키고, 사회적 혼란이 극에 달하자 1968년 "그대들은 나를 실망시켰다"며 홍위병들을 진압해 나갔다. 홍위병들은 마오의 지지 철회로 사라져갔다. 홍위병들은 인민해방군에 입대하거나 농촌으로 하방당했다.

린뱌오 쿠데타

문화혁명 때, 마오쩌둥이 쓴 무기가 두 개 있다. 하나는 캉성과 장칭을 비롯한 사인방이었다. 다른 하나는 린뱌오였다. 린뱌오는 펑더화이가 국방부장에서 해임된 후 그를 대신해 국방부장이 됐다. 린뱌오는 주더, 펑더화이

1960년대 한 비단 직조 공장에서 마오쩌둥 초상을 찍어내고 있다.

마오와 린뱌오. 린뱌오는 소홍서를 들고 있다. 출처: 중국공산당 신문망

와 더불어 중공을 대표하는 3대 장군이었다. 주더가 덕장, 펑더화이가 용장이라면 그는 지장이었다. 그들은 중화인민공화국 건국 후 인민군 10대 원수에 나란히 뽑혔다. 10대 원수 서열은 1. 주더(朱德, 주덕), 2. 펑더화이(彭德懷, 팽덕회), 3. 린뱌오(林彪, 임표), 4. 류보청(劉伯承, 유백승), 5. 허룽(賀龍, 하룽), 6. 천이(陳毅, 진의), 7. 뤄룽환(羅榮桓, 나영환), 8. 쉬샹첸(徐向前, 서향전), 9. 녜룽전(聶榮臻, 섭영진), 10. 예젠잉(葉劍英, 엽검영) 순이었다.

　린뱌오 앞에는 두 사람만 있었다. 그런데 펑더화이는 실각했다. 이제 남은 건 주더, 한 명뿐이다. 린뱌오는 문혁 기간 중 주더를 실각시키기 위해 갖은 음모를 꾸몄다. 주더가 사라져준다면 자신이 10대 원수 서열 1위가 되고, 군권을 완벽하게 장악할 수 있을 터였다. 린뱌오의 음모로 주더도 위기

중화인민공화국 10대 원수. 출처: 중국공산당 신문망

를 맞았다. 그러나 마오쩌둥은 "주더가 없었다면 홍군도 없었다"며 주더를 보호해 줬다. 문혁 기간 중 마오가 거의 유일하게 보호해 준 혁명 동지가 주더였다. 초창기 홍군의 명칭이 주모군이었다. 마오가 홍군을 함께 창군한 주더에게만은 의리를 지킨 것이다.

린뱌오는 잘못된 길을 가던 마오쩌둥에게 직언을 한 펑더화이와 달리 마오에게 충성을 맹세했다. 그 대가로 마오의 후계자가 됐다. 린뱌오는 황포 군관학교를 졸업하고 난창 봉기, 대장정에 참가하는 등 줄곧 마오와 함께 했다. 그가 인민군 3대 원수에 발돋움한 계기는 핑싱관(平型關, 평형관) 전투였다. 국공합작 시기인 1937년 팔로군 115사단장이던 그는 핑싱관 전투에서 일본군을 격파했다. 이는 중국이 일본에 대해 거둔 첫 번째 승리였다. 이를 계기로 린뱌오는 일약 중국의 영웅으로 떠올랐다. 이로 인해 그는 중공을 대표하는 장군이 됐다. 병약한 체질이던 그는 인민공화국 성립 이후 신병 치료차 소련을 방문하는 등 암중모색의 시간을 보냈다. 그러던 중 펑더화이를 대신해 국방부장이 됨으로써 중앙 정치 무대에 본격 등장했다.

린뱌오는 마오쩌둥에게 충성을 맹세하는 한편 인민해방군 내에서 마오쩌둥 개인숭배를 조장했다. 그는 1964년 5월 마오쩌둥 어록 초판을 발행했다. 그 유명한 '소홍서(小紅書, 작고 붉은 책)'가 발간된 것이다. 이 책은 그 뒤 약 10억 부가 발행됐다. 성경을 제외하고 세계 최고의 베스트셀러일 것이다. 린뱌오는 이 책 서문에 마오쩌둥 사상을 '고갈되지 않는 힘의 원천이며, 무한한 힘을 가진 정신적인 원자탄'이라고 썼다. 문혁 당시 "굶어도 소홍서는 반드시 가지고 다녀야 한다"는 말이 있을 정도로 필수품이었다. 젊은 남녀가 결혼할 때, 소홍서 위에 손을 올려놓고 결혼을 서약하는 진풍경이 펼쳐졌다. 중국판 성경이었던 것이다. 홍위병들은 집회 때 소홍서를 흔들며 마오에게 지지를 표시했다. 이는 문혁을 상징하는 장면이 됐다.

린뱌오는 이와 함께 군 내부에서 마오쩌둥 사상 학습 운동을 전개했다. 그는 1965년 「인민전쟁 승리 만세」라는 논문을 발표하고, 마오쩌둥의 '농촌으로 도시를 포위한다'는 전략을 전 세계를 사회주의화하기 위한 전략으로 확대해야 한다고 주장했다. 그는 이 논문에서 마오의 전법으로 세계의 농촌(후진국)이 세계의 도시(선진국)를 점령할 수 있다고 주장했다. 그는 더 나아가 1969년 중국공산당 제9기 전국인민대표대회에서 '마오쩌둥 천재론'을 주장하며 개인숭배를 찬양하고, 자신이 마오쩌둥의 후계자임을 당장에 명기토록 했다. 장칭을 견제하고 자신의 정치적 입지를 확고히 하려 한 것이다.

그러나 바로 이때부터 린뱌오는 마오쩌둥의 견제를 받는다. 마오는 린뱌오의 세력이 너무 커졌다고 생각했다. 그리고 제거를 결심했다. 자신에 대한 우상화에도 싫증을 느끼고 있었다. 류샤오치, 덩샤오핑을 비롯한 주자파들을 이미 몰락시켰기 때문에 우상화가 더 이상 필요 없다고 생각한 것이다.

마오는 1971년 9월 남부 시찰 중 린을 비판했다. 린은 이를 자신을 제거하겠다는 신호로 받아들이고 쿠데타를 시도했다. 그는 공군에 복무 중인 아들 린리궈(林立果, 임입과)와 함께 마오쩌둥 암살 계획을 세웠다. 그러나 사전에 발각돼 실패했다. 그는 가족과 함께 비행기를 타고 소련으로 망명을 시도했다. 그러나 몽골에서 비행기가 추락, 사망했다. 그의 추락사를 두고 미사일에 격추되었다는 설이 있으나 현재까지는 불시착을 시도하다 화재로 비행기가 폭발했다는 것이 중국 정부의 공식 입장이다.

"비는 내리고 어머니는 시집간다"

마오는 린뱌오의 사망 소식을 듣고 그 유명한 "비는 내리고, 어머니는 시집간다(天要下雨, 娘要嫁人)"는 말을 남겼다. 이 말은 국내에서도 회자됐었다. 이명박 대통령 시절 김태호 전 국무총리 후보가 후보직을 사퇴하면서 트위터에 이 말을 남겼다. 비가 내리는 것은 하늘의 뜻이니 어쩔 수 없고, 홀어머니가 새 삶을 위해서 시집을 가겠다는데, 자식으로서 어찌할 도리가 없다는 의미다. 즉 '어쩔 수 없는 일'이란 뜻이다.

린뱌오가 사망하자 10대 원수 중 한 명인 예젠잉이 국방부장 자리를 물려받았다. 마오쩌둥이 장궈타오를 물리치는 데 결정적 역할을 한 예젠잉은 야전보다는 주로 당 중앙군사위원회의 참모장으로 군 생활을 했다. 야전 사령관이 아닌 참모 출신으로 유일하게 인민군 10대 원수에 들어간 인물이다. 10대 원수 서열 10위였다.

린뱌오 사후 장칭은 노쇠한 마오쩌둥을 대신해 사실상의 최고 권력자가 됐다. 장칭은 린뱌오를 반역자로 규정했다. 린뱌오는 사후 모든 공적과 당직이 박탈됐다. 덩샤오핑 집권 이후에도 문혁 때 박해받은 류사오치와 펑더화이는 복권됐지만 린뱌오는 복권되지 못했다. 주군이 잘못된 길을 가고 있을 때, 펑더화이처럼 간언을 해야 했다. 그러나 그는 자신의 야심을 위해 오히려 주군의 잘못을 부추겼다. 이 때문에 린뱌오는 현대 중국사에서 대표적인 간웅이라는 평가를 받고 있다.

마오쩌둥이 중국을 해방한 직후 죽었더라면 그는 중국 역사상 최고의 인물이 됐을 것이다. 그러나 그는 집권 후 대약진운동, 문화혁명 등 실정을 거듭함으로써 해방 전쟁에서 쌓아놓은 신화를 스스로 무너뜨렸다. 그래도 덩샤오핑은 마오와 관련, "공이 7, 과는 3"이라는 평가를 내렸다. 중국인들도 덩의 평가에 동의한다. 과도 있지만 인민공화국을 건국한 공이 훨씬 크다는 것이다. 중국인들은 마오를 건국의 아버지, 즉 '국부'로 여기며 자랑스러워하고 있다.

특히 그의 자주 노선은 지금도 중국 인민들의 열렬한 지지를 받고 있다. 그는 '마오이즘'이라는 무기로 소련파를 일소하고, '국공합작'이라는 전략 전술로 일본을 만주에서 몰아냈으며, '농심(農心, 농민의 마음)'을 얻음으로써 미국과 소련의 지원을 받던 국민당을 대만으로 쫓아냈다. 한마디로 중화 민족의 자존심을 살려준 것이다.

현대의 진시황 스러지다

혁명가로서 일세를 풍미한 마오쩌둥은 1976년 9월 9일 노환으로 숨졌다. 그의 나이 83세였다. 마오는 전형적인 다빈치형 인간이었다. 그는 여러 면에서 천재성을 보여주었다. 그는 정치가이기 전에 농민이 혁명의 주체라는 마오이즘을 창안한 사상가였다. 그리고 중국 최고의 군사 전략가였다. 또 그는 현대의 10대 시인에 들어갈 정도로 유명한 시인이었다. 일각에서는 그를 중국 역사상 10대 시인이라고 평가하기도 한다. 이는 평가가 아니라 아부다. 그러나 현대의 10대 시인에는 들어갈 정도로 시심이 풍부했다. 그는 혁명의 고비마다 시를 남겼다. 그의 시는 웅혼한 기상과 힘이 넘친다. 그리고 그는 유명한 서예가였다. 약간 비틀어진 듯한 그의 서체는 아주 독특하다. 그는 또 스포츠맨이었다. 그는 유고설이 있을 때마다 양쯔 강을 수영으로 건너며 건재를 과시했다. 마지막 수영은 1966년 7월 16일 우한에서 양쯔 강을 건넌 것이다. 그의 나이 73세였다. 그는 1956년 처음 양쯔 강을 헤엄쳐 건넌 후로 모두 42차례 수영으로 양쯔 강을 건넜다.

마오쩌둥의 업적은 진시황과 비교할 만하다. 중국을 통일했으며, 원대 이후 가장 넓은 강역을 확보했다. 공산당은 국공 내전에 승리한 후 '인민해방'이라는 명분 아래 티베트, 신장 등 인근 이민족 영토를 모두 합병했다. 이에 따라 원나라를 빼고는 가장 넓은 영토를 지배하는 왕조(?)가 됐다.

마오쩌둥은 역사적 인물 대부분을 자신보다 낮게 평가했다. 마오는 대표작인 「심원춘설(沁園春雪)」에서 역사상 인물 중 풍류를 아는 인물은 자신밖에 없다고 노래했다. 「심원춘설」은 마오가 1936년 자신의 군대를 이끌고 화북 전선에서 대일 작전을 준비할 때 지은 시이다. 부대가 산시 성 위안자거우(袁家溝, 원자구)에 도착해 휴식을 취하고 있었다. 이때 함박눈이 며칠 동안 계속 내렸다. 웅혼한 북국의 장관은 마오의 시심을 자극했고, 그는 일필휘지로 시 한 수를 써 내려갔다.

북국의 풍광, 천 리가 얼음에 잠겼고, 만 리 아득히 눈발이 날린다.

만리장성의 안팎을 바라보니 오로지 흰 눈만 끝없이 펼쳐진다. 도도히 흐르는 황하는 잠시 멈췄고,

산은 은색 뱀이 춤추듯 하고, 평원은 밀랍색 코끼리가 치닫는 것처럼, 하늘과 높이를 다투려 하네.

맑게 갠 날 대지는 흰옷에 붉은 단장, 황홀함을 더한다.

강산이 이처럼 아름다워 무수한 영웅들의 허리를 굽히게 했네.

안타깝다. 진시황 한무제는 용맹하나 문학적 재능이 없고, 당태종이나 송태조는 풍류를 몰랐다.

1966년 무렵 대규모 홍위병 집회가 베이징의 천안문 광장에서 열렸고, 마오쩌둥은 그들을 사열했다. 홍위병들은 집회 때 소홍서를 흔들며 마오에게 지지를 표시했다. 이는 문혁을 상징하는 장면이 됐다.

일대의 영웅 칭기즈칸은 독수리 사냥을 하느라 큰 활만 당겼네.

모든 것이 흘러갔으니, 진정한 풍류 인물은 이 시대에서나 볼 수 있네.

北國風光, 千里冰封, 萬里雪飄。

望長城內外, 惟余莽莽 ; 大河上下, 頓失滔滔。

山舞銀蛇, 原馳蠟象, 欲與天公試比高。

須晴日, 看紅裝素裹, 分外妖嬈。

江山如此多嬌, 引無數英雄競折腰。

惜秦皇漢武, 略輸文采 ; 唐宗宋祖, 稍遜風騷。

一代天驕, 成吉思汗, 只識彎弓射大雕。

俱往矣, 數風流人物, 還看今朝。

　　　　　　　　——공기두 엮음, 『모택동의 시와 혁명』(풀빛, 2004)

　마지막 대목은 진정한 풍류 인물은 자신밖에 없다는 뜻이다. 역사상 유명한 황제들을 모두 자신보다 하수라고 평가한 것이다. 마오쩌둥은 이 시에서 진시황은 문학적 재능이 없다고 평가했다. 그러나 진시황의 업적은 높게 평가했다. 마오가 유일하게 높게 평가한 황제가 진시황이었다. 그는 공자보다 진시황이 더 위대하다는 논리를 폈다. "공자는 빈 소리만 했다. 그러나 진시황은 최초로 중국을 통일했다. 문자와 각종 도량형을 통일했다. 문자와 도량형은 지금도 쓰인다. 중국의 봉건 군주들 중에서 그를 능가한 사람은 없다"고 평가했다. 마오는 직접 시를 지어 진시황을 기리기도 했다.

　마오쩌둥은 스스로 진시황과 비교되는 것을 즐겼다. 실제 그와 비슷한 업적이 있었다. 진시황이 중국을 통일한 것보다 더 중요한 것은 한자를 통일했다는 사실이다. 정치적 통일은 순간이지만 한자의 통일은 영원하다. 대부분 언어학자들은 중국이 통일 국가를 유지하고 있는 이유를 한자 때문이라고 보고 있다. 문자가 고정되어 있기 때문에 말이 달라도 의사소통에 지장이 없다는 것이다. 필담을 하면 되기 때문이다. 이에 비해 중국 대륙보다 작은 유럽 대륙은 수십 개 국가로 나뉘어 있다. 같은 어족인 인도·유럽어를 쓰지만 인도·유럽어가 표음문자이기 때문이다. 표음문자는 발음이 바뀌면 문자도 바뀌기 때문에 수백 년이 흐른 뒤에는 서로 의사소통을 할 수 없다. 15세기에 쓴 훈민정음을 지금 우리가 읽지 못하는 것과 같은 이치다. 그러나 표의문자는 수천 년이 흘러도 문자가 고정되어 있기 때문에 의사소통에 지장이 없다. 진시황이 문자를 통일함으로써 중국이라는 정체성이 확보됐다. 진나라는 단명한 왕조였고, 국력도 한나라나 당나라에 못 미쳤다. 그러나 중국을 대표하는 왕조로 대접받는다. 중국을 뜻하는 영어 'China'가 진나라라는 의미다. 진을 뜻하는 chin(한자 병음으로는 qin)에, 나라를 뜻하는 접미사 a를 붙여서 China가 된 것이다.

진시황이 글을 통일했다면 마오쩌둥은 말을 통일했다. 보통화(普通話, 베이징 방언을 기준으로 하는 표준어)를 보급한 것이다. 광둥 사람이 베이징어를 배우는 데 1년이 걸린다는 말이 있을 정도로 중국의 방언은 심하다. 거의 외국어를 배우는 수준이다. 그러나 중국을 여행하다 보면 보통화만 쓰면 어디든 다 통한다. 그 지역 사람들끼리는 지역 방언을 쓰지만 다른 지역 사람과는 보통화를 쓰기 때문이다. 마오가 말을 통일했기에 가능한 일이다.

홍군의 주요 임무 중 하나가 농민과 병사들의 문맹을 깨우치는 일이었다. 장정 중 병사들의 등에 한자를 써놓고 익히도록 할 정도였다. 행군을 해본 사람들은 잘 알겠지만 행군을 할 때는 앞 사람의 등만 보고 가게 돼 있다. 모든 병사들의 등에 한자를 적은 리넨 천을 붙이게 해, 뒤의 병사가 앞의 병사의 등을 보며 한자를 익힐 수 있도록 했다. 장정이 끝났을 때, 거의 모든 홍군이 문자를 해득할 수 있게 됐다. 장정길이 아니라 문자 해득의 길이었다. 중공이 문맹 퇴치에 심혈을 기울인 것은 농민들을 의식화하기 위해서였다. 농민을 의식화하기 위해서는 농민들이 글을 알아야 했다. 중공은 알파벳을 기본으로 한어 병음을 고안해 백성들이 글을 배우기 쉽게 했다. 또 한

자도 대폭 간소화해 인민들이 배우기 쉽도록 했다. 원래의 한자를 번체자, 마오의 한자를 간체자라고 한다. 물론 공산당의 이 같은 정책은 위민 의식의 발로라기보다는 공산주의를 선전하기 위함이었다. 그러나 결과적으로 전 국민의 문맹률을 낮추고 문화 수준을 높이는 데 큰 역할을 했다.

인간 마오쩌둥: 마오 옆에 가면 죽었다

마오쩌둥 옆에 가면 모두 죽었다. 마오는 중국 혁명이란 제단에 수많은 친족을 제물로 바쳐야 했다. 마오는 공산 비적의 우두머리로 그의 머리에는 엄청난 현상금이 걸려 있었다. 국민당은 그를 잡으려 온갖 수단을 다 동원했다. 이에 따라 가족의 수난은 그칠 줄 몰랐다. 동생 쩌민(澤民), 쩌탄(澤潭)은 혁명 중에 살해됐고, 자식과 부인도 혁명에 바쳐야 했다. 마오씨 집안의 씨가 마를 지경이었다.

마오는 남동생이 둘 있었다. 바로 밑이 쩌민, 막내가 쩌탄이었다. 큰형인 마오가 혁명에 투신함에 따라 두 동생 모두 혁명에 뛰어들었다. 형은 혁명에 성공했지만 두 동생은 형을 위해 목숨을 바쳐야 했다. 쩌민은 마오의 자금 담당이었다. 아버지에게서 배운 부기 솜씨가 뛰어났다. 그는 마오가 혁명을 진행하는 과정에서 필요한 자금을 조달했다. 루이진 중화 소비에트 시절에는 소비에트 정부가 만든 은행의 은행장을 맡았다. 규모는 작지만 요즘으로 치면 중앙은행장을 한 것이다. 그는 또 홍군이 대장정을 마치고 옌안에 도착한 뒤에는 옌안 지역의 경제부장을 지냈다. 하지만 1943년 신병 치료차 소련으로 가다 국민당 군벌에 체포돼 고문 끝에 암매장됐다. 막내 쩌탄도 1935년 혁명 도중 유격전에서 총상을 입고 사망했다.

마오쩌둥의 첫부인 양카이후이, 마오와의 사이에 낳은 안잉, 안칭과 함께 찍은 사진. 출처: 중국공산당 신문망

첫사랑 양카이후이

마오쩌둥은 어렸을 때 아버지가 강제로 결혼시킨 것을 빼고 모두 세 명의 아내를 두었다. 그 세 명에게서 모두 열 명의 자식을 얻었다. 네 명은 어려서 죽었고, 두 명은 실종됐다. 남은 네 명도 온전치 못했다. 네 명 중에서 딸 둘만 정상적인 삶을 살았다. 첫 번째 부인인 양카이후이와 마오는 혁명 과정에서 갖은 어려움을 이기고 세 아들을 낳았다. 그러나 양카이후이는 1930년 11월 국민당 군벌인 허젠(何鍵, 하건)에게 체포돼 총살당했다. 그녀의 죄는 단 하나. 공산 비적의 두목을 남편으로 두었다는 것이다. 그녀는 마오와의 결혼 생활을 청산하면 살려주겠다는 제의를 일언지하에 거절했다. 그녀

는 "죽음은 애석하지 않다. 하루라도 빨리 윤지(마오의 아호)의 혁명이 성공되길 바랄 뿐이다(死不足惜 惟愿潤之革命早日成功)"라는 말을 남기고 형장의 이슬로 사라졌다. 그녀의 나이 스물아홉이었다.

마오쩌둥은 그녀의 죽음을 신문을 통해 알았다. 마오는 정세 분석을 위해 국민당 통치 지역에서 나오는 신문을 열심히 읽었다. 마오는 그 신문에서 '공산 비적 마오쩌둥의 처 양카이후이 사형'이라는 제목의 기사를 보았다. 마오는 이 기사를 읽고 통곡했다. 그리고 처가에 편지를 보냈다. "카이후이의 죽음은 백번을 죽더라도 속죄할 수 없다(開慧之死 百身莫贖)"고. 마오는 신중국 건국 이후 양카이후이가 태어난 빤창(板倉, 판창) 마을을 카이후(開慧, 개혜) 마을로 바꾸었다. 아마도 마오가 가장 사랑한 여성이 양카이후이였을 것이다. 양카이후이 또한 마오를 지극히 사랑했다. 그녀는 마오를 그리며 '우감시(偶感詩)'라는 제목의 시 한 편을 남겼다. 이 시에 얽힌 사연도 드라마틱하다.

> 날씨 음울하고 삭풍이 불어, 차디찬 기운 뼛속을 파고든다. 멀리 떠난 이 생각하니, 마음이 출렁거리네. 다리 아픈 것은 나았는지, 겨울옷은 준비나 했는지, 홀로 잠자리는 누가 보살피는지, 처량하고 고통스럽지는 않은지, 서신을 전할 수 없어, 묻고 싶어도 물어볼 사람 없네. 두 날개가 없는 게 한이로다. 날아가 당신을 볼 수 있으련만, 당신을 보지 못하니, 낙담한 마음 이길 수 없을 때 마음이 답답하고 우울하네. 어느 날 다시 당신을 만날 수 있으리오.
> ——현이섭, 『중국지』(인카운터, 2012)

양카이후이가 이 시를 다 썼을 때, 갑자기 바깥이 소란스러워졌다. 그녀는 방 뒤에 있는 벽돌 틈에 급히 이 시를 숨겼다. 그러나 다시는 이 시를 꺼내 볼 수 없었다. 얼마 후 그녀가 국민당 군벌에 체포돼 사형을 당했기 때문이다. 그로부터 58년이 지난 어느 날, 현지 정부가 양카이후이의 옛집을 수리하다 이 시를 발견했다. 이 시가 공개됐을 때, 대륙은 눈물바다가 됐다.

양카이후이는 마오쩌둥과의 사이에서 안잉(岸英, 안영), 안칭(岸青, 안청), 안룽(岸龍, 안룽) 3형제를 낳았다. 막내인 안룽은 병약해 어려서 죽었다. 안잉과 안칭은 양카이후이가 사형당하자 상하이로 보내졌다가 1936년 더 안전한 소련으로 보내졌다. 그러나 첫아들 안잉은 한국전쟁에 참전했다 미군의 폭격으로 사망했다. 호사가들은 만약 마오의 큰아들이 살아 있었더라면 북한처럼 세습 왕조가 됐을지도 모른다고 입을 모은다. 동생 안칭은 84세까지 천수를 누렸다. 그러나 어린 시절 상하이 등지를 전전할 때, 뇌에 부상을 입어 평생을 고생해야 했다. 뇌 부상을 입은 그는 대중 앞에 나설 일이 없는 러시아어 번역 일을 주로 했다. 그는 장칭의 미움을 사 중남해(中南海, 중국 영도자들의 집단 거주지)에서 쫓겨나기도 했다. 하지만 안칭은 마오의 대를 잇게 해주었다. 안칭은 1960년 결혼했고, 아들을 낳았다. 그 아들이 인민군 소장(한국의 준장)인 마오신위(毛新宇, 모신우) 장군이다. 그는 인민대학 역사학과를 졸업한 뒤 군에 입대해 최연소 장군이 됐다. 아마도 할아버지의 후광이 있었을 것이다. 그는 할아버지 마오쩌둥 사상의 권위자로 알려져 있다.

호색한

두 번째 부인인 허쯔전도 같은 운명이었다. 그녀의 고향은 장시 성 루이진 징강 산 부근의 융신(永新, 영신)현이었다. 그녀의 아버지는 지방 현령을 지냈을 정도로 유지였고, 혁명적인 사상을 가지고 있었다. 따라서 자식들의 혁명운동을 적극 지원했다. 허쯔전의 형제자매들은 그 지역에서 공산주의 운동을 하는 '허씨 삼남매'로 유명했다. 허쯔전은 융신현 공산당의 여성부장이었다. 융신현 농민 폭동을 주도한 뒤 징강 산에 들어가 마오쩌둥을 만났다. 입산한 공산당원 중 유일한 여성이었다. 당시 양카이후이는 세 아들과 악전고투를 하고 있었다. 마오는 양카이후이가 아직 살아 있음에도 허쯔전을 취한 것이다. 마오는 또 허쯔전과 결혼 생활을 하는 중에 장칭을 만났다. 이런 연유로 마오에게 '호색한(好色漢)'이라는 딱지가 붙는다.

마오쩌둥과 허쯔전은 1928년 징강 산에 있는 상산암에서 결혼식을 올렸다. 신혼여행은 장정에 참가하는 것으로 대신했다. 허쯔전도 유격전을 하면서 이곳저곳을 전전해야 했다. 그러면서 첫딸을 1929년 봄에 낳았으나 곧 잃었다. 두 번째로 아들 안홍(岸紅, 안홍)을 1932년에 낳았다. 그러나 혁명 활동에 장애가 되자 마오의 막내 동생인 쩌탄에게 맡겼다. 장정에 참여한 여성들은 혁명과 자식 둘 중 하나를 선택해야 했다. 대부분 혁명을 선택했다. 허쯔전도 그랬다. 그러나 쩌탄이 1935년 작전 중 사망하는 바람에 안홍의 행방을 알 수 없게 됐다. 안홍과 관련된 재난은 여기서 그치지 않았다. 허쯔전의 동생 허이(賀怡, 하이)가 1949년 뒤늦게나마 안홍을 찾기 위해 동분서주하다 교통사고로 숨졌다. 허이는 마오에게는 처제이자 제수가 된다. 허이가 마오의 동생인 쩌탄과 결혼했기 때문이다. 마오 집안과 허씨 집안이 겹사돈을 맺은 것이다. 허이는 마오가 쩌탄에게 안홍을 맡겼으나 행방불명되자 안홍을 찾아야 한다는 절박감이 있었을 것이다. 남편과 사별한 후에도 안홍을 찾기 위해 동분서주한 것으로 알려져 있다.

딸들이 리씨인 이유

마오쩌둥과 허쯔전 사이에서 태어난 셋째는 태어나자마자 사망했다. 허쯔전과 마오 사이에서 1937년 마지막으로 딸 리민(李敏, 이민)이 태어났다. 리민은 끝까지 마오의 곁을 지킨 딸이다. 리민은 『나의 아버지 마오쩌둥(我的父親毛澤東)』이라는 책을 썼다. 그녀는 마오씨가 아니라 리씨다. 마오는 딸들에게 리씨 성을 붙여 주었다. 아마 보안상 그랬을 것이다. 마오의 가명이

마오쩌둥과 장칭. 장칭은 마오의 세번째 부인으로 문화혁명을 주도했다. 덩샤오핑 집권 이후 종신형을
선고받고 베이징 감옥에서 수감 중 자살했다.

리더셩(李德勝, 이덕승)이었기 때문에 리씨라는 성을 붙여 주었다. 장칭에게서 낳은 막내딸도 이름이 리너(李訥, 이납)였다.

리민이 태어났을 때, 장칭이 마오쩌둥과 각별한 사이로 발전하고 있었기 때문에 허쯔전은 몸에 박힌 파편을 제거한다는 구실로 1937년 소련으로 갔다. 그녀는 장정 도중 폭격을 받아 열일곱 군데에 상처를 입었다. 그러나 장정 도중이었기 때문에 제대로 된 치료를 받을 수 없었다. 그 파편은 이미 그녀 몸의 일부가 됐다. 파편을 제거한다는 것은 구실일 뿐 이미 장칭에게로 맘이 기운 마오에 대한 상처 때문에 소련행을 결정했을 것이다. 소련에서 외로움에 지친 그녀는 정신 질환을 앓았다. 그녀는 1947년 귀국했지만 장칭의 견제로 어렵게 지내다 1984년 사망했다.

잘못된 만남, 장칭

세 번째 부인 장칭은 본명이 리칭윈(李靑雲, 이청운), 예명이 란핑(藍蘋, 남빈)으로 상하이의 삼류 여배우였다. 마오와 결혼하면서 장칭으로 개명했다. 장칭은 결혼하면서 정치에는 관여하지 않기로 당과 약속했다. 그러나 마오쩌둥은 자신이 어려움에 처하자 그녀를 부추겨 정치에 참여케 했다. 문화혁명을 주도한 장칭은 중국을 광란의 도가니로 몰아넣었다. 장칭은 문화혁명 이후 종신형을 선고받고 베이징 감옥에서 수감 중 자살했다. 마오는 마지막 배우자였던 장칭과의 사이에서 1940년 마지막 자식인 딸 리너를 낳았다.

마오쩌둥은 혁명의 제단에 가족들 대부분을 바쳤다. 마오가 죽을 때 임종을 한 사람은 가족이 아니라 간호사였다. 장칭은 측천무후(중국 역사상 유일한 여성 황제)를 꿈꿨기 때문에 오히려 마오가 빨리 죽기를 바랐다. 일세를 풍미한 영웅치고는 너무도 쓸쓸한 죽음이었다.

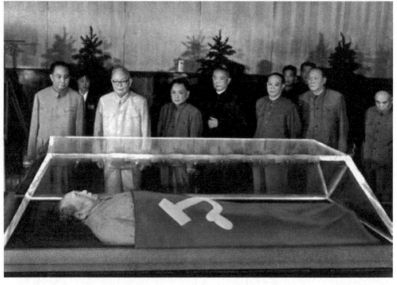

천안문 광장의 모 주석 기념당. 모 주석 기념당에 들어가기 위해 사람들이 장사진을 치고 있다.
아래는 모 주석이 수정관 안에 미라 형태로 안치돼 있는 모습. 출처: 중국공산당 신문망

불후(不朽)의 마오쩌둥

마오쩌둥의 시신은 마오의 초상화가 걸려 있는 천안문 정남쪽에 위치한 모 주석 기념당(毛主席紀念堂)에 미라 형태로 안치돼 있다. 방부제를 써서 시신을 보존하고 있는 것이다. 사람이 죽으면 썩는 것이 자연의 이치다. 유물론자를 자처하는 공산주의자들이 시신을 보존하는 것은 아이러니가 아닐 수 없다. 아마 마오도 빨리 육탈돼 영면하고 싶을 것이다.

그러나 마오쩌둥은 육탈되고 싶어도 육탈될 수 없는 운명이다. 매일 수천 수만 명의 중국 인민이 국부 마오쩌둥을 알현(?)하기 위해 모 주석 기념당을 찾기 때문이다. 마오가 저 세상에서 "이놈의 인기 땜시……"라고 투덜거릴지도 모를 일이다.

중국 인민들은 단 몇 초간 '마오 주시(毛主席)'를 참배하기 위해 최소 한 시간, 많게는 두 시간 이상을 기다린 끝에 모 주석 기념당에 들어간다. 마오의 시신은 가슴까지 인공기에 싸인 채 수정관 안에 안치돼 있다. 현장의 분위기는 엄숙하기 그지없다. 마치 성지순례 행렬을 보는 듯하다. 마오의 시신을 보고 눈물을 흘리는 중국인을 보는 것도 어렵지 않다. 오늘도 중국 인민들은 '불후의 마오쩌둥'을 친견하기 위해 천안문 광장에서 장사진을 치고 있다.

2장
덩샤오핑과 천안문 사태

천안문 사건

개혁개방 이후 중국의 연평균 경제성장률은 10%를 넘으며 초고속 성장을 지속했다. 특히 1988년에는 14%라는 경이적 성장률을 달성했다. 대망의 1989년이 밝았다. 1989년은 중화인민공화국 창설 40주년이자 덩샤오핑이 85세가 되는 해였다. 폭풍 전야의 고요였을까. 1989년은 여느 때처럼 평화롭기만 했다. 모든 것이 잘 굴러가고 있었다. 덩샤오핑의 인생도 절정기를 맞는 듯했다. 그러나 달이 차면 기울듯 덩의 정치 역정에서 가장 큰 오점으로 남는 천안문 사건이 발생했다.

당시 중국 경제는 더할 나위 없이 좋았다. 하지만 급속한 개혁개방의 부작용으로 인플레이션 압력이 서서히 높아지고 있었다. 여기에 기름을 부은 것이 가격자유화 조치였다. 1988년 개혁개방의 성과에 자신감을 얻은 자오쯔양이 심혈을 기울여 추진한 가격자유화는 그렇지 않아도 인플레이션 압력이 높은데, 물가상승에 기름을 부은 격이었다. 가격자유화로 1년 동안 중국의 물가는 50%나 폭등했다. 1988년 여름이 끝날 무렵 공포에 질린 인민들의 사재기 열풍은 베이징을 넘어 상하이 등 다른 도시로 확산됐다. 조그마한 불씨라도 붙으면 곧 폭발할 기세였다.

이 같은 경제적 분위기에 1989년은 국제적으로 세계인권선언 40주년, 프랑스대혁명 200주년, 국내적으로 5 · 4운동 70주년을 맞는 해였다. 이러한 사회적 분위기는 인민의 민주화 요구를 분출시켰다. 1989년 1월 6일, 유명한 반체제 물리학자인 팡리즈(方勵之, 방려지)는 덩샤오핑에게 10년 전에 체포된 정치범 웨이징셩(魏京生, 위경생)의 특별사면과 모든 정치범의 석방을 촉구하는 편지를 보냈다. 팡리즈의 행동에 자극받은 젊은 지식인 33명은 2월 13일 중공 중앙에 민주화를 요구하는 공개 서신을 보냈다. 공개 서신은 중국 정부의 언론 통제 때문에 중국 내에서는 공개되지 않았다. 그러나 서양의 통신사는 이를 신속하게 보도해 공개서한의 내용이 중국 내에서도 암암리에 확산되고 있었다. 이들의 행동은 해외 중국인들의 많은 지지를 받았고, 국내의 과학자 42명이 33명의 공개서한에 동참했다.

한편 중국공산당은 이해 3월 14일 국무원 대변인을 통해 중국에 정치범이 없다고 공식 발표하고, 19일에 전국인민대표대회(전인대) 대변인은 앞으로 소집될 전인대에서 정치범 문제는 토론하지 않을 것이라고 밝혔다. 리펑총리도 4월 2일 내외신 기자회견을 하는 자리에서 외국인들이 인권이란 구실로 중국의 내정에 간섭하고 있다고 강하게 비판했다.

후야오방 사망

민주화 요구가 점증하는 가운데, 1989년 4월 8일 중남해에서 소집된 공산당 중앙 정치국 회의에 참가한 후야오방이 갑자기 쓰러져 4월 15일 사망했다. 심장마비였다. 후야오방은 1987년 학생들의 민주화 요구 시위로 인해

후야오방(왼쪽)이 덩샤오핑과 무언가 이야기를 나누고 있다. 출처: 중국공산당 신문망
학생들이 천안문 광장에서 후야오방의 대형 영정 사진을 들고 시위를 벌이고 있다. 출처: 중국공산당 신문망

공산당 총서기직에서 물러났기 때문에 억울하게 숙청되었다고 일반인들은 생각하고 있었다. 그래서 그의 갑작스러운 죽음은 연민의 정을 자아냈다. 인민들은 중공 중앙이 후야오방에게 공정한 평가를 내려 주어야 한다고 요구하기 시작했다.

앞서 민주화와 공산당의 부정부패 일소를 주장하며 1987년 천안문 시위에 참가했던 베이징 대학 학생들은 그들의 시위로 후야오방이 실각했기 때문에 후야오방에게 일종의 부채 의식을 갖고 있었다. 1987년 천안문 시위 당시 리펑을 필두로 한 보수파들은 학생들의 시위는 개혁개방의 부작용이라며 개혁개방에 제동을 걸고 나왔다. 보수파들은 개혁파의 상징인 후야오방을 겨냥했으며, 덩샤오핑 또한 보수파들과 타협하기 위해 후야오방의 실각을 용인할 수밖에 없었다. 덩이 후야오방을 지키려 했다면 어떻게든 지켰을 것이다. 그러나 덩도 후야오방에게서 마음이 떠나고 있었다. 당시 중공당 내에서 덩샤오핑의 권위에 도전할 수 있는 거의 유일한 인물이 후야오방이었다. 후야오방은 장정을 완주했다. 그는 이른바 '소홍귀(小紅鬼, 16세 이하로 장정에 참여한 소년 홍군)'였다. 따라서 덩샤오핑과 장정을 함께한 동지였다. 후야오방은 덩샤오핑을 상사라기보다는 혁명 동지로 대했다. 그는 덩샤오핑에게 "후배들을 위해 함께 물러나자"고 말할 정도로 거리낌이 없었다. 이는 공산 중국의 2대 황제 덩샤오핑의 역린을 건드리는 일이었다. 결국 후야오방은 실각했고, 후야오방의 실각과 함께 시진핑의 아버지 시중쉰의 정치 인생도 꼬였다. 시중쉰이 후야오방의 오른팔이었기 때문이다.

후야오방이 공산당 총서기직에서 물러나자 자오쯔양이 그 뒤를 이었다. 후야오방이 1987년 학생들 시위로 인해 물러났기 때문에 베이징 학생들은 1989년 4월 17일부터 후야오방을 애도하는 시위에 돌입했다. 4월 18일 학생들은 천안문 광장과 중남해의 신화문 앞에 모여, 후야오방의 공과를 재평가할 것, 고급 간부의 재산을 공개할 것, 후야오방의 애도 활동을 객관적으로 보도할 것 등을 중공 중앙에 요구했다.

4월 20일 이후에는 전국의 각 도시에서 학생들이 시위를 벌이기 시작했다. 4월 21일, 천안문 광장에는 학생과 시민 1만여 명이 모였고, 베이징의 학생들은 자치 조직인 베이징 대학임시행동위원회 등을 조직해 스스로 질서를 유지했다. 당국에 진압할 구실을 주지 않기 위해서였다.

4월 22일 후야오방의 장례식은 예정대로 진행됐다. 장례식이 열린 인민대회당 밖에는 20만 명의 시위 군중이 모였으나 학생들의 자치 조직으로 질서가 유지돼 무장 경찰과 충돌하지는 않았다. 그리고 추도식이 끝나자 학생들은 학교 단위로 광장을 떠났다.

그러나 베이징 이외의 도시는 사정이 달랐다. 4월 22일 저녁에 시안에서는 성(省) 정부를 습격하고 검찰청과 법원에 방화하는 소요 사태가 발생했다. 후야오방의 장례 이후 전국의 학생들은 더욱 급진적인 구호를 들고 나왔다. 이전까지 이들은 공산당 고급 간부의 부패 척결, 민주화 등을 요구했을 뿐 개혁개방 자체는 반대하지 않았다. 오히려 중공 중앙에 개혁개방 노선을 견지할 것을 요구했다. 그러나 후야오방의 장례식 이후 학생 시위는 순수한 민주화 운동이 아닌 정치투쟁으로 진화해 갔다. 공산당 타도를 외치는 구호가 등장하기 시작했다. 시위는 요원의 불길처럼 전국으로 퍼졌고, 천안문 광장에는 수많은 시위대가 몰려들었다. 특히 학생들은 5월 13일부터 베이징 대학과 베이징 사범대학 학생들을 중심으로 천안문 광장에서 단식 농성에 들어갔다.

고르바초프 등장

5월 15일 소련의 고르바초프 대통령이 중소 정상회담을 위해 베이징에 도착했다. 그러나 17일 발생한 100만 명이 넘는 대규모 시위로 일정을 변경해야만 하는 사태가 발생했다. 이 사건은 당시 중소 정상회담 취재차 입국한 외국 기자들에 의해 즉각 전 세계로 타전됐다. 미국을 비롯한 유럽 각국의 기자들은 '베이징의 봄'이란 제하의 기사를 쓰며 민주화 세력을 응원했다.

고르바초프의 방문은 국제정치사에서 1972년 닉슨의 중국 방문에 버금가는 획기적인 사건이었다. 중소이념분쟁 이후 처음으로 양국 간 정상회담이 이뤄졌기 때문이다. 그러나 천안문 사태의 조연 역할밖에 못했다. 천안문 사태와 관련된 여러 세력이 고르바초프의 방문을 자신들의 입장을 선전하는 수단으로 이용했다. 학생들은 중소 정상회담을 취재하기 위해 몰려든 전 세계 언론에 민주화운동을 선전하는 한편, 세계의 언론이 주시하기 때문에 공산당이 무력 진압을 하지 못할 것이라고 생각했다.

당시 시위는 조기에 충분히 진압할 수 있었다. 개혁개방을 지지하는 개혁파와 보수파의 대립이 시위를 키운 측면이 컸다. 개혁파는 민주화를 요구하는 시위대를 우군으로 삼아 개혁을 더욱 요구할 생각이었고, 보수파는 이 시위를 이용해 개혁파를 공격할 빌미를 찾고 있었다. 개혁파는 개혁파대로 보수파는 보수파대로 시위를 방기한 것이다. 보수파의 우두머리인 리펑은 학생들이 자오쯔양의 자유주의 노선을 조롱하는 것이라며 희희낙락했고, 개혁파의 좌장인 자오쯔양은 시위가 리펑을 공격하는 것이라며 쾌재를 불렀다. 서로 아전인수 격으로 해석하는 사이에 시위는 걷잡을 수 없이 번졌고, 급기야 "덩샤오핑 하야", "공산당 타도"라는 구호까지 등장했다.

덩샤오핑의 입장은 단호했다. 경제 발전을 위해서는 가장 중요한 것이 정치적 안정이기 때문에 공산당 일당독재가 흔들려선 결코 안 된다는 것이었다. 덩샤오핑에게 경제개발과 공산당 일당독재는 결코 포기할 수 없는 명제였다. 그는 흰 고양이건 검은 고양이건 쥐만 잘 잡으면 된다는 말을 할 정도로 유연한 사고를 했지만 자오쯔양처럼 시위에 동조하지 않았다. 오히려 시위대를 탱크로 짓밟아 버릴 정도로 강심장이었다. 더욱이 덩은 학생 시위에 대해 체질적인 반감을 가지고 있었다. 문화혁명 당시 그는 홍위병들에게 봉변을 당해야 했고, 특히 그의 큰아들은 홍위병들의 고문을 못 이기고 투신해 반신불수가 됐다. 결국 그는 무력 진압을 명령했고, 그 때문에 서방세계와 중국 민주화 그룹에서 마오쩌둥보다 더한 독재자라는 비판을 받아야 했다.

덩샤오핑은 5월 17일 공산당 최고 의사 결정 기구인 정치국 상무위원 다섯 명을 자신의 집으로 불렀다. 그는 이 자리에서 계엄령 선포 여부를 다섯 명이 투표해 결정하라고 했다. 당시 덩의 집에 모인 사람은 자오쯔양, 리펑, 후치리, 차오스, 야오린이었다. 자오쯔양 혼자만 계엄령에 반대했고, 리펑과 야오린은 찬성했다. 나머지 두 명은 기권했다. 보수파인 리펑 진영의 승리였다.

리펑의 승리

주도권을 쥔 리펑은 학생들의 시위를 난동으로 규정하고 베이징 시에 계엄령을 선포했다. 학생들의 요구에 유연하게 대응하던 자오쯔양은 덩샤오핑의 집에서 열린 회의에 참석한 직후 천안문 광장으로 달려가 학생들에게 "내가 너무 늦게 왔다"며 눈시울을 붉혔다. 자오쯔양은 이 사건을 계기로 역사의 무대 뒤편으로 사라졌으며, 이후 다시는 복권되지 않았다.

실권을 쥔 리펑 일파는 6월 3일 밤 인민해방군 27군을 동원해 천안문 광장의 시위 군중을 무차별 살상한 끝에 6월 4일 완전히 굴복시켰다. 중국 정부는 시민과 계엄군의 충돌로 학생 36명을 포함한 319명이 사망하고, 민간인 부상자 3000명, 계엄군 측 부상자 6000명이라고 공식 발표했다. 그러나 이 숫자를 믿는 사람은 아무도 없었다.

천안문 사건은 마오의 문화혁명처럼 덩샤오핑의 업적에 치명적 오점을 남겼다. 그는 인민해방군을 동원해 인민을 살상함으로써 중국공산당의 위대한 전통을 무너뜨렸다. 인민과 인민해방군의 관계는 마오쩌둥이 설파했

자오쯔양은 천안문 광장에서 단식 농성을 벌이던 학생들을 방문해 "내가 너무 늦게 왔다"고 눈물을 흘린 뒤 단식 농성을 그만할 것을 호소했다. 이것이 공식 석상에서 그의 마지막 모습이었다. 자오쯔양 바로 뒤에 훗날 총리가 되는 원자바오가 있다. 출처: 중국공산당 신문망

듯 물과 물고기의 관계다. 물(인민)이 없으면 물고기(인민해방군)는 살 수 없 듯 인민해방군은 인민을 떠나 존재할 수 없다. 그럼에도 덩은 인민해방군을 동원해 인민을 살상했다. 이는 개혁개방이라는 덩의 빛나는 업적을 결정적으로 훼손하는 것이었다.

그럼에도 덩샤오핑이 강경 진압을 선택한 이유는 공산당 정권 유지가 무엇보다 중요했기 때문이다. 그는 경제 발전을 위해 자본주의적 요소를 도입했을 뿐 공산당 일당독재를 고집하는 철저한 공산주의자였다. 그는 평생 동안 경제 발전과 공산당 일당독재를 위해 수정치 방경제(收政治 放經濟, 정치는 조이고 경제는 푼다), 좌정치 우경제(左政治 右經濟, 정치는 좌파, 경제는 우파), 경정치 연경제(硬政治 軟經濟, 정치는 딱딱하게 경제는 부드럽게)를 좌우명으로 삼았다.

덩샤오핑 리더십 읽기 2: 권위

덩은 장쩌민, 리펑, 주룽지 트로이카 체제를 확립해 놓고 평범한 늙은이로 돌아갔다. 그러나 최종 결정권은 여전히 그에게 있었다. 그리고 외국 정상들도 덩샤오핑을 만나야 정상회담이 이뤄졌다고 생각했다. 1990년 중국을 처음 방문한 일본 자민당의 막후 실력자 가네마루 신(金丸信)은 "나는 일본의 덩샤오핑이오. 덩샤오핑을 만나지 못하면 일본에 돌아가지 않겠소"라고 말했다. 당시 덩은 동북 지역을 시찰하고 있었다. 가네마루 신은 "다른 곳에서 만날 수도 있소. 만약 덩샤오핑을 만나지 못한다면 밥도 먹지 않을 것이오"라고까지 했다. 중국 정부는 대타로 저우언라이의 미망인인 덩잉차오를 만나게 해주겠다고 했다. 가네마루 신은 "좋소. 아무튼 덩씨니까"라며 입장을 누그러뜨렸다.

이 시기 덩샤오핑의 리더십은 더할 나위 없이 완숙한 경지에 이르렀다. 아무런 직책이 없었지만 그 어떤 것도 그의 허락이 없으면 안 됐다. 그의 리더십과 정치 감각은 '노화순청(爐火純靑)'의 경지에 접어들었다. 노화순청은 난로의 불이 파랗게 타오르는 경지로 예술이나 기예가 최고조에 이르렀음을 뜻하는 사자성어다. 이것이 가능했던 것은 덩이 권력이 아닌 권위로 중국을 통치했기 때문이다. 이는 권력으로 중국을 통치한 마오쩌둥 리더십과 확연히 비교되는 대목이다. 덩샤오핑은 1980~1990년대 중국공산당에서 압도적 권위를 행사했다. 덩은 혁명 당대 중 나이가 어린 편이었지만 중화인민공화국 성립 당시부터 최상층 지도부에 속해 있었다. 마오쩌둥, 저우언라이, 류샤오치 정도를 제외하고는 덩을 능가할 인물은 없었다. 덩이 중국공산당 서남국 제1서기로 있다가 중앙 정계인 국무원 부총리로 발탁됐을 때, 그의 나이 불과 48세였다. 덩은 중국공산당의 정통성은 물론 경제 발전이라는 탁월한 업적까지 갖추고 있었다. 그는 정통성과 업적을 모두 갖춘 살아 있는 전설이었던 것이다. 게다가 혁명 당대는 모두 죽었지만 덩은 93세까지 장수했다. 당시 중국공산당의 모든 권위는 덩에게 수렴될 수밖에 없었다.

천안문 사건 이후 서방은 정치범의 석방 등 중국의 민주화를 요구하며 중국에 대한 투자를 일시에 중단했다. 외국인 직접투자는 거의 제로로 급락했고, 1988년 14%이던 경제성장률은 1989년 8.4%로 급락했다. 서방세계는 천안문 사태를 무력으로 진압한 중국에 대한 항의 표시로 티베트 독립운동 지도자인 달라이 라마에게 노벨 평화상을 수여하는 등 다각도로 중국을 압박했다.

덩샤오핑의 입장에서 초조할 만도 했지만 그는 전혀 동요하지 않았다. 오히려 의연했다. 그는 나무랄 데 없는 인프라와 값싼 노동력이란 단물을 서방의 자본이 결코 포기하지 않을 것이란 사실을 간파하고 있었다. 실제로 2~3년 후 서방의 자본은 다시 중국으로 돌아왔다. 서구의 자본이 포기하기에는 중국은 너무 크고 기름진 고깃덩어리였다.

장쩌민의 어부지리

천안문 사건으로 가장 이익을 본 인물은 장쩌민이었다. 후야오방 실각 이후 자오쯔양은 덩샤오핑의 확실한 후계자였지만 천안문 사건 당시 보여준 우유부단함이 덩을 실망시켰다. 그렇다고 보수파의 우두머리인 리펑에게 권력을 물려줄 수도 없었다. 덩샤오핑은 상하이 출신인 장쩌민을 발탁했다. 장쩌민은 화궈펑과 같은 존재였다. 마오쩌둥은 화궈펑을 발탁할 때, "지나치게 영리하지 않지만 그렇다고 지나치게 우둔하지도 않다"는 인물평을 했다. 장쩌민도 지나치게 영리하지도 지나치게 우둔하지도 않은 무색무취한 인물이었다. 이 때문에 개혁파와 보수파 사이에서 어부지리를 얻을 수 있었다.

사실 장쩌민은 시골뜨기였다. 1970년대 화궈펑이 그랬듯이 중앙 정치 무대에서 장쩌민도 곧 조롱의 대상이 됐다. 외국 정상을 만날 때 그가 보여준 행동은 세련과는 거리가 멀었다. 특히 소련 유학 경험이 있는 장쩌민이 조금씩이나마 수 개 국어를 한다는 사실은 통역에게 도움이 아니라 재앙이었다. 장쩌민은 러시아 사람에게 러시아어를, 미국 사람에겐 영어를 말했지만 정작 상대편은 전혀 알아듣지 못했다. 외빈들은 장쩌민이 중국어로 말한다고 생각했고, 중국인들은 그가 외국어를 한다고 생각했다. 심지어 그는 중국을 방문한 미국 외교사절단 앞에서 링컨의 게티스버그 연설(Gettysburg Address; of the people, by the people, for the people이 나오는 명연설)을 외운답시고 몇 분씩 외교사절단의 진을 빼놓곤 했다.

그러나 장쩌민은 운 좋게도 화궈펑의 전철을 밟지 않았다. 화궈펑은 마오쩌둥이 일찍 죽어 방패막이가 없었지만 덩샤오핑은 장쩌민의 체제가 안정될 때까지 오랫동안 살아주었다. 말년에 덩은 개혁개방 정책이 자신의 사후에도 계속될 수 있도록 하는 것이 가장 큰 관심사였다. 그는 장쩌민이 좋아서가 아니라 자신의 개혁개방 노선이 바뀌지 않길 바랐기 때문에 장을 돌보아주었다. 덩은 심지어 장쩌민을 위해 일단의 당 간부와 군 지도부에게 대놓고 경고하기도 했다. "장쩌민 지도부에 대해 불평하지 마라. 속물처럼 굴지 말고 확신을 지니며, 절대 장쩌민 지도부에 대항하려 하지 마라. 장쩌민 체제는 앞으로 적어도 10년 동안 유지될 것이다"라고 말했다.

덩샤오핑은 천안문 사건 후 5개월 만에 모든 공직에서 사퇴했다. 1989년 11월 9일 공산당 중앙이 덩샤오핑의 은퇴를 승인함으로써 그는 자연인으로 돌아갔다. 중앙군사위 주석직도 포기했다. 중국의 권력 서열은 중앙당 총서기, 국가 주석, 국무원 총리 순이다. 당이 군과 정보다 우위에 있기 때문에 당 총서기가 가장 서열이 높다. 그러나 실질적인 권력 서열 1위는 군대를 움직일 수 있는 공산당 중앙군사위 주석 자리다. '권력은 총구에서 나온다'는 마오쩌둥의 말대로 중앙군사위 주석직은 덩샤오핑이 끝까지 지킨 자리였다. 그러나 덩은 천안문 사태에 대한 책임을 지고 중앙군사위 주석 자리도 장쩌민에게 넘기고 무관의 제왕으로 돌아갔다.

제2의 개혁개방 남순강화

형식상 최고가 된 장쩌민은 보수파와 개혁파 사이에서 헤매고 있었다. 덩샤오핑은 이런 장쩌민을 깨우치기 위해 제2의 개혁개방이라고 할 수 있는 그 유명한 '남순강화(南巡講話)'를 시작한다. 남순강화는 덩샤오핑이 남방을 순회하면서 개혁개방을 촉구한 일련의 연설이라는 뜻이다. 그는 남순강화를 통해 천안문 사태로 다소 소강 국면에 접어든 개혁개방에 다시 박차를 가했다.

1992년 덩샤오핑은 천안문 사태 이후 발언권이 커진 보수파들을 견제하기 위해 88세의 노구를 이끌고 남부 지방 순시에 나섰다. 그는 남부 지방을 돌며 다시 한 번 개혁개방을 외쳤다. 그는 1992년 설날인 1월 20일부터 21일까지 선전과 주하이 경제 특구를 방문했다. 그리고 이렇게 말했다.

개혁개방 정책을 수행할 때 우리가 우려해야 할 것은 다급함이 아니라 주저함이다. 국가는 이 정책이 필요하고 인민은 이것을 좋아한다. 누구든 개혁개방 정책에 반대하는 자는 바로 물러나야 한다.

덩샤오핑의 남순강화 이후 중국 경제는 또다시 고속 성장 궤도에 진입했다. 1989년 8.4%까지 떨어진 성장률이 1992년 12.5%, 1993년 13.8%로 급등했다. 천안문 사태 당시 마오쩌둥보다 더한 독재자라는 비난을 받은 덩샤오핑은 다시 구국의 영웅으로 최고의 전성기를 맞이했다. 덩의 마술이 펼쳐진 셈이다. 그는 서방 자본이 중국을 결코 포기할 수 없다는 사실을 간파하고 자신의 페이스대로 정국을 이끌고 간 명민한 인물이었다. 중국이 다시 초고속 성장기에 접어들자 인민들은 태평성대를 만끽하고 '등비어천가'를 불렀다.

천안문 사건이 발발한 지 20년이 넘었다. 그러나 중국의 민주화 운동은 더 이상 진화하지 않고 있다. 매년 6월 4일이 되면 홍콩 등지에서 '물망육사(勿忘六四, 6월 4일을 잊지 말자)' 등의 표어를 들고 민주화를 촉구하는 시위가 소규모로 일어날 뿐이다. 중국 인민들도 중국의 민주화가 요원하다는 사실을 알고 있다. 공산당 일당독재의 부정부패가 심하다는 것도 잘 알고 있다. 그러나 참고 있다. 어제보다 오늘이 좋고 오늘보다 내일이 더욱 좋을 것이라는 확신이 있기 때문이다. 1970년대 유신 시절 박정희 정권이 독재를 했지만 하루가 다르게 생활이 좋아졌기 때문에 독재를 암묵적으로 용인한 것과 비슷하다.

일국양제

홍콩 반환 역시 개혁개방만큼이나 중요한, 덩샤오핑의 업적이다. 아편전쟁으로 영국 제국주의에 빼앗겼던 땅을 되찾아 중국인들의 자존심을 한껏 고양해 주었기 때문이다. 홍콩 반환은 일국양제를 처음으로 적용한 사례로 일국양제 또한 덩샤오핑의 유연한 발상의 전형이다. 그는 통일만 된다면 홍콩이 자본주의든 사회주의든 상관치 않았다. 경제 발전만 이룰 수 있다면 자본주의든 사회주의든 상관치 않았던 흑묘백묘론과 같은 맥락이다. 그래서 일부에서는 일국양제를 흑묘백묘론의 정치적 응용이라고 평가한다.

덩샤오핑은 난징조약(1840~1842년 아편전쟁에서 청나라가 패한 후 영국 정부와 체결한 조약으로 향후 155년 동안 영국이 홍콩의 주권을 행사키로 함)으로 빼앗긴 홍콩의 할양 만료 기간이 다가오자 일국양제라는 탁월한 아이디어를 내놓아 홍콩의 중국 회귀(回歸)(영국 입장에서는 반환이지만 중국 입장에서는 회귀다)를 자연스럽게 이끌었다.

일국양제(一國兩制)는 한 국가이지만 체제는 두 개라는 뜻으로 영어로는 'One country, Two systems'로 번역된다. 홍콩의 경우 1997년 중국으로 귀

덩샤오핑 리더십 읽기 3: 유연

덩샤오핑은 유연한 발상을 했다. 흑묘백묘론과 일국양제가 유연한 발상의 대표적인 예다. 덩샤오핑은 발상뿐 아니라 정치 리더십도 부드러운 지도자였다. 마오쩌둥이 아버지처럼 강한 리더십의 소유자였던 데 비해 덩샤오핑은 어머니같이 부드러운 리더십의 소유자였다. 그러나 속까지 부드러운 것은 아니었다. 마오쩌둥은 이런 덩샤오핑을 두고 '면리장침(棉裏藏針, 솜 속에 침을 숨기고 있다는 뜻, 즉 외유내강)'이라고 평가했다.

한없이 부드러운 덩샤오핑은 홍콩 반환 과정에서 한없이 강한 '철의 여인' 대처 영국 수상과 조우했다. 덩샤오핑과 대처의 담판은 지금도 세계 외교가에서 회자되는 명장면이었다.

홍콩의 중국 반환일이 다가오자 대처는 홍콩을 영국에 조차한 난징조약이 유효하다고 주장했다. 중화인민공화국은 청조를 계승했기 때문에 청조가 맺은 조약은 지금도 유효하다는 것이었다. 그러나 덩샤오핑은 일언지하에 이를 거절했다. 홍콩은 엄연한 중국 땅이며, 홍콩 반환과 관련해 어떠한 협상의 여지도 없다고 못을 박았다. 그러자 대처는 주권을 관리권으로 바꾸자는 제안을 했다. 홍콩의 주권은 중국이 행사하지만 관리는 영국이 한다는 것이었다. 이에 덩은 "홍콩의 번영은 중국 때문도 아니고 영국 때문도 아니다. 홍콩은 홍콩인들의 노력에 의해 번영을 구가하고 있다"며 "중국이 주권을 회수해도 홍콩은 홍콩인들이 다스려야 한다"고 대처의 제안을 일축했다.

대처 총리는 덩샤오핑의 이같이 완강한 태도에 매우 실망했다. 대처는 회담이 끝난 뒤 계단을 내려가다 그만 실족하고 말았다. 전 세계 언론은 대처의 실족 순간을 대서특필했다. '면리장침'이 '철의 여인'에게 판정승을 거두는 장면이었다. 연한 혀가 단단한 이보다 오래간다는 중국 속담이 증명되는 순간이었다.

대처와 회담하고 있는 덩샤오핑. 출처: 중국공산당 신문망

속되지만 자본주의 체제를 향후 50년간 그대로 유지한다는 것이다. 이 같은 조치로 국제 자본은 홍콩을 떠나지 않았고 반환 후에도 홍콩은 아시아 자본 시장의 심장 역할을 그대로 수행하고 있다. 덩샤오핑은 경제 발전에 도움이 된다면 홍콩이 자본주의를 계속해도 문제가 되지 않는다고 생각했다. 주권만 회수하면 홍콩이 자본주의를 하든 사회주의를 하든 상관치 않은 것이다.

그의 선견지명은 그대로 맞아떨어졌다. 영국이 홍콩을 반환한 날은 1997년 7월 1일이었다. 조차 기간 만료가 가까워오자 중국과 영국은 이에 대한 회담을 했다. 협상에 진척이 없자 영국 쪽은 차라리 홍콩을 빨리 가져가라고 엄포를 놓았다. 사실 중국은 홍콩을 해방할 군사력이 충분히 있었다. 그러나 덩샤오핑은 결코 서두르지 않았다. 오히려 선전이 홍콩만큼 발전할 때까지 기다렸다.

덩이 선전을 특구로 지정한 때가 1979년. 이후 약 20년이 지난 뒤에야 홍콩을 받아들인 것이다. 만약 홍콩을 빨리 받아들였다면 대륙의 인구가 기회의 땅, 홍콩으로 몰려가 홍콩의 도시 기능이 마비됐을 것이다. 만약 지금 당장 남북한이 통일된다면 북한의 경제 난민들이 서울로 몰려들어 서울의 도시 기능이 마비될 것이다.

그러나 선전을 키웠기에, 홍콩이 반환됐지만 홍콩으로 몰려가는 중국인은 거의 없었다. 선전도 홍콩만큼 발전했기 때문이다. 오히려 반환 이후 홍콩 사람들이 선전으로 몰려갔다. 집값과 생필품 값이 싸기 때문이다. 홍콩 사람들은 선전에 집을 두고 홍콩으로 출퇴근하는 경우가 많다. 선전이 홍콩의 베드타운으로 거듭난 것이다. 홍콩에 사는 사람들도 주말에는 물가가 싼 선전으로 몰려가 쇼핑을 하고 홍콩으로 돌아오곤 한다.

원래 일국양제는 홍콩이 아니라 대만을 겨냥한 것이었다. 일국양제 아이디어는 1983년 처음 나왔다. 1983년 6월 26일 덩샤오핑은 미국 뉴저지 주의 시턴 홀(Seton Hall) 대학교에서 교수를 하고 있던 대만 출신 윌리엄 양(양리위, 楊力宇)을 접견하고 일국양제 아이디어를 처음 세상에 내놓았다. 덩은 "문제의 핵심은 국가 통일이며 다른 것은 부수적일 뿐"이라고 말했다. 또한 통일이 되고 나면 대만은 향후 50년 동안 기존의 사회 및 경제체제는 물론 정부와 군대까지 그대로 유지하게 될 것이라고 덧붙였다. 덩은 중국이 원하는 것은 국민당 정권이 만든 중화민국(Republic of China)이란 나라 이름을 중화인민공화국(People's Republic of China)으로 바꾸는 것뿐이라고 설명했다.

이후 덩샤오핑은 로널드 레이건 미국 대통령, 마거릿 대처 영국 총리 등 세계의 주요 정치 지도자를 만날 때마다 일국양제의 개념을 선전했다. 대만은 또 다른 통일전선 전술이라며 콧방귀를 뀌었지만 조차 만료 기간이 다가오는 영국은 민감하게 반응했다. 홍콩에 대한 영국의 조차는 1997년 끝나므로 영국은 홍콩의 미래 지위에 대해 중국 측의 양해를 받아야 했다. 홍콩에 대한 영국과 중국의 공식 협상은 1982년 9월 대처 총리의 1차 중국 방문을 계기로 시작됐고, 1984년 12월 대처 총리가 2차 방문에서 자오쯔양 총리와 합동 성명서에 서명함으로써 타결을 보았다.

1997년 홍콩 반환에 이어 1999년 마카오도 중국에 반환됐다. 이제 남은 것은 대만뿐이다. 중국공산당 미완의 과업이 조국 통일 완수다. 이제 대만만 통일하면 중국은 완전 통일을 이룰 수 있다. 일국양제는 대만 통일에도 적용되는 원칙으로 덩샤오핑은 경제개발과 함께 중국 통일의 원칙을 마련해 놓고 간 것이다.

덩샤오핑의 말년 소원이 홍콩이 반환된 후 홍콩 땅을 직접 밟아보는 것이었다. 늘그막에 그는 휠체어를 타고서라도 반환 후 홍콩을 꼭 가보고 싶다고 입버릇처럼 말했다고 한다. 그러나 그는 홍콩 반환을 눈앞에 둔 1997년 2월 19일 93세의 나이로 영면했다.

유훈 통치

덩은 갔지만 그의 개혁개방 정책은 지금도 계속되고 있다. 아니 더욱 강화되고 있다. 중국공산당은 물권법을 도입해 사유재산을 보호하는 단계에 진입했다. 중국공산당은 2006년 파산법을 통과시킨 데 이어 2007년 사유재산을 인정하는 물권법을 도입했다. 기존의 파산법은 기업이 부도가 났을 때 노동자들의 임금을 먼저 변제한 뒤 채권자가 나머지를 가져갔으나 개정 파산법은 노동자들의 임금보다 채권자의 권리를 우선토록 했다. 명색이 사회주의국가가 노동자들보다 자본가들의 권리를 우선하는 법을 제정한 것이다.

더 나아가 사유재산도 인정하는 물권법까지 도입했다. 중국공산당은 2007년 전인대에서 자본주의 민법 제도의 핵심인 물권법을 통과시켰다. 사유재산을 국·공유 재산과 똑같이 보호하겠다는 것이다. 중국이 자본주의

덩샤오핑이 직접 발탁한 3세대, 4세대 지도부의 우두머리 후진타오(왼쪽)와 장쩌민. 덩샤오핑 이후 중국 지도부는 일인이 지배적 권력을 행사하는 것이 아니라 집단 지도 체제로 굴러가고 있다.

시장경제로 전환을 마무리했다는 선언이라고 해도 과언이 아니다. 2006년 공산당 지도부가 법안을 상정하려 하자 좌파들이 "사회주의 체제의 근본을 위협한다"며 격렬히 막아 보류됐다. 그러나 물권법은 2007년 전인대에서 97% 찬성을 얻어 통과됐다. 강경파도 대세를 거스르지 못한 것이다.

물권법의 가장 큰 의의는 토지사용권 시한의 연장이다. 모든 토지가 국유인 중국은 주택 70년, 공장 50년, 상가 40년씩 사용 기간을 정해 개인이 국가에서 빌려 써왔다. 물권법은 이 사용 기간이 끝나더라도 자동 연장할 수 있게 했다. 사실상 개인의 토지 소유를 인정하고 '토지 국유'라는 사회주의의 근간을 스스로 허문 것이다. 이제 중국이 사회주의냐 자본주의냐 하는 논쟁은 끝났으며, 중국은 이제 완벽한 자본주의 국가라고 전인대가 선언한 셈이다. 덩샤오핑 사후에 개혁개방이 오히려 강화되고 있는 것이다.

정치 분야도 덩샤오핑의 유훈이 계속되고 있다. 덩을 제외하고 중국 지도부 1세대부터 4세대를 모두 관통한 인물은 없다. 그는 기본적으로 마오쩌둥, 저우언라이와 혁명을 같이 한 1세대 지도자다. 1세대 지도자군 중 가장 어렸던 그는 자연스럽게 2세대 지도자의 우두머리가 됐다. 2세대의 우두머리였던 데다 93세까지 장수한 그는 생전에 3세대, 4세대 지도자까지 모두 낙점하고 세상을 떠났다.

덩샤오핑은 후진타오가 티베트 공산당 당서기를 할 때 티베트인들의 독립 요구 시위를 무자비하게 진압한 것을 보고 그를 마음속에 넣어두었다. 티베트를 점령한 장본인이 덩샤오핑이었다. 덩샤오핑은 1949년 해방 이후 중국 서남부를 지배하고 있었다. 그의 서남군은 1950년 10월 인민들을 해방한다는 명분 아래 티베트를 점령했다.

후진타오는 1988년 티베트의 당서기로 임명됐다. 중국공산당이 파견한 티베트의 총독인 셈이다. 천안문 사건이 일어난 1989년 티베트에서도 독립 운동이 발생했다. 후진타오는 자신이 직접 철모를 쓰고 시위 현장에 나타나 시위대를 무자비하게 진압했다. 그의 모습은 TV를 통해 베이징에 중계됐고, 덩샤오핑은 그런 그를 눈여겨보아 두었다. 특히 그해는 6·4천안문 사건이 터진 해여서 그의 강경 진압은 덩샤오핑의 마음을 더욱 흡족하게 했을 것이다. 후진타오는 독립운동을 진압한 뒤 고산병에 걸려 베이징에 와 있었고, 덩샤오핑은 그를 중공 권력의 핵심인 공산당 정치국 상무위원에 발탁함으로써 일찌감치 장쩌민 이후를 대비케 했다.

덩샤오핑은 후진타오를 "의젓한 인물"이라고 평가했다. 후진타오가 중앙당 정치국 상무위원에 발탁됐을 때 그의 나이는 49세에 불과했다. 덩샤오핑은 장쩌민을 비롯한 3세대뿐 아니라 후진타오로 대표되는 4세대까지 진용을 짜놓고 세상을 떠난 것이다. 5세대인 시진핑과 리커창은 덩이 직접 낙점하지 않은 첫 세대다. 그러나 그들 또한 마오와 덩이 이뤄놓은 공산당 시스템 아래에서 탄생한 지도부다. 따라서 독립적인 세대라고 할 수 없다.

덩샤오핑 사후 중국은 1인이 지배적 권력을 행사하지 못하고 집단지도체제로 굴러가고 있다. 3세대인 장쩌민호는 장쩌민, 주룽지, 리펑이 트로이카 체제를 이루며 권력을 분점했다. 4세대인 후진타오호도 후진타오와 원자바오, 청찡홍이 권력을 나누어 가졌다. 5세대인 시진핑호도 시진핑과 리커창이 권력을 양분하고 있다. 공산당 내에 마오쩌둥이나 덩샤오핑같이 압도적 권위를 행사하는 거물이 없기 때문이다.

따라서 지금도 중국은 덩샤오핑 시대가 지속되고 있다고 봐야 한다. 그의 개혁개방 정책이 더욱 강화되고 있다. 먼저 부자가 되자는 선부론이 골고루 함께 잘살자는 균부론으로 바뀌었지만 본질적인 변화는 아니다. 환경을 먼저 생각하자는 녹묘(綠描)론도 나오고 있지만 흑묘백묘론의 연장선상에 있다. 녹묘론은 무분별한 개발로 중국의 환경문제가 갈수록 악화되자 이제는 자원과 환경을 고려하는 질적인 성장을 추구해야 한다는 개념이다. 고양이도 단순 성장을 떠나 질적인 성장을 하는 녹색 고양이, 즉 녹묘여야 한다는 것이다. 발전을 위해서 수단과 방법(흑묘든 백묘든)을 가리지 않던 중국이 이제는 지속 가능한 개발을 위해 환경(녹묘)을 생각하는 단계에 진입한 것이다.

"미국에 맞서지 말라"

그가 남긴 또 하나의 유훈이 있다. 바로 '힘을 비축할 때까지 미국에 맞서지 말라'는 것이다. 그는 죽기 전에 공산당 고급 간부에게만 회람되는 문서를 통해 이같이 밝혔다.

그는 죽기 오래전부터 이른바 '도광양회'를 외교정책의 근본으로 삼았다., 도광양회(韜光養晦)는 빛을 감추어 밖에 비치지 않도록 한 뒤 어둠 속에서 은밀히 힘을 기른다는 뜻이다. 약자가 모욕을 참고 견디면서 힘을 갈고닦을 때 많이 인용된다. 나관중의 소설 『삼국지연의』에서 유비가 조조의 식객 노

덩샤오핑 리더십 읽기 4: 보편

마오쩌둥은 한국전쟁 참전 당시 미국이 중국에 원자폭탄을 터뜨릴 수도 있다는 지적에 "어차피 전쟁은 전쟁이다. 한 3억 명이 죽으면 어떤가. 우리는 자식을 더 많이 낳을 것이다"며 전쟁을 강행할 정도로 호전적이고 무모했다. 그러나 덩샤오핑은 평화를 지향했고, 합리적이었다. 그는 특히 세계의 보편적 질서를 존중했다. 그는 2차 대전 후 세계 유일 초강대국으로 떠오른 미국과의 관계 개선 없이는 평화도 경제 발전도 없다는 사실을 직시하고 있었다.

그는 집권 직후 미국, 일본과 수교를 맺었다. 1978년 일본과 중일 우호조약을 체결했다. 앞서 중국은 1972년 일본과 국교를 정상화했다. 당시 일본은 미국과 중국이 핑퐁외교로 데탕트에 나서고, 중국이 UN에서 대만을 대신해 상임이사국에 선임됨에 따라 중국과의 관계 개선을 서둘렀다. 이에 따라 1972년 중국과 일본은 국교 정상화에 합의했다. 그러나 그 뒤 별다른 교류는 없었다. 그러던 양국은 덩샤오핑이 집권한 뒤 중일 우호조약을 맺음으로써 양국 관계를 한 단계 더 격상하고, 활발한 교류에 나섰다.

일본과 중일 우호조약을 맺은 덩샤오핑은 1979년 미국으로 날아가 미국과 정식으로 국교를 수립했다. 당시 카우보이모자를 쓴 덩샤오핑의 사진은 미중 관계 정상화를 상징하는 '역사의 한 컷'으로 지금도 많은 사람들의 뇌리에 남아 있다. 앞서 중국과 미국은 1972년 핑퐁외교 당시 닉슨이 중국을 직접 방문, 마오쩌둥과 정상회담을 가졌으나 상하이 공동 '코뮈니케'(문서에 의한 국가 의사표시의 한 형태로, 법적 구속력은 없다)만 발표하고 정식 수교를 맺지는 않았다.

덩샤오핑은 선진국의 자본과 기술이 없으면 중국이 발전할 수 없다는 사실과, 신속한 경제 발전을 위한 정치적 안정을 위해 서방국가와 좋은 관계를 유지해야 한다는 사실을 매우 잘 알았다. 덩샤오핑의 이 같은 개방정책은 소련과는 궤를 달리하는 것이었다.

소련은 미국과 세계를 양분했지만 세계경제 체제 밖에 있었다. 전후 세계경제는 미국 중심의 자본주의 체제가 보편적 질서였다. 소련은 보편적 세계경제 체내 내로 들어오지 않았고, 그 결과 연방이 붕괴되는 운명을 겪었다. 하지만 중국은 세계경제 체제 안으로 들어갔다. 소련은 세계경제 체제 밖에서 미국을 위협했지만 중국은 세계경제 체제 안에서 미국을 위협하고 있는 것이다. 소련과 중국이 결정적으로 다른 점이 바로 이것이다.

덩샤오핑은 죽기 직전 공산당 고위 간부에게만 회람되는 비밀문서를 통해 "미국에 맞설 힘을 키울 때까지 미국에 맞서지 말라"는 유훈을 남겼다. 미국의 패권을 인정한 것이다. 미국의 패권을 인정한 중국은 이후 눈부신 경제 발전을 거듭해 미국의 패권을 위협하는 단계에 진입했다. 세계의 주요 경제 기관들이 중국 경제가 미국 경제를 추월하는 시기를 앞당기는 경쟁을 벌이고 있을 정도다. 보편적 세계 질서를 존중하고, 이를 위해 몸을 낮춘 덩샤오핑의 '도광양회'가 빛을 발할 날이 머지않은 것이다.

릇을 할 때 살아남기 위해 일부러 몸을 낮추고 어리석은 사람처럼 보이도록 해 조조의 경계심을 풀도록 만든 계책이다.

덩샤오핑은 경제는 개혁개방, 외교는 도광양회를 캐치프레이즈로 삼았다. 1949년 중화인민공화국이 출범한 후 중국은 '기미(羈縻)'정책을 대외 정책의 근간으로 삼아왔다. 기미란 굴레를 씌워 얽맨다는 뜻으로, 주변국을 중국의 세력 범위 안에 묶어두고 통제하는 것을 일컫는다. 그러나 중국은 그동안 초강대국인 미국의 그늘에 가려 국제사회에서 제대로 영향력을 행사하지 못했다. 그래서 덩샤오핑은 개혁개방 정책을 취하면서 도광양회를 기미정책을 달성하기 위한 대외 정책의 뼈대로 삼았다. 이는 국제적으로 영향력을 행사할 수 있는 경제력이나 국력이 생길 때까지는 침묵을 지키면서 강대국들의 눈치를 살피고, 전술적으로도 협력하는 외교정책을 말한다. 덩은 자신의 외교 철학을 20자로 요약했다. 이른바 '덩의 20자 방침'이다. "냉정히 관찰하고, 침착하게 대응하며, 자신을 확고히 하고, 재능을 감추고 때를 기다려야 하며, 능력을 발휘해 성과를 이룩해야 한다(冷靜觀察, 沈着應付 站穩陣脚 韜光養晦, 有所作爲)."

2차 대전 이후 세계를 관통하는 질서가 하나 있다. 미국에 맞서면 망하고, 미국에 협력하면 흥한다는 사실이다. 미국에 맞선 소련 등 동구권은 망했다. 쿠바와 북한은 기아선상을 헤매고 있다. 그러나 한국, 일본 등 미국에 협조한 나라는 국가적 자존심은 좀 상했지만 번영을 구가하고 있다. 중국도 마찬가지다. 중국이 미국에 맞섰을 때는 경제가 붕괴 직전이었다. 1950~1960년대 대약진운동, 문화혁명 때 수천만 명의 중국 인민들이 숨졌다. 그러나 미국과 관계를 정상화한 후 발전을 거듭하고 있다.

미국은 1972년 최대의 라이벌인 소련을 견제하기 위해 중국과 손을 잡았다. 그 유명한 핑퐁외교를 통해 중국과 미국은 데탕트 시대를 열었다. 중국은 1978년 개혁개방에 나섰고, 1979년 미중 국교 정상화 이후 미국은 중국의 상품을 수입해 줌으로써 중국이 쾌속 성장하는 데 결정적 역할을 하고 있다. 미국과 중국은 인권 문제를 둘러싸고 가끔씩 가시 돋친 설전을 주고 받지만 경제적으로는 환상의 콤비를 이루고 있다. 미국이 중국의 상품을 소화해 주고, 중국은 잉여 외환 보유액으로 미국의 국채를 사주고 있다. 중국이 없었다면 미국인들이 월마트에서 그렇게 싼값에 물건을 살 수 없었을 것이고, 미국이 중국의 상품을 소화해 주지 않았다면 중국은 지금과 같은 고속 성장을 할 수 없었을 것이다.

이 같은 협력이 가능한 것은 중국이 미국의 패권을 인정하고 있기 때문이다. 중국은 중국의 발전 수준이 미국에 버금갈 때까지 미국의 패권을 인정하는 것을 외교정책의 근간으로 삼고 있다. 빠른 경제성장을 위해서는 정치 안정이 가장 중요하기 때문이다. 중국이라는 호랑이가 발톱을 감춘 채 미국 앞에 꼬리를 내리고 있는 형국이다.

중국의 이 같은 입장은 1999년 5월 8일 베오그라드 중국 대사관 오폭 사건에서 적나라하게 드러났다. 베오그라드 오폭 사건은 미국이 유고슬라비아 베오그라드 주재 중국 대사관에 미사일을 발사해 인명 피해가 난 사건이다. 미국 측은 오폭이라며 즉각 사과했지만 중국은 대규모 관제 데모를 조직해 주중 미국 대사관 등지에서 격렬한 시위를 벌였다. 그러나 그것으로 끝이었다. 중국공산당은 당시 이 사건을 '미국이 중국의 신속 대응 능력을 시험해 보기 위해 일부러 도발한 사건'이라고 규정했다. 실제로 중국 대사관은 베오그라드 중심지에서 3킬로미터 떨어진 외곽 지역에, 그것도 주위 수백 미터 이내에 아무 건물도 없는 개활지에 있었다. 제3자가 보기에도 미국이 오폭이라고 주장하기에는 좀 미심쩍은 부분이 있었다. 그러나 중국은 전국적인 관제 데모를 벌인 것으로 사태를 마무리했다. 중국은 더 이상 미국을 자극하지 않았다. 미국이 중국의 신속 대응 능력을 시험해 보기 위해 일으킨 도발이라고 규정해 놓고도 말이다.

당시 중국공산당 중앙 정치국 상임위원회가 내린 판단은 다음과 같다.

_미국과 나토(NATO)의 오폭설을 확실히 부정하고 미국의 오랜 음모에 의한 것으로 인정한다.

_현재의 대세는 덩샤오핑의 경제 건설을 중심으로 하는 개혁개방 노선을 계속해서 추진하는 것이다. 이를 위해서는 정국의 안정과 현행 외교정책을 지키는 것을 기조로 해야 한다.

_미국과의 투쟁은 장기적인 것이고 그 투쟁은 금후 외교 전선에서 나타날 것이다. 중미 관계에서 중국은 싸우지만 깨뜨리지 않는 것을 원칙으로 한다.

여기서 '싸우지만 깨뜨리지 않는'다는 표현에 주목할 필요가 있다. 현재의 틀을 깨지 않는다는 것은 미국의 패권을 인정한다는 뜻이다. 그러나 중국이 발전을 거듭해 경제력이 미국과 비슷해진다면 상황은 달라질 것이다.

팍스 시니카

중국은 개혁개방 이후 연평균 10% 내외의 고속 성장을 거듭해 미국을 위협하는 경제 대국이 됐다. 중국의 중앙은행 총재인 인민은행장이 경기과열을 억제하기 위해 긴축을 단행하겠다고 하면 미국 증시는 물론 세계 증시가 일제히 급락한다. 한국 증시도 예전에는 미국 증시에 커플링(coupling, 동조화)돼 있었다. 그러나 지금은 중국 증시에 커플링돼 있다.

이에 비해 미국은 고전하고 있다. 2008년 서브프라임 모기지 사태로 인한 금융 위기 이후 미국 경제의 쇠퇴는 뚜렷하다. 미국은 2008년 서브프라임 모기지 사태로 인한 금융 위기로 사실상 망했다. 중앙은행의 발권력이 무제한에 가깝고, 달러가 기축통화이기 때문에 근근이 버티고 있을 뿐이다. 그런데 그 달러도 흔들리고 있다. 지금 당장이라도 중국이 미국의 달러를 사주지 않는다면 달러는 기축통화를 유지하기 힘들 것이다.

중국은 무려 4조 달러에 가까운 외환을 보유하고 있다. 중국은 외환 보유액의 대부분을 미국 채권에 투자하고 있다. 중국이 일시에 미국의 채권을 팔아치우면 달러가 급락하고 미국 경제는 붕괴한다. 그러나 중국은 미국의 채권을 팔아치울 수 없다. 미국의 채권을 처분한다면 달러 약세가 되고 달러가 약세면 외환 보유액을 대부분 달러로 갖고 있는 중국의 외환 보유액 가치도 그만큼 줄어든다.

무엇보다 중국이 달러를 처분하지 못하는 것은 달러를 매개로 국제적 분업 체계가 구조화돼 있기 때문이다. 개발도상국들 대부분은 소비가 아닌 수출이 경제성장의 원동력이다. 이에 비해 미국은 소비가 경제성장의 원동력이다. 수출 의존형인 아시아 국가는 자국의 통화 강세를 바라지 않는다. 자국 통화가 강세를 보이면 수출가가 그만큼 높아져 가격 경쟁력이 떨어지기 때문이다. 따라서 아시아 개도국들은 대부분 인위적으로 자국 통화의 약세를 유도한다. 수출의존도가 높은 중국 등 아시아 개도국들은 인위적으로 자국 통화를 평가절하하면서 수출을 늘려 고속 성장을 하는 전략을 구사하고 있는 것이다.

아시아가 생산한 제품을 소비해 주는 곳이 미국이다. 따라서 미국 경기가 조금만 안 좋아져도 미국이 아니라 아시아가 아우성이다. 수출이 안 돼 경제성장이 더뎌지기 때문이다. 아시아는 수출로 번 달러를 다시 미국에 빌려주며(미국 채권을 사주며) 미국인의 소비를 부추기고 있다. 세계는 이와 같이 구조적으로 불평등한 상태에 놓여 있다.

이 같은 부조리를 가능케 하는 것이 달러다. 달러를 대신할 기축통화가 있다면 달러를 팔고 다른 기축통화를 사면 되지만 달러를 대신할 기축통화가 없다. 최근 유로화가 강세를 보이지만 달러를 대체할 정도는 아니다. 따라서 아시아는 미국의 채권을 사주면서까지 자국 통화의 약세를 유도하고 미국에 소비를 요구하는 것이다. 이같이 불평등한 국제 분업 체계의 핵심이 바로 '소비'다. 아시아가 아무리 많은 상품과 재화를 생산해도 이를 소비해 줄 곳이 없으면 무용지물이다. 과잉생산으로 경제 발전은커녕 디플레이션 (물가하락)의 늪에 빠질 것이다. 아시아에서 생산한 것을 미국에서 소비해 주어야 아시아 경제가 돌아간다.

2013년 현재 중국의 GDP에서 소비가 차지하는 비중은 50%를 약간 밑돈다. 나머지가 수출과 투자다. 미국은 소비가 전체 GDP의 80% 정도를 차지한다. 중국이 더 발전해서 국민들의 구매력이 높아져 소비를 더 많이 하고, 소비가 GDP에서 차지하는 비중이 미국처럼 80% 정도 된다면 중국이 생산한 물품을 미국에 수출하지 않아도 된다. 그렇다면 중국은 위안화를 저평가할 필요가 없고, 더 이상 미국의 채권을 사줄 이유가 없다. 결국 달러는 붕괴한다. 달러의 붕괴는 미국의 붕괴를 의미한다. 세계는 달러 중심에서 위안화 중심 경제로 재편된다. 즉 '팍스 아메리카나(Pax Americana)'의 시대가 가고 '팍스 시니카(Pax Sinica)'의 시대가 열리는 것이다.

중국은 지금 미국에 맞서지 않고 있다. 그러나 경제력이 더 축적되면 미국에 맞설 것이다. 이는 덩샤오핑의 유훈을 뒤집는 것이다. 중국은 이미 덩샤오핑의 선부론을 폐기했다. 이제 남은 것은 '힘을 비축할 때까지 미국에 맞서지 말라'다. 중국이 이 같은 덩샤오핑의 유훈을 폐기할 때 비로소 세기의 영웅, 덩샤오핑의 시대가 끝날 것이다.

인간 덩샤오핑: 쥐린과 60년 해로

마오쩌둥과 덩샤오핑은 전혀 다른 캐릭터를 갖고 있다. 마오는 마오이즘을 창안한 사상가이자 혁명가이며, 군사 전략가였다. 또 당대 최고의 서예가였으며, 일부에서 현대의 10대 시인으로 꼽을 정도로 탁월한 시인이었다. 마오는 전형적인 다빈치형 인간이었다. 그러나 덩은 정치의 달인이었지만 천재형 인간은 아니었다. 마오쩌둥이 영웅의 풍모를 지닌 데 비해 덩샤오핑

덩샤오핑과 쥐린. 출처: 중국공산당 신문망

은 서민적인 풍모가 강했다.

　가정적으로도 두 사람은 뚜렷한 대비를 이룬다. 마오쩌둥은 신중국 건설이라는 위대한 업적을 달성했지만 가정적으로 매우 불행했다. 모두 세 번 결혼했고, 큰아들을 잃었다. 마오는 공산혁명 과정에서 처와 자식을 비롯해 수없이 많은 직계가족을 혁명의 제물로 바쳐야 했다.

　이에 비해 덩샤오핑은 개인적으로 아주 행복한 가정을 일궜다. 그는 결혼에 두 번 실패한 뒤 쥐린(卓林, 탁림)을 만났다. 쥐린은 윈난(雲南, 운남) 지방 지주의 딸로 태어나 어려서부터 넉넉한 환경에서 자랐고, 베이징 대학에서 공부하며 혁명을 동경하는 지식 여성이었다. 덩은 소련 유학 시절 두 살 연하인 장시위안(張錫瑗, 장석원)을 만나 귀국 후 결혼했다. 그러나 그녀는 아이를 낳다가 산욕열로 숨졌다. 아이도 금방 죽었다. 둘째 부인인 진웨이잉에게서는 수감 생활 중 이혼장을 받았다. 덩은 두 번의 실패 끝에 줘린과 1939년 만나 60여 년을 해로했다. 둘 사이에 2남 3녀를 두었다. 덩에게 가정적으로 불행했던 일은 첫사랑 장시위안의 사망과, 큰아들 덩푸팡(鄧朴方, 등박방)이 반신불수가 된 것 외에는 없을 것이다.

마오쩌둥은 자신을 진시황에 비견하기를 좋아했고, 실제 진시황에 필적할 만한 능력과 업적이 있었다. 그러나 덩샤오핑은 자신을 '인민의 아들'이라고 칭했다. 마오가 영웅의 기질이 다분한 데 비해 덩은 '위대한 보통 사람'이라고 할 수 있다.

덩샤오핑은 기본적으로 검소하고 질박한 사람이었다. 절대 권력을 쥐었음에도 여자, 돈, 음식 등을 탐하지 않았다. 마오가 여성 편력으로 유명한 데 비해 덩은 줘린과 결혼한 후 다른 여자를 품지 않았다.

자상한 아버지

덩샤오핑은 2남 3녀의 자녀를 낳았고, 이들은 또 10여 명의 자식을 낳았다. 덩의 가족들은 4대가 한 집에서 살았다. 사대동당(四代同堂)한 셈이다. 사대동당은 4대가 한 집에 산다는 사자성어로 가정의 행복을 맘껏 누린다는 뜻이다. 덩은 죽을 때까지 불과 다섯 살 연상인 계모를 모셨고, 아들, 딸, 손자, 손녀들과 함께 살았다. 그래서 많을 때는 약 20여 명이 한 집에서 살았다. 그는 대부분 손자 손녀를 직접 키울 정도로 어린아이를 좋아했다. 그가 은퇴할 때 낸 성명을 보면 그가 얼마나 가정적인 사람인지를 알 수 있다. 그는 1989년 11월 공산당 중앙군사위 주석직도 내놓고 모든 공직에서 은퇴할 때, 이렇게 말했다.

내가 바라는 것은 우리나라를 위해 당연히 해야 할 일을 다 한 뒤 일반인

덩샤오핑은 행복한 가정생활을 누렸지만 문화혁명 때 반신불수가 된 큰
아들 덩푸팡은 마음의 상처였다. 덩푸팡은 문화혁명 때, 베이징 대학의 홍
위병들에게 집단 구타를 당하며 아버지를 반동으로 고발할 것을 강요당했
다. 덩푸팡은 너무 고통스러운 나머지 건물에서 투신했고, 결국 평생 하반
신을 못 쓰는 불구가 됐다. 당시 덩샤오핑 또한 장시 지방으로 하방을 당한
상태였다. 덩푸팡은 몸을 크게 다쳤지만 돌보아줄 사람이 없자 부모가 유배
생활을 하고 있는 장시로 갔다. 덩은 자신의 아들을 매일 직접 씻기고 척추
마사지를 해주었다. 덩푸팡은 훗날 "정치만 알고 있을 것 같던 아버지에게
이렇게 자상한 면이 있는 줄 예전에는 미처 몰랐다"고 회고했다.

덩샤오핑은 특히 어린아이를 좋아했다. 장시에서 하방을 당하고 있을 때
도 손자를 직접 키웠다. 장시 성은 습기가 많아 기저귀가 잘 마르지 않았
다. 물자가 귀한 시절이었기 때문에 기저귀도 충분치 않았다. 따라서 기저귀
를 말리는 것이 가장 큰 일이었다. 그는 숯불에 기저귀를 손수 말려가며 손
자를 키웠다. 한때 중국 대륙을 호령하던 영웅호걸이 손자의 기저귀를 직접
숯불에 말리는 광경을 상상해보면 그가 얼마나 가정적이고 자상한 사람인
지를 미루어 짐작할 수 있다.

덩샤오핑의 손자 손녀들은 대부분 할아버지 책상이 그들의 아지트였다
고 회고한다. 덩샤오핑의 베이징 집무실에는 엄청나게 큰 책상이 있었다. 손
자 손녀들은 이 책상 밑에 들어가 놀곤 했다. 할머니가 할아버지가 일을 하
시니 조용히 하라고 하면 덩은 "일에 집중하면 아무 소리도 안 들리니 그만
두구려"라고 말했다고 한다. 그는 "아이들의 노는 소리는 천상의 소리"라고
말할 정도로 어린아이를 좋아했다.

덩샤오핑의 부인 쥐린은 덩은 말수가 적었지만 말을 할 때는 쉽고 명쾌했

으며, 유머 감각도 상당했다고 회고했다. 쥐린은 "남편이 말수가 적어 사람들에게 차갑다는 인상을 주었으나 속은 따뜻한 보온병 같은 사람이었다"고 덩의 성격을 묘사했다.

장수 비법

덩샤오핑은 93세까지 장수했다. 그가 장수를 누린 데는 세 가지 비법이 있다. 첫째는 산책, 둘째는 체조, 셋째는 수영이다. 그는 비가 오건 눈이 오건 바람이 불건 날마다 산책을 했다. 1989년 공직에서 은퇴한 뒤로는 스스로 체조를 개발해 매일 했다. 산책 후 체조를 하는 것이 생활화돼 있었다. 특히 그는 수영을 좋아했다. 절대 수영장에 가지 않고 바다에서만 수영을 했다. 그는 "바다에서 수영하는 것은 기세(氣勢)가 있다"고 했다. 매년 여름 그는 해변에 가서 수영을 했으며, 88세인 1992년까지 계속했다. 바다에 가면 하루에 여덟 차례나 물에 들어갔다.

브리지 게임은 치매를 예방했다. 덩은 1952년 브리지 게임을 배운 후 평생 동안 즐겼다. 게임을 할 때 그는 두뇌 회전이 빠르고 계산이 정확했으며 과감한 플레이를 했다. 그는 카드 게임을 발전시킨 공로로 1993년 세계카드협회에서 영예 금장 증서를 받기도 했다. 덩은 은퇴 후에도 브리지 게임을 즐겼는데, 자주 이렇게 말했다고 한다. "카드 게임을 할 수 있으면 내 머리가 아직 쓸 만하다는 것이고, 수영을 할 수 있으면 내 몸이 아직 건강하다는 증거야."

덩샤오핑 장례식. 장쩌민 당시 국가주석이 추도사를 낭독하고 있다. 출처: 중국공산당 신문망

수불석권

　과묵한 덩샤오핑은 많은 시간을 독서와 사색으로 보냈다. 산책을 하면서 국가에 대해 생각했고, 또 치국 방략을 세우기 위해 수불석권(手不釋卷, 손에서 책을 놓지 않음)했다.

　덩샤오핑의 애독서는 역대 제왕의 필독서인 『자치통감』이었다. 『자치통감』은 북송의 사마광이 쓴, 방대한 편년체(연대에 따라 편찬한) 역사서로 역대 왕의 통치술이 담긴 책이다. 중국의 역대 황제는 『자치통감』을 항상 곁에 두고 현실 정치에 활용했다. 공산 중국의 2대 황제인 덩 또한 틈만 나면 『자치통감』을 읽으며 나라를 통치하는 아이디어를 구했다. 덩은 『자치통감』뿐 아니라 24사(史)를 손에서 놓지 않았다.

　그리고 덩샤오핑은 사전과 지도에도 일가견이 있었다. 그는 "사전은 인류 정신문화의 보고"라며 가까이에 두었고, "사전을 보고 있으면 시간이 가는 줄을 모른다"고 말하곤 했다. 그는 장시 성으로 하방당했을 때, 사전을 벗 삼아 시간을 낚았을 정도로 사전 마니아였다. 그는 재임 시 중국의 역사 문화를 총망라한 『중국대백과전서』를 간행케 했다. 덩은 그 공로로 기네스 협회에서 상을 받기도 했다. 지도를 보는 습관은 젊은 시절 대장정, 항일 전쟁, 국공 내전 등을 거치며 체화한 것으로 자식들과 여행을 할 때면 반드시 지도를 준비해 자식들에게 현재 위치가 어딘지를 숙지하도록 했다고 한다.

재산은 무일푼

덩샤오핑은 생전에 자식들에게 "나는 일평생 재산을 모으지 않았다. 내가 죽은 후에 너희들은 자신의 능력에 의지해 살아야 한다. 내가 가진 것은 100만 위안(1억 7000만 원)의 저작권료뿐이다. 덩샤오핑 문선 세 권을 발행한 전체 저작권료가 100만 위안인데, 전액을 교육 사업에 기부하겠다"고 말했다.

덩샤오핑은 또 사후에 자신의 기념관을 세우지 말라고 하고, 동상을 만드는 것도 금지했다. 그 대신 나무를 많이 심으라고 했다. 죽은 사람이 산 사람의 자리를 차지하는 것은 난센스라며 나무를 많이 심을 것을 특히 강조했다. 실제로 마오쩌둥의 동상은 중국 전역에 있지만 덩샤오핑의 동상은 그의 고향 쓰촨 성 광안 현 이외에는 거의 볼 수 없다.

또 덩샤오핑은 각막과 장기를 기증하고, 유체는 중국 최고의 병원인 301병원에 해부 연구용으로 내놓았다. 그는 유언에 따라 화장됐고, 유골은 바다에 뿌려졌다. 일세를 풍미한 영웅치고는 소박하기 그지없는 마지막이었다. 그리고 유물론자다운 깔끔한 마무리였다.

3장
박정희와 10월 유신

10월 유신

1960년대 박정희 정부는 정치, 경제, 외교 모든 면에서 순항하고 있었다. 정치적으로는 1963년과 1967년 그리고 1971년 세 차례에 걸쳐 대통령 선거에서 승리했다. 특히 1969년 3선 개헌에 성공해 절차적 정당성을 확보했다. 경제적으로도 잘 나아가고 있었다. 1962~1971년 연평균 9%의 경제성장률을 달성했다. 외교 분야도 더할 나위 없이 좋았다. 일본과 국교 정상화 이후 일본 정부는 박정희 정권을 전폭 지지했다. 미국도 베트남전쟁에서 미국에 적극 협력한 박정희에게 무한 신뢰를 보내고 있었다.

그러나 1970년대에 들어서자 박정희는 여러 측면에서 도전에 직면하게 된다. 데탕트 등 국제 정세의 변화, 야당의 약진 등 국내 정치의 위기, 경공업 중복 투자로 인한 경제 위기, 경제개발로 인한 시민사회의 성장, 노동자계급의 각성, 산업구조 재편에 따른 재계의 반발 등이었다.

베트남전 종결을 위한 닉슨독트린의 발표와 함께 미중 화해 무드로 동북

1972년 10월 17일 비상계엄 하에 유신이 선포됐다. 광화문 앞에 탱크가 등장한 것은 5·16쿠데타 이후 처음이었다. 출처: 국가기록원

아시아 정세가 급변하고 있었다. 국내 정치도 마음을 놓을 수 없었다. 박정 희는 1971년 대통령 선거에서 겨우 김대중을 이겼다. 박정희는 승리했지만 정치 중심지인 서울에서는 김대중에게 20%나 뒤졌다. 박정희의 승리는 농 촌 지역 특히 경상도 지역의 몰표 때문이었다. 이는 지역감정 덕분이었다. 이전에도 지역감정은 있었다. 그러나 지역감정이 본격화된 것은 1971년 대 선부터였다. 박정희와 공화당은 노골적으로 지역감정을 부추겼다. "신라 임

금을 뽑자", "김대중이 정권을 잡으면 경상도에 피의 보복이 있을 것이다" 등의 천박한 지역감정 구호가 난무했다. 실제 호남에서는 박정희가 78만 표, DJ가 141만 표를 얻은데 비해 영남에서는 박정희가 222만 표, DJ가 72만 표를 얻는 데 그쳤다. 박정희가 잠자고 있던 '지역감정'이라는 괴물을 깨운 것이다. 이후 한국의 정치는 지금까지 지역감정이란 악령의 주술에서 풀려나지 못하고 있다.

이뿐 아니라 곧이어 열린 국회의원 선거에서 야당인 신민당이 기존의 44석을 두 배 이상 상회하는 89석을 얻음으로써 개헌 저지선을 확보했다. 시민사회의 성장도 무시할 수 없었다. 이는 박정희의 업적이기도 했다. 1960년대 산업화로 인해 노동자 계층과 중산층이 성장하면서 자유민주주의를 추구하는 세력으로 커가고 있었다.

박정희 정권의 최대 업적인 경제에도 빨간 불이 켜지고 있었다. 1960년대 차관에 의한 경공업 성장 전략은 중복 투자로 인해 문제가 불거지고 있었다. 차관으로 설립한 기업이 부실기업으로 전락하는 사례가 속출했다. 정부는 1969년 5월 9일 차관 업체 89개 중 45%가 부실기업이라고 발표했다. 게다가 미국은 경상수지 적자가 늘어나자 보호무역으로 선회, 한국을 비롯한 개발도상국 상품에 수입 규제 조치를 취하기 시작했다. 이는 수출 둔화로 이어질 수밖에 없었다. 이에 따라 경제성장률이 하강 곡선을 그리고 있었다. 경제성장률은 1969년 13.8%에서 1970년 7.6%, 1971년 9.4%, 1972년 5.8%를 기록했다. 박정희 정권의 최대 치적인 고도성장 이미지에 심각한 타격이 불가피했다.

노동자계급도 각성하고 있었다. 1960년대 경공업 중심의 산업화를 거치면서 1960년 11.8%이던 노동자계급이 1970년에는 24.1%로 확대됐다. 게다가 고환율 정책으로 인한 노동력 착취는 노동자 불만으로 이어졌다. 1969년 130건, 1970년 165건에 불과하던 노동쟁의가 1971년에 들어서자 1656건으로 폭발적으로 증가했다. 노동자 불만이 상징적으로 표출된 사건이 바로 전태일의 분신이었다. 전태일은 1970년 11월 13일 서울 평화시장에서 유명무실한 '근로기준법 화형식'을 거행하고 분신자살했다. 전태일의 분신은 산업화 과정에서 희생된 노동자의 삶이 사회문제로 부각되는 계기가 됐다. 이 사건 이후 노동자들의 계급의식이 확대되고, 노동운동도 한층 치열해졌다.

화불단행이라고 했다. 이러한 상황에서 제1차 석유 위기까지 몰려왔다. 이에 따라 경제적 위기감이 최고조에 달했다. 게다가 정부는 경공업 중심에서 중화학공업 중심으로 산업 체제를 개편하려 했다. 이로 인해 기존의 경공업 중심 정책에서 혜택을 받던 기업가들이 이의를 제기하고 나섰다. 이 모든 것을 일거에 잡기 위한 특단의 대책이 필요했다.

왕이 되고 싶었던 박정희

사실 위의 정치·경제·사회적 배경은 구실에 지나지 않았다. 미중 화해는 한반도 평화 정착에 유리한 상황 변화였다. 한국이건 북한이건 단독으로 전쟁을 수행할 능력이 없었다. 동맹국의 도움 또는 허락 없이는 전쟁을 할 수 없었다. 그러나 양국의 최고 동맹국이고, 한국전쟁 당시 한반도에서 맞붙었던 미국과 중국이 친하게 지내겠다고 했다. 이제 한반도에서 전쟁 위험은 크게 줄었다. 한반도에 평화가 정착될 기회가 온 것이다. 노동쟁의의 증가도 1971년이 대선과 총선의 해였기 때문에 노동자들이 선거 국면을 이용, 그들의 요구를 일시에 분출한 측면이 컸다. 시민사회의 성장도 이제 걸음마 단계에 불과했다. 사실 더한 위기는 1975년 베트남 패망에 이은 캄보디아, 라오스 등의 공산화 도미노였다. 아직 실제 위기는 오지도 않았다.

결국 유신의 본질은 박정희가 영구 집권을 위해 단행한 '비상(비상식적인) 조치'였다. 박정희는 3선 개헌을 통해 1971년 대통령 선거에서 김대중을 물리치고 대통령에 당선됐다. 당시의 체제로는 1975년이면 박정희는 물러나

야 했다. 그러나 박정희는 대통령직을 물려줄 생각이 전혀 없었다. 중증 '대통령 병' 환자였던 것이다. 보수 언론은 한때 김대중을 대통령 병 환자라고 매도했다. 그러나 진정한 대통령 병 환자는 박정희였다. 그는 세 번 연임한 것도 모자라 죽을 때까지 대통령을 하고 싶었다. 한마디로 박정희는 왕이 되고 싶었던 것이다. 왕과 대통령의 차이는 딱 한 가지다. 왕은 죽을 때까지 한다. 그러나 대통령은 임기까지만 해야 한다. 박정희는 자신의 바람대로 10월 유신을 통해 죽을 때까지 대통령을 할 수 있었다. 그런데 문제는 그 죽음이 자연사가 아니라, 개인은 물론 민족에게도 불행인 피살이었다는 점이다.

1972년 10월 17일, 박정희는 전국에 비상계엄을 선포하고 대통령 특별선언을 발표했다. 박정희는 국내외에 조성된 위기 상황 때문에 유신이라는 비상조치가 불가피하다고 강조했다. 또다시 헌정 질서를 유린한 '제2의 쿠데타'를 일으킨 것이다. 1961년 5월 16일 쿠데타 이후 11년 5개월 만의 일이었다.

1972년 11월 계엄령 아래에서 국민투표로 통과된 유신헌법은 대통령을 입법·행정·사법의 삼부 위에 군림하는 초법적 영도자로 규정했다. 그리고 통일주체국민회의를 통해 대통령을 간접 선출했다. 이후 1987년까지 대통령 직선은 사라지고 체육관에서 대통령을 뽑는 진풍경이 펼쳐졌다. 게다가 대통령이 국회해산권과 국회의원 3분의 1 추천권(유정회 의원), 긴급조치권 등을 보유함으로써 봉건시대의 왕보다 더한 권력이 한 사람에게 집중됐다. 박정희, 오직 한 사람만을 위한 시대가 열린 것이다.

이뿐 아니라 중앙정보부, 보안사령부 등 정보기관을 통해 정치·군사적 도전을 무력화했다. 중앙정보부는 민간의 반정부 세력을, 보안사령부는 군부 내의 쿠데타 모의 세력을 사전에 차단하기 위한 조직이었다. 이들 정보기관이 반대 세력을 탄압하는 과정에서 불법 체포와 납치, 고문 등 인권유린이 잇따랐다. 박정희는 유신헌법에 대한 반대를 억누르기 위해 1974년 1월 긴급조치 1호부터 1975년 5월 긴급조치 9호에 이르기까지 초법적 조치로 반

박정희 리더십 읽기 4: 폭력

집권 이후 박정희 리더십의 요체는 폭력이었다. 말을 잘 듣지 않는 사람에게는 가차 없는 폭력을, 말을 잘 듣는 사람에게는 빠른 승진을 선물했다. 이는 야당뿐 아니라 여당에도 적용되는 원칙이었다. 박정희 시절 김대중과 장준하 등 야권 인사만 수난을 받은 것이 아니었다. 여당인 공화당의 실력자들도 중앙정보부에 끌려가 고문을 당해야 했다.

대표적인 사건이 1971년 10월 발생한 공화당 10·2항명 파동 사건이다. 당시 공화당은 사인방이라고 불리던 신주류가 당권을 쥐고 있었다. 이들은 구주류인 김종필 세력을 밀어내고 공화당을 장악했다. 박정희의 쿠데타 파트너이자 부동의 2인자이던 김종필은 박정희의 장기 집권 가도에는 오히려 걸림돌이었다. 1969년 3선 개헌을 계기로 김종필은 날개 잃은 독수리 신세가 됐다. 이에 비해 3선 개헌을 주도한 공화당 사인방이 신주류로 부상하며 당권을 장악했다. 공화당 사인방은 당의장 백남억, 재정위원장 김성곤, 사무총장 길재호, 원내총무를 지낸 김진만 등이었다. 특히 이들 중 김성곤(쌍용그룹 창업자)의 리더십이 탁월했다. 그는 박정희가 3선을 할 수 있도록 3선 개헌을 성공시켰다. 당시 헌법으로는 박정희는 3선 이후 더 이상 대통령을 할 수 없었다. 김성곤은 4년 후를 기약하며 내각제 또는 이원집정부제를 꿈꾸고 있었다. 그는 이원집정부제 또는 내각제로 개헌을 해 자신이 내각의 총수가 되는 야심을 품고 있었다.

그러나 박정희는 권력을 놓을 생각이 추호도 없었다. 박정희는 이들의 세력을 꺾기 위해 김종필을 총리로 다시 기용하는 한편, 이들의 수족을 잘라내기로 했다. 박정희는 오치성 내무장관에게 밀명을 내려 시도지사, 치안국 간부, 시장, 군수, 경찰서장 등에 대한 대폭적인 인사를 단행케 했다. 사인방이 곳곳에 심어놓은 그들의 심복을 자르기 위한 조치였다. 사인방은 이를 김종필의 공격이라고 오판했다. 마침 야당은 오치성 내무장관 해임안을 국회에 제출했다. 사인방은 야당의 해임 결의안에 찬성하는 것으로 불만을 표출했다. 오치성 내무장관 해임 결의안은 공화당 의원 20여 명의 반란 표가 나와 찬성 107표, 반대 90표, 무효 6표로 가결됐다. 공화당 사인방이 박정희의 심기를 건드린 것이다. 박정희는 이를 좌시할 사람이 아니었다. 항명에 가담한 공화당 인사 30여 명이 중앙정보부, 보안사령부 등으로 끌려갔다. 박정희는 이후락 중앙정보부장에게 사인방을 "죽지 않을 만큼 패라"는 지시를 내렸다고 한다. 이후락은 이후 사인방의 보복이 두려워 이들에 대한 고문을 직접 지휘하지 않고 강창성 보안사령관을 이용했다고 한다. 김성곤은 정보기관에 끌려가 자신의 트레이드마크이던 콧수염이 뽑히는 굴욕을 당했다. 특히 육사 8기로 5·16 주체 세력이던 길재호는 뼈가 으스러지는 무지막지한 고문을 당했다. 길재호는 그 후유증으로 평생 지팡이에 몸을 의지해야 하는 신세가 됐다. 김성곤과 길재호는 자진 탈당 형식으로 공화당에서 쫓겨났고, 이로 인해 의원직도 상실했다.

박정희의 폭력, 즉 힘에 대한 숭배는 태생적이었다. 그는 어린 시절 가난하고 힘이 없으면 무시를 받는다는 것을 뼈저리게 체험했다. 그리고 그가 군인이 되기로 결심한 가장 결정적인 계기가 세상에서 제일 무서운 줄 알았던 순사들이 군인에게는 꼼짝 못하는 것을 본 후였다는 것이 박정희생가보존회 회장이던 김재학 씨의 증언이다. 김재학 씨는 생전에 조갑제와의 인터뷰에서 "일본 순사들이 밀주 단속을 하러 온다고 하면 박정희네 식구들은 집 안에 숨겨둔 술독을 대나무 숲에 파묻는다고 야단이었지요. 그런데 일본 순사가 상모리에 나타났을 때, 일본 군인과 시비가 붙는 것을 박정희가 보았답니다. 제아무리 순사라 해도 군인에게는 굽실거릴 수밖에 없는데, 그 장면을 목격한 박정희가 '나도 크면 군인이 되어야겠다'고 말했답니다"고 증언했다.

박정희의 힘에 대한 열망은 본능적이고 원초적인 것이었다. 그는 일본의 조선 침략에 대해서도 힘 있는 나라가 힘없는 나라를 지배하는 것은 당연한 것이라는 태도를 보였다. 그는 대통령이 된 후에도 일본에 대한 비판을 삼갔다. 그것은 그가 친일파여서가 아니라 일본의 힘을 진정으로 존중했기 때문일 것이다.

1972년 경기도 이천군 중포리 갯마을에서 주민들이 협동노동을 하고 있다. '새마을 정신'이라는 문구가 새겨진 깃발이 펄럭이고 있다. 출처: 국가기록원

정부 운동을 탄압했다.

유신의 또 다른 이름, 새마을운동

1960년대 경제개발이 도시 중심으로 추진되면서 도시와 농촌 간 소득 격

차가 현격하게 벌어졌다. 박정희 정부는 농민들의 불만이 폭발하기 전에 어떤 식으로든 불평등 구조를 개선해야 했다. 농촌 소외를 방치하면 정권 유지에도 어려움이 있을 터였다.

새마을운동은 1970년 4월 22일 한해 대책을 논의하기 위해 소집된 시도지사 회의에서 박정희가 한해 복구 대책과 함께 넓은 의미의 농촌 재건 운동 사업을 제창하고, 이것을 '새마을 가꾸기 운동'이라고 부르기 시작한 데서 유래했다.

박정희 정부는 1971년 전국 3만 3267개 시골 마을에 시멘트 335포대씩을 무상 지원하고, 하고 싶은 사업을 자율적으로 시행토록 했다. 그 결과 일부에서는 마을의 숙원 사업을 해냈다. 이에 비해 뚜렷한 성과를 내지 못한 경우도 있었다. 정부는 반응이 있는 1만 6600개 마을에 또다시 시멘트 500포대와 철근 1톤씩을 무상 공급하며 자발적인 협동 노동을 장려했다. 어느 정도 성과가 있자 정부는 새마을운동을 도시 지역으로 확대했다. 이후 새마을운동은 단순한 농촌 개발 사업이 아니라 도시·직장 등 한국 사회 전체의 근대화 운동으로 진화했다. 당초 농촌 개발이 목표였으나 효과가 있자 농촌에서 도시로 역수입된 것이다. 이때까지만 해도 새마을운동은 어느 정도 자발성이 있었고, 도농 격차를 줄이는 효과도 있었다.

그러나 새마을운동은 유신의 또 다른 이름이었다. 박정희도 유신과 새마을운동을 동일시했다. 박정희는 유신을 선언한 직후인 1973년 1월 연두 기자회견에서 "10월 유신이라고 하는 것은 곧 새마을운동이고, 새마을운동이라고 하는 것은 곧 10월 유신"이라고 말했다.(한홍구, 『유신』(한겨레출판, 2014)에서 재인용)

10월 유신 이후 새마을운동은 농촌 개발 운동에서 유신을 이념적으로 뒷받침하는 전 국민 의식 개혁 캠페인으로 성격이 바뀌었다. 관 주도의 정신 개조 운동으로 탈바꿈한 것이다. 박정희는 전국 곳곳(모두 85군데)에 새마을 연수원을 건립한 뒤 사회 지도층 인사들에게 새마을 지도자 연수를 강요했다. 유신 체제의 선전, 특히 경제개발과 안보 강화를 위해 만들어진 새마을 지도자 교육과정은 박정희의 정치사상을 집중적으로 주입하는 이념 교육의 장이었다. 이는 김일성의 정치사상에 초점을 맞춘 북한의 인민 교육과 다를 것이 없었다.

세계의 독재자들은 자신의 체제를 선전하고 유지하기 위해 국민 의식을 개조하는 정신 운동에 관심이 많았다. 김일성의 천리마운동(김일성이 1960년 대 추진한 인민 동원 캠페인), 마오쩌둥의 문화혁명도 같은 맥락이다.

독재자들이 주도한 의식 캠페인은 그 독재자의 죽음과 함께 생명을 다한 다. 김일성의 천리마운동과 마오쩌둥의 문화혁명이 그들의 죽음과 함께 사라졌듯이 박정희 사후, 새마을운동도 사실상 끝났다. 박정희가 숨진 1979년 이후 새마을운동은 새마을지도자대회 등 겉치레 연중행사로 전락했다. 더욱이 5공화국 시절에는 전두환의 친동생 전경환이 조직 확대와 예산 확충에 진력, 1000만 명의 회원과 500억 원에 달하는 자산을 확보했다. 그러나 각종 성금과 기금의 유용으로 부패의 온상이 됐다. 새마을운동본부가 아니라 '부패운동본부'였고, '전경환 왕국'이었다.

김대중 납치

유신 정권은 납치 정권이었다. 시도 때도 없이 체제에 반대하는 인사들을 납치했다. 유신 공화국이 아니라 납치 공화국이었다. 대통령 후보였던 야당의 주요 정치인이 납치될 정도였다. 한국은 앞서 1967년 동백림(동베를린) 사건 당시 서독과 프랑스에서 윤이상, 이응노 등 한국 출신 지식인과 유학생들을 정상적인 절차를 밟지 않고 사실상 납치해 와, 국교 단절 일보 직전까지 가는 곤욕을 치렀다. 특히 서독 정부는 주한 서독 대사와 직원들을 모두 소환하고, 한국 정부에 차관을 취소하겠다고 통보할 정도였다. 유신 정권은

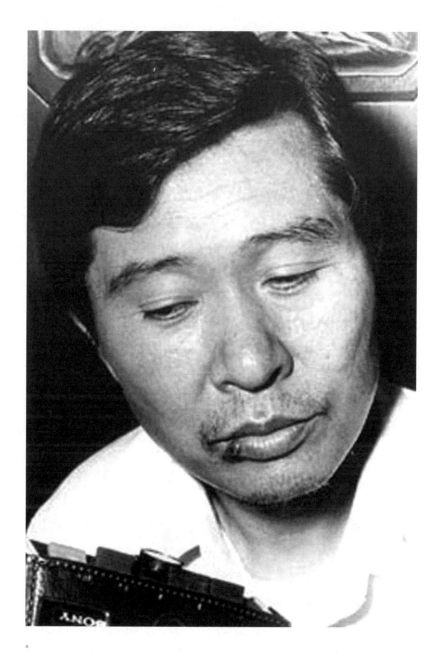

중앙정보부에 의해 토쿄에서 납치된 김대중 전 신민당 대통령 후보가 집에 돌아와 기자회견을 하고 있다. 입술에 상처가 있는 등 초췌한 모습이 역력하다.

이것도 모자라 대통령 후보를 지냈던 주요 야당 정치인을, 그것도 남의 나라 수도 한복판에서 납치해 와, 국제사회에서 납치 공화국이라는 오명을 자초했다.

김대중은 박정희의 눈엣가시였다. 박정희는 1967년 총선에서 김대중을 낙선시키기 위해 목포에서 국무회의를 열고, 자신이 군중집회의 연사로 직접 나서기까지 했다. 박정희는 목포역에 모인 1만여 명의 군중들 앞에서 김대중의 상대였던 김병삼(육군 소장 출신으로 체신부 장관을 지냈다) 후보 지원 연설을 했다. 더 나아가 1971년 대통령 선거에서는 김대중에게 신승했다. 선거 당시 김대중은 향토예비군 폐지, 주변 4대국의 한반도 안전보장, 언론·체육인의 남북교류 등 파격적이면서도 참신한 공약으로 선거 판에 새바람을 일으키며 박정희를 괴롭혔다. 박정희가 선거라는 절차를 생략하고 종신 대통령이 될 수 있도록 하는 유신을 단행케 한 원인 중 하나가 김대중이었다고 해도 과언은 아닐 것이다.

1973년 당시 김대중은 선거운동 과정에서 의문의 교통사고로 다친 고관절을 치료하기 위해 일본에 가 있었다. 그는 국회의원들마저 잡혀가 고문을 당하는 상황에서 국내에서는 활동의 여지가 없다고 판단하고, 해외에 머물며 유신 반대 운동을 벌이기로 했다. 망명을 결심한 것이다. 그는 미국과 일본을 오가며 유신 독재의 실상을 폭로하는 등 한국의 민주화에 대한 세계의 여론을 환기시키고 있었다.

그러나 김대중에게는 망명할 자유도 없었다. 1973년 8월 8일, 도쿄 그랜드팰리스 호텔에서 김대중은 중앙정보부에 의해 납치됐다. 일본 현지의 총책임자가 중앙정보부 소속으로 주일 공사이던 김재권(본명 김기완)이었다. 김재권은 한국계 미국인 최초로 한국 대사가 된 성 김(한국명 김성용)의 아버지다. 김대중은 훗날 성 김이 김재권의 아들이라는 소식을 들었다.

2008년 성 김이 6자 회담 미국 대표로 한국에 왔다. 김대중의 비서들은 그가 김재권의 아들이라고 보고했다. 김대중은 놀란 기색이 역력했으나 곧

바로 냉정을 되찾아 "분명한 것은 아버지와 아들은 다르다는 것입니다. 그 아버지와 관련된 부분에 대해서는 문제 삼지 마시오. 외부에 알리지도 마시오"라고 말했다.(김택근, 『새벽: 김대중 평전』(사계절, 2012)) 자신을 사지로 몰아넣은 사람의 아들이었다. 그럼에도 "외부에 알리지도 마시오"라고 지시한 것이다.

박정희가 김대중 납치를 직접 지시했는지, 아니면 당시 중앙정보부장이던 이후락이 과잉 충성을 한 것인지는 아직도 명확히 밝혀지지 않고 있다. 이후락의 과잉 충성이었다는 설의 요지는 윤필용 사건으로 궁지에 몰린 이후락이 박정희의 신임을 되찾기 위해 김대중을 납치했다는 것이다. 윤필용 사건은 1973년 4월 당시 수도경비사령관이던 윤필용이 이후락 중앙정보부장에게 '박정희 대통령은 노쇠했으므로 형님이 후계자가 되어야 한다'는 취지의 발언을 했다는 이유로 윤필용과 그를 따르던 군 간부들을 쿠데타 모의 혐의로 처벌한 사건이다.

그러나 사건의 피해자인 김대중은 자신의 자서전에서 "박정희가 지시한 것은 확실하다"고 주장했다.

당시 납치 사건을 총지휘했던 이후락 중앙정보부장은 1980년 '서울의 봄'이 왔을 때 주목할 만한 증언을 했다. 그는 동향 친구인 최영근 의원에게 납치 사건은 박정희의 지시였다고 털어놓았다. 박 대통령이 어느 날 부르더니 "김대중을 없애라"고 지시했다는 것이다. 그 소리를 듣고 너무도 놀라서 차일피일 미루자 한 달쯤 지난 뒤에 다시 불러 호통을 쳤다고 한다. "당신 시킨 것 왜 안 하냐. 총리(김종필——저자 주)와도 상의했다. 빨리 해라."

이후락은 자신의 부하들이 모두 반대하는데도 대통령의 명령을 따를 수밖에 없었다고 털어놓았다. 자신은 결코 하고 싶지 않았다는 말도 덧붙였다. 나는 그의 말을 믿는다. 저들은 박정희의 지시로 나를 죽이려 했다. 그래서 '납치 사건'은 정확한 명칭이 아니다. '김대중 살해 미수 사건'이라야 맞다.

납치 사건이 발생한 지 34년 만인 2007년 '국정원 과거 사건 진실 규명을 통한 발전위원회'가 정부 차원의 첫 공식 조사 결과를 내놓았다. 이 위원회는 "박 전 대통령의 직접 지시 가능성을 배제할 수 없으며, 최소한의 묵시적 승인은 있었다고 판단된다. 박 대통령이 사건과 무관하다면 사건 발생 후 이후락 정보부장을 처벌하는 게 당연한데도 그렇지 않았고, 사건 은폐를 지시한 점 등은 박 대통령이 사건의 공범 또는 주범임을 보여 준다"고 밝혔다.(김택근, 『새벽: 김대중 평전』(사계절, 2012)에서 재인용)

국정원 과거사 위원회도 박정희의 직접 지시 여부를 명쾌하게 밝혀 내지는 못했다. 그러나 박정희가 직접 지시를 했건 안했건 모든 책임은 박정희에게 귀결된다. 유신은 오로지 한 사람, 박정희만을 위한 시대였기 때문이다.

대일 관계도 크게 악화됐다. 일본 정부는 범행 현장에서 주일 한국 대사관 김동운 1등 서기관의 지문이 발견됐다며 한국 국가기관의 개입이 명백해진 만큼 한국 정부는 진상을 규명하고, 김대중을 다시 일본으로 보내라고 요구했다.

수세에 몰린 박정희는 일본 다나카 가쿠에이(田中角榮) 총리에게 4억 엔의 정치자금을 제공하는 한편 김종필을 진사 사절로 일본에 파견했다. 한동안 4억 엔 정치자금 제공은 '설'에 머물러 있었다. 그러나 《신동아》가 2001년 2월호에 「박정희, 다나카 총리에게 4억 엔 바쳤다: '문예춘추 전문입수' 27년 만에 드러난 김대중 납치 사건 한일 유착의 현장」이란 기사를 통해 단순한 설이 아님이 드러났다.

김종필도 재발 방지를 약속한 박정희의 친서를 들고 방일해 일본 정치인들에게 사과해야 했다. 김종필이 당시 일본 외상에게 머리 숙여 인사하는 모습을 담은 사진은 지금 보기에도 민망하다. 김종필을 영접하기 위해 공항에 나온 오히라 마사요시(大平正芳) 일본 외상은 화난 표정으로 뻣뻣하게 악수를 하는데, 김종필은 다소곳이 고개를 숙이고 악수를 하고 있다. 일본도 이번에는 그냥 넘어가지 않을 태세였다. 일본의 수도 한복판에서, 그것도 백주 대낮에 벌어진 사건이었다.

이때, 기시 노부스케가 나선다. 이 사건을 해결하기 위해 일본이 한국에 파견한 거물급 특사가 바로 기시 노부스케였다. 기시는 박정희에게 일본 측에 사과할 것을 충고하는 한편, 김대중 납치 사건 때문에 한일 관계가 후퇴할 수는 없다며 일본 정치인들을 설득했다. 또 한 번 박정희에게 도움의 손길을 내민 것이다.

육영수 피격

1974년 8월 15일 광복절 기념식장에서 육영수 여사는 재일교포 문세광의 저격에 의해 숨졌다. 육영수 여사의 나이 마흔하고도 아홉이었다.

김대중 납치 사건으로 일본에서 한국은 납치 공화국이 됐다. 재일 동포들은 얼굴을 들고 다닐 수 없었다. 문세광이라는 과격한 젊은이가 박정희를 저격하려다 육영수 여사를 피격한 사건은 김대중 납치 사건의 후폭풍이었다. 김대중 납치 사건과 육영수 피격 사건의 인과관계를 지적한 인물이 바로 박정희였다.

박정희는 아내의 장례식을 치르고 난 뒤 처남 육인수에게 "납치 사건이 없었더라면 이런 끔찍한 일은 일어나지 않았을 텐데……"라며 대단히 비통해했다고 한다.(한홍구,『유신』(한겨레출판, 2014)에서 재인용) 김대중 납치 사건 이후 한국이 납치 국가로 낙인찍히며 한국 국적의 재일 교포 청년들은 깊은 모멸감과 좌절감에 시달려야 했다. 당시 일본 교포들은 '김대중 구명 운동 협의회'를 결성하고 한국으로 납치돼 간 김대중 구명 운동을 벌였다. 문세광 역시 김대중 연설 녹음을 열 번 넘게 청취할 정도로 김대중 구명 운동에 적극적이었다. 문세광은 "박정희 일인 독재를 타도하는 것이 한국 혁명에 가장 중요한 일"이라며 "죽음이냐 승리냐의 혁명전쟁에 나선다"고 유서에 썼

1974년 8월 19일 육영수 여사의 영결식이 중앙청 광장에서 열렸다. 육 여사는 이 해 8·15 광복절 경축
식장에서 재일교포 문세광의 저격에 의해 숨졌다. 출처: 국가기록원

다.(한홍구, 『유신』(한겨레출판, 2014)에서 재인용)

김재규·차지철 친위 체제

광복절 저격 사건의 후폭풍은 여기서 그치지 않았다. 권력 구도 개편으로

이어졌다. '영원한 경호실장'이던 '피스톨 박' 박종규가 육영수 피격 사건에 대한 책임을 지고 경호실장에서 물러났다. 그 뒤를 차지철이 이었다.

앞서 이후락 중앙정보부장은 서울대 법대 최종길 교수 의문사 사건의 책임을 지고 물러났다. 최종길 교수는 1973년 10월 중앙정보부에서 의문의 죽임을 당했다. 최종길 교수는 한국인 최초로 독일에서 법학 박사 학위를 받고 귀국, 모교인 서울대에서 후학을 가르치고 있었다. 최종길 교수가 중앙정보부에 연행된 이유는 그가 유신 독재를 공공연히 비판하던 행동하는 지식인이었기 때문이다. 그는 법대 학생들이 유신 철폐를 주장하며 시위를 벌이자 "이번에는 교수도 마땅히 학생 편에 서야 한다"고 주장했으며, 연행된 학생들이 가혹한 고문을 받는다는 소식을 듣고, 서울대 총장에게 대통령에게 강력히 항의할 것을 요구했다. 이를 좌시할 중앙정보부가 아니었다. 중앙정보부는 그를 연행해 유럽 간첩단 사건에 얽어매려 했다. 그 과정에서 최종길 교수는 전기 고문을 받다 사망한 것으로 알려지고 있다.

김대중 납치 사건에도 끄떡없던 이후락은 미국 CIA 서울 지부 책임자이던 도널드 그레그(Donald Gregg, 후에 주한 미국 대사를 지냈다)가 최종길 교수 의문사에 대해 강력하게 항의하고, 더 이상 이후락과 함께 일하지 않겠다고 청와대에 통보하자 그로부터 1주일 후 전격 경질됐다. 박정희가 아니라 미국 CIA의 일개 지부장이 대한민국 정보 책임자를 갈아치운 셈이다.

신직수가 이후락의 뒤를 이었으나 박동선 로비 사건(1976년 박동선이 미국 의회에 거액의 로비 자금을 제공한 사실이 《워싱턴 포스트》에 보도됨으로써 시작된 한미 간 외교 마찰)이 터짐에 따라 물러나고 김재규가 배턴을 넘겨 받았다. 김재규·차지철 친위 체제가 출범한 것이다.

이로써 박정희는 죽음의 신 앞에 한 발짝 더 다가섰다. 박정희는 김재규와 차지철의 충성 경쟁 과정에서 목숨을 잃었다. 김대중 납치로 시작된 '유신 드라마'가 박정희 자신의 목숨까지 앗아가는 절정을 향해 치닫고 있었던 것이다.

유신 체제 균열 조짐

유신 체제는 정치 경제적으로도 균열 조짐을 보이고 있었다. 일단 경제 분야에서 문제가 불거지고 있었다. 1973년부터 본격화된 중화학공업 투자는 급속하게 증가해 1977~1979년에는 국내 총투자의 80%가 중화학공업에 집중됐다. 과도한 중화학공업 투자는 국가 경제에 여러 문제를 일으켰다. 중화학공업 추진 초기였기 때문에 제품은 아직 경쟁력이 없었다. 이에 따라 수출 경쟁력이 둔화되고 있었다. 이뿐 아니라 중화학공업에 참여한 기업들을 지원하기 위한 여신이 지나치게 늘고 있었다. 이는 인플레이션을 자극했다. 게다가 1979년 밀어닥친 제2차 석유 위기는 인플레이션 압력을 더욱 가중시켰다. 중화학공업 투자가 빛을 발하기 시작한 것은 1980년대 중반 이후였다.

과도한 인플레이션은 서민과 중산층의 이탈을 가져왔다. 1978년 국회의원 선거에서 헌정사상 처음으로 야당이 여당의 득표율을 1.1%포인트 앞섰다. 1978년 12월 실시된 10대 총선에서 민주공화당 68명, 신민당 61명, 민주통일당 3명, 무소속 22명이 당선됐다. 득표율은 민주공화당 31.7%, 신민당 32.8%였다. 제1야당인 신민당이 여당인 공화당보다 득표율에서 1.1%포인트를 앞선 것이다. 이는 유신에 대한 염증을 상징하는 숫자였다. 총선 직후 신민당은 유신 체제와의 정면 대결을 선언한 김영삼을 총재로 선출했다. 김영삼은 국민의 지지를 바탕으로 유신 체제와 전면전을 펼칠 수 있었다.

핵무기 개발로 국제적 고립 자초

국제적으로도 박정희는 고립되고 있었다. 1960년대 박정희는 베트남 파병으로 미국과, 한일 국교 정상화로 일본과 좋은 관계를 유지했다. 그러나 명백한 독재 체제인 유신을 인정할 우방은 없었다. 유신 기간 박정희의 방문 외교는 사실상 중단됐고, 초청 외교도 크게 위축됐다.

특히 인권을 중시한 미국의 카터 행정부는 박정희의 유신 체제와 공존할 수 없었다. 카터는 1976년 대선에서 주한 미군 철수를 선거공약으로 내걸고 당선됐다. 카터는 취임과 함께 3단계 주한 미군 철군안을 발표했다. 그러나 이 계획은 한국 정부와 미국 군부의 격렬한 반대로 실현되지 못했다. 1979년 6월 카터 대통령이 한국을 방문하면서 철군안은 사실상 백지화됐다. 그러나 카터의 주한 미군 철수 시도는 유신 체제의 권위를 크게 손상했다.

미국을 결정적으로 자극한 것은 박정희의 핵무기 개발 시도였다. 박정희는 유신 말기 자주국방이라는 기치 아래 핵무기 개발을 시도했다. 박정희는 미국이 베트남을 버리는 것을 보고 한국도 버림받을 수 있다고 생각했다. 결국 자주국방밖에 없다는 결론에 도달한 박정희는 비밀리에 핵무기 프로젝트를 추진했다. 그러나 이는 박정희 스스로 무덤을 판 꼴이었다. 박정희는 집권 초기 한미일 삼각동맹에 가입함으로써 전후 동북아시아 보편 질서에 편입했다. 한미일 삼각동맹에 가입한 것은 미국의 핵우산 아래 들어가는 것을 뜻했다. 따라서 박정희의 핵무기 개발은 한미일 삼각동맹을 부정하는 행위였다. 한미일 삼각동맹은 박정희 정권의 국제적 기반이었다. 박정희가 자신의 국제적 정치 기반을 스스로 허문 것이다. 일본이 기술이 없어서, 돈이 없어서, 핵무기를 개발하지 않았을까? 일본은 핵무기를 개발할 기술과 돈이 충분히 있었다. 그럼에도 미국의 핵우산 아래 머물고 있었다. 이는 미국의 패권을 인정한다는 뜻이었다.

한국이 핵무기를 보유하게 된다면 북한과 일본도 핵무장에 나설 수밖에 없다. 모두가 핵을 갖게 된다면 미국의 핵 헤게모니가 무너질 수밖에 없다. 미국은 박정희의 핵무기 개발을 결코 좌시할 수 없었다. 결국 박정희의 핵무기 개발은 국제사회에서 고립을 자초한 자충수가 됐다.

한편 박정희의 핵무기 개발은 전두환에 의해 폐기됐다. 미국은 1980년 전두환의 쿠데타 정권을 인정했다. 이는 전두환이 박정희의 핵 프로그램을 폐기한 것에 대한 보상이었다. 전두환은 당시 보안사령관으로서 핵무기 개발 프로젝트를 소상히 알 수 있는 위치에 있었다.

이뿐 아니라 유신 말기, 박동선 로비 사건, 김형욱 전 중앙정보부장의 망명에 이은 정보부 간부들의 잇단 망명으로 한국 정부는 미국 의회에서 동네북으로 전락하고 있었다. 한국과 관련된 프레이저 청문회가 개최됐으며, 이 과정에서 한국 정부의 부패상이 적나라하게 드러났다. 주미 대사관의 전직 공보관이 청문회에 출석, 대사가 미국 의원들에게 돈 봉투를 돌리는 과정을 증언하는가 하면 미국 쌀을 수입하는 과정에서 생긴 수수료를 차지하기 위해 한국의 실력자들이 벌이는 암투도 적나라하게 폭로했다. 유신 정권은 납치 공화국이라는 오명 위에 부패 공화국이라는 오명을 추가해야 했다. 정권이 앞장서 나라 망신을 시키고 있었던 것이다. '유신' 정권이 아니라 '망신' 정권이었다.

'공순이'들의 반란 시위

1970년대는 여성 노동자들의 시대였다. 이른바 '공순이'라고 불리던 우리의 누나들이 살인적인 중노동에 몸을 바쳐가며 나라를 먹여 살렸다. 국가의 산업 자체가 경공업 중심이었다. 섬유, 봉제, 가발 산업 등이 모두 섬세한 여성 노동자들 몫이었다. 우리 누나들은 동생을 가르치기 위해 살인적인 노동을 마다하지 않았다. 한국 근대화의 진정한 기수는 '공순이'라고 괄시받던 우리 누나들이었다.

이들은 가장 강력한 노동운동 세력이기도 했다. 남성 노동자 세력은 형성되기 전이었다. 남성 노동자들의 시대는 중화학공업이 본격적으로 육성되고 자동차, 선박 등 중후장대한 산업이 발달하기 시작한 1980년 이후였다. 우

아들 전태일의 영정 사진을 끌어안고 오열하고 있는 이소선 여사. 동일방직 여공들의 반나체 시위와 함께, 1970년대의 현실을 보여주는 '역사의 한 컷'이다.

리 누나들은 해방 후 가장 암울한 시대인 1970년대 노동 현장을 지켰다. 우리 누나들이 속옷만 입은 채 시위를 하는 모습은 1970년대 여성 노동자들의 현실을 눈물겹게 보여주는 '역사의 한 컷'이다.

1976년 7월 25일, 동일방직 여공들이 반나체 시위를 벌였다. 지금보다 더욱 강고한 유교 논리가 판치던 시절에 실제 일어난 사건이다.

동일방직 여공들이 시위를 벌이자 경찰이 진압에 나섰다. 경찰이 농성장을 옥죄어 올 때, 누군가가 급박하게 외쳤다. "옷을 벗자! 옷을 벗은 여자 몸에는 경찰도 손을 대지 못할 것이다!" 참으로 눈물겨운 광경이 벌어졌다. 20대 초반이 대부분인 여성 노동자들이 남자인 수많은 경찰과 회사 간부들 앞에서 웃옷을 벗기 시작했다. 한 여성 노동자는 이렇게 썼다. "내가 옷을 벗다니. 그것도 그 많은 남자들 앞에서. 그러나 후회는 없다. 어디서 그런 용기가 나왔는지 끔찍하면서도 놀라울 뿐이다. 부끄러운 것을 따지자면 벗은 우리보다 무자비한 폭력을 휘두른 그놈들의 몫이어야 한다고 생각했다. 그렇다. 부끄러움은 우리 것이 아니라 언제까지나 그들의 몫으로 남아 있을 것이다." 그러나 경찰은 속옷 바람으로 맞선 여성 노동자들을 무자비하게 두들겨 패고 끌고 갔다.

—— 한홍구, 『유신』(한겨레출판, 2014)

이것도 모자라 중앙정보부와 경찰의 조종을 받던 구사대는 동일방직 여공들에게 똥물을 뿌리고 먹이는 등 금수만도 못한 짓을 서슴지 않았다. 저자를 포함한 남자들은 속절없이 똥물을 뒤집어써야 했던 누나들을 지켜주지 못한 정말 못난 사내들이었다. 사실 한국 현대사는 여성 수난사였다. 남자들이 못난 탓이었다. 여성의 사회 진출은 막혀 있던 시절이었다. 일제 때는 우리 할머니들이 위안부로 끌려가야 했다. 해방 후에는 우리 누나들이 이토록 수모를 당해야 했다. 공순이라 무시당하던 우리 누나들은 1970년대를 이렇게 살았다. 그리고 바로 그 누나들의 가녀린 팔뚝에서 유신 붕괴의 서막이 오르고 있었다.

요정 공화국

여성 노동자들이 똥물을 뒤집어써야 했을 때, 박정희는 요정에서 그 나이 또래의 어여쁜 아가씨를 옆에 끼고 주지육림에 빠져 있었다.

1970년대 요정은 서울에만 100여 개가 있었다. 가히 요정 공화국이라고 할 만 했다. 그중 유명한 요정이 '북한산 3각'이라 불린 삼청각, 청운각, 대원각을 비롯해 낙원동의 오진암, 한성 등이었다.

당시 중요한 정치 현안은 모두 요정에서 결정됐다고 해도 과언이 아니었다. 기생들이 술자리에서 들은 이야기는 다음 날 텔레비전 뉴스에 그대로 등장하곤 했다. 중앙정보부가 정권 안보 차원에서 요정을 특별 관리할 정도였다. 실제 중앙정보부는 서울 퇴계로 라이온호텔 2층에 '미림팀'을 두고 요정 정보를 총괄 수집했다.

중앙정보부에서 일한 최종선 씨(의문의 죽임을 당한 서울대 법대 최종길 교수의 친동생)는 자신이 쓴 『산 자여 말하라: 나의 형 최종길 교수는 이렇게 죽었다』를 통해서 미림팀의 실체를 폭로했다.

> 그 방을 눈여겨보면 장안의 일류 요정 마담들이, 주인들이, 때로는 일류 탤런트들이 숨을 죽이고 다소곳이 들어갔다가 나오곤 합니다. 무엇 하는 곳이냐고요? 정재계 요인들이 요정에 모여서 점심을 하였다든지, 저녁에 한잔하면, 바로 이곳 미림팀을 통해 정보부장은 즉시 누가 언제 어디서 누구와 모여 무슨 이야기를 하면서 돈을 얼마 쓰고, 돈은 누가 냈으며, 누구는 어떤 여자아이에게 어떤 짓거리를 했는지 즉각 아는 것입니다.

요정이 번성한 것은 박정희가 요정 출입을 즐겼기 때문이다. 윗사람이 즐기면 아랫사람들도 따라 할 수밖에 없는 법. 박정희의 요정 출입은 육영수 여사가 살아 있을 때는 그나마 좀 나았다. 때로는 '육박전(육영수와 박정희의 전쟁)'이라고 불리던 부부 싸움도 있었지만 박정희는 그런대로 금도를 지켰다.

그러나 육영수 여사 사후 박정희의 엽색 행각은 금도를 넘어서고 있었다. 박정희가 김재규의 총탄에 숨을 거둔 '안가(안전가옥)'는 말이 안가지, 박정희가 엽색 행각을 즐기던 '관립 요정'이었다. 박정희가 피살될 당시 박정희 옆에 있었던 유명 여가수는 박정희의 딸들보다 어렸다. 박정희는 자신의 딸들보다 더 어린 아가씨를 옆에 끼고 음주가무를 즐기다 김재규의 총알을 받은 것이다. 유신 붕괴는 박정희 자신에게서부터 시작되고 있었다.

유신 붕괴의 서곡, YH사건

1979년 8월 29일 오전 9시 30분, 여성 노동자 187명이 서울 공덕동 로터리에 있던 신민당 당사로 몰려갔다. 회사가 문 닫지 않고 계속 조업하게 해달라는 호소를 하기 위해서였다. 유신 붕괴의 도화선이 됐던, 그 유명한 YH 노동자들이었다.

YH는 가발을 만드는 회사였다. 이 회사는 뉴욕의 한국 무역관 부관장이던 장용호가 설립한 회사였다. 장용호는 자기 이름의 영문 머리글자를 따 회사 이름을 'YH'라고 지었다. 그는 한국산 가발 특수를 예상하고 무역관을 그만둔 뒤 1966년 가발 공장을 차렸다. 1964년 중공이 핵실험을 강행하자 미국은 중국산 머리카락을 쓴 가발에 금수 조치를 내렸다. 이에 따라 한국산 가발은 불티나게 팔렸다. 회사 창립 4년 만인 1970년에는 종업원 수가 4000명을 넘어섰다. 장용호는 이해 수출 1000만 달러를 달성해 김우중 전 대우 회장과 함께 철탑산업훈장을 받았다. 가발 재벌이었던 것이다.

그러나 한국 업체들끼리 과당경쟁이 벌어지면서 가발 산업이 급속히 내리막길을 걷기 시작했다. 장용호는 이른바 사업 다각화에 나섰다. 그리고 가발 산업을 접기 위해 1979년 3월 30일 공장 폐업 신고를 했다. 길거리로 내몰릴 위기에 처한 YH 노동자들은 '정부와 은행은 근대화 역군을 윤락가로 내몰지 말라'는 호소문을 내고 회사에서 농성에 들어갔다. 경찰이 가만있을 리 없었다. 경찰은 농성장에 진입해 여성 노동자들을 강제로 해산했다. 이제 이들이 갈 곳은 없었다. 이들이 그래도 기댈 곳은 야당밖에 없었다. 특히 신민당 총재 김영삼은 선명 야당의 기치를 내걸고 있었다.

이들의 신민당사 농성은 정국을 뒤흔드는 뇌관이 됐다. 농성 중인 여성 노동자들을 해산하는 과정에서 김경숙(22세)이라는 여성 노동자가 4층 농성장에서 떨어져 숨졌다. 김경숙의 사망 소식이 텔레비전에 보도되자 정국이 발칵 뒤집혔다. 김영삼은 다음 날 아침, 당사 정면에 '밤이 깊을수록 새벽은 가깝다'는 대형 현수막을 내걸고 당 소속 의원들과 농성에 들어갔다.

전태일의 죽음과 함께 열렸던 1970년대의 문이 김경숙의 죽음과 함께 닫히고 있었다. 시인 고은은 다음과 같이 노래했다.

"1970년 전태일이 죽었다/1979년 YH 김경숙이/마포 신민당사 4층 농성장에서 떨어져 죽었다/죽음으로 열고/죽음으로 닫혔다/김경숙의 무덤 뒤에 박정희의 무덤이 있다/가봐라"

김영삼 제명

김영삼이 농성에 들어가자 신민당 원외 지구당 위원장 세 명이 김영삼 총재의 직무 집행정지 가처분 신청을 냈다. 김영삼 총재 선출 과정에서 부정이 발생했다는 이유에서였다. 이들은 일부 대의원의 자격에 문제가 있기 때문에 김영삼의 총재 당선은 원천 무효라고 주장했다. 사법부는 이 직무 집행정지 가처분 신청을 이례적으로 신속히 받아들여 김영삼의 직무를 정지하고, 전당대회 의장이었던 정운갑을 총재 직무 권한대행으로 선임했다. 물론 청와대와 중앙정보부의 공작이 개입돼 있었다.

유신 정권은 더 나아가 김영삼의 의원직마저 박탈했다. 1979년 10월 4일 여당의원들이 김영삼의 《뉴욕타임스》 기자회견 내용을 문제 삼아 의원직 제명안을 통과시켰다. 총재 취임 이후 선명 야당의 기치 아래 YH사건 등으로 박정희와 정면 대결을 벌인 김영삼은 《뉴욕타임스》와의 회견에서 미국이 "공개적이고 직접적인 압력을 통해 박 대통령을 제어해 줄 것"을 요구했다. 이 사실이 국내에 알려지자 공화당과 유정회 의원 159명은 국회 별실에서 김영삼 제명안을 날치기로 통과시켰다. 이 사태는 10월 13일 신민당 의원 66명 전원과 통일당 의원 3명의 의원직 사퇴서 제출로 이어졌고, 박정희

1979년 10월 16일 부산에서 유신 이후 데모를 하지 않아 '유신대학' 이라고 불렸던 부산대학교 학생들을 중심으로 5만여 명의 시민이 가두에 나와 시위를 벌였다.

정권의 붕괴를 가져온 부마 항쟁의 직접적 도화선이 됐다.

부마 항쟁

1979년 10월 16일 부산에서 부산대학교 학생들을 중심으로 5만여 명이 가두시위에 나섰다. 부산은 김영삼의 정치적 고향이었다. 그런데 '부산의 아들' 김영삼이 의원직을 박탈당했다. 시위가 과격 양상으로 치달을 수밖에 없었다. 16일 밤에는 파출소 열한 곳과 언론사 한 곳, 17일 밤에는 경남도청, 중부세무서 등이 시위대의 습격을 받았다. 박정희 정권은 18일 0시를 기해 부산 일원에 계엄령을 선포하고 무자비한 진압에 나섰다. 그러나 시위는 4·19의 진원지였던 마산으로 확산됐다.

박정희는 부마 시위의 주동자들을 '식당 보이나 똘마니들'쯤으로 인식하고 있었다. 그러나 중앙정보부장 김재규의 판단은 달랐다. 김재규는 부마 항쟁 당시 부산에 직접 내려가 현장을 살펴보았다. 그는 박정희에게 '부마 항쟁은 유신 체제에 대한 도전이고 물가고에 대한 반발까지 겹친 민중 봉기이며, 곧 5대 도시로 확산될 것'이라는 내용의 보고서를 올렸다. 김재규의 지적대로 부마 항쟁은 물가고 즉 경제난이 겹친 것이었다. 1970년대 후반 박정희 정부는 중화학공업에 올인했다. 이에 따라 1975~1977년 경공업인 섬유산업에 대한 은행 대출이 전체의 40%에서 그 절반 수준으로 줄었다. 부산과 마산은 섬유산업, 신발 제조 등 경공업을 주로 하는 지역이었다. 때문에 부마 지역의 체감 경기는 다른 지역보다 훨씬 안 좋았다.

보고서를 본 박정희는 "부산 같은 사태가 생기면 내가 직접 발포 명령을 내리겠다. 자유당 때는 최인규나 곽영주가 발포 명령을 내려 사형을 당했지만 내가 직접 발포 명령을 내리면 누가 나를 사형하겠는가!"라고 역정을 냈고, 같은 자리에 있던 차지철은 "캄보디아에서는 300만 명을 죽이고도 까딱 없었는데, 우리도 데모대 100~200만 정도 죽인다고 까딱 있겠습니까"라고 맞장구를 쳤다.

――「김재규 항소 이유 보충서」

김재규와 박정희는 공통점이 많았다. 김재규는 박정희와 같은 구미 출신이었다. 그리고 초등학교 교사를 지낸 이력도 같았다. 이뿐 아니라 김재규는 육사의 전신인 조선경비사관학교 2기 졸업생으로 박정희와 동기였다. 김재규는 박정희보다 아홉 살이나 어렸지만 조선경비사관학교를 같이 다녔다. 박정희는 고향 후배인 김재규를 친동생처럼 보살펴 주었다. 따라서 김재규는 박정희의 성격을 누구보다도 잘 알았다. 김재규는 이승만과 달리 박정희는 결코 스스로 물러날 사람이 아니라는 것을 알고 있었다. 이제 선택은 둘 중 하나다. 박정희의 발포 명령으로 수많은 인명이 희생되거나 박정희가 죽거나다. 김재규는 박정희 암살을 선택했다. D-데이는 10월 26일이었다. 어느 유행가 가사처럼 10월의 마지막 밤이 될 터였다.

운명의 날, 10월 26일

1979년 10월 26일 궁정동 안가 만찬 석상에서 박정희는 김재규의 총탄에 스러졌다. 정적에 의해서가 아니라 자신이 가장 믿는 최측근에게 살해된 것이다. 일각에서는 박정희를 '용인술의 달인'이라고 평가한다. 그런 박정희가 자신이 기용한 최측근에게 살해된 것이다. '용인술의 달인'이라는 찬사가 무색해지는 최후였다.

10·26사건을 보는 시각은 크게 두 가지다. 하나는 김재규와 차지철의 충성 경쟁 과정에서 빚어진 단순한 사고라는 것과, 다른 하나는 김재규의 민

주화 운동의 일환이었다는 것이다.

문제의 10월 26일에도 김재규와 차지철은 한 치의 양보 없이 신경전을 벌였다.

> 박정희는 만찬 석상에서 신민당 얘기를 자꾸 꺼냈고, 김재규에게 "정보부가 좀 무서워야지. 당신네는 (신민당 의원) 비행 조사서만 움켜쥐고 있으면 무엇 하나! 딱딱 입건해야지"라며 언짢은 소리를 했다. 차지철은 "데모대가 지나치게 하면 탱크를 동원해서라도 좀 더 강압적으로 눌러야 됩니다"라고 박정희의 비위를 맞췄다.
>
> ──한홍구, 『유신』(한겨레출판, 2014)에서 재인용

당시 차지철은 경호실 아래 직접 정보 조직을 신설하고 사사건건 김재규의 정보부에 딴죽을 걸고 있었다. 이 비선 정보 조직의 책임자가 전두환의 처삼촌인 이규광이었다. 4선 국회의원이던 차지철의 전력도 상황을 악화시켰다. 차지철은 4선 국회의원이라는 것을 무기로 야당에 대한 정치 공작을 직접 설계해 중앙정보부에 실행케 했다. 차지철의 월권이 심하다는 진정이 박정희에게 수 차례 올라갔다. 그러나 박정희는 그대로 두었다. 온건파인 김재규보다는 강경파인 차지철을 더 선호했기 때문이다. 김재규에 대한 박정희의 신임도 엷어지고 있었다. 유신 말기 최대의 반정부 사건인 남민전 사건이 김재규의 중앙정보부가 아니라 경찰에 의해 드러났다. 이런 사건을 적발하라고 만든 조직이 중앙정보부였다. 그런데 중앙정보부가 아닌 경찰이 이 사건을 알아낸 것이다. 박정희는 이 사건을 계기로 김재규에 대한 신임을 거두어들이고 있었다. 실제 김재규 후임으로 김치열 법무장관, 구자춘 내무장관 등의 이름이 오르내리고 있었다.

유신 말기, 거세지는 시위에 대한 관점도 크게 달랐다. 박정희와 차지철은 강경파였다. 언제든지 탱크로 시위대를 깔아뭉갤 준비가 돼 있었다. 그

김재규가 10·26사건 현장검증 때, 박정희 대통령 살해 장면을 재연하고 있다. 김재규 옆이 김계원 대통령 비서실장이다.

러나 김재규는 온건파였다. 김재규와 차지철의 충성 경쟁에서 김재규는 밀릴 수밖에 없는 구도였다. 김재규는 차지철의 편을 드는 박정희가 미웠고, "각하 이런 버러지 같은 자식을 데리고 정치를 하니 똑바로 되겠습니까!"라며 방아쇠를 당겼다. 이는 충성 경쟁 격화에 따른 단순 사고에 불과하다.

그러나 김재규의 행동이 민주화 운동의 일환이었다고 평가하는 사람들도 있다. 일부에서는 김재규가 분명 민주화에 대한 의지가 있었다고 보고 있다. 실제 김재규는 김영삼이 신민당 총재에 당선될 수 있도록 도움을 주기도 했다. 1979년 5월 열린 신민당 전당대회에서 선명 야당의 기치를 내건 김영삼은 중도 통합론의 이철승과 힘겨운 싸움을 벌이고 있었다. 선거 초반 이철승이 앞서가고 있었다. 당시 가택 연금 상태이던 김대중은 김영삼 지지를 선언했다. 김대중은 '호랑이를 키우는 격'이라는 측근들의 만류에도 조윤형, 박영록, 김재광 등 자파 정치인들을 동교동으로 불러 경선 출마 포기를 종용하는 한편 5월 29일 전당대회 전야에 서울 을지로 '아서원'에서 열린 김영삼 지지 대의원 모임에 참석, 이철승의 중도 통합론을 통렬히 비판하고 김영삼 지지를 선언했다. 김대중의 깜짝 출연은 대의원들에게 신선한 충격이었으며, 이철승의 당권 가도에 찬물을 끼얹었다. 김대중의 지원에 힘입어 김영삼은 단 11표 차로 역전에 성공, 신민당 당수가 될 수 있었다. 김대중이 깜짝 출연할 수 있도록 한 배후가 김재규였다. 김재규가 일시적으로 김대중의 가택 연금을 풀어 김대중이 김영삼 지지 연설을 할 수 있도록 한 것이다. 당시 차지철은 이철승을 밀고 있었다.

앞서 김재규는 1977년 박정희에게 직선제를 해도 무난히 당선될 수 있으니 개헌을 하자고 건의하기도 했다. 김재규는 순리적으로 꼬인 정국을 풀고자 했던 것이다. 이런 이유 등으로 10 · 26사건 직후 김수환 추기경을 중심으로 한 가톨릭 사제들이 김재규 구명 운동을 벌이기도 했다.

그렇다면 김재규가 정말 민주 투사였을까? 김재규는 유신 체제의 파수꾼이었다. 그가 진정 민주화 의지가 있었다면 박정희를 쏘기 전에 자신이 먼저 중앙정보부장 자리를 그만두었어야 했다. 상대적으로 김재규가 민주화에 대해 온건한 입장을 견지하고 있었고, 난마처럼 꼬인 정국을 순리적으로 풀려 했을 뿐 민주 투사는 아니다. 김재규가 민주 투사라면 그의 중앙정보부장 시절 민주화 운동 탄압으로 희생된 진짜 민주 투사들이 지하에서 통곡할 일이다.

오히려 김재규 때문에 현대사가 더 꼬였을 수도 있다. 김재규의 박정희 살해 사건을 계기로 신군부인 전두환 세력이 전면에 등장했다. 당시 보안사령관이던 전두환은 이 사건을 빌미로 정승화 육군참모총장을 무력화시켰다. 전두환은 사건 현장 부근에 있었던 정승화 총장이 김재규와 공모했을 가능성이 있다며 그를 체포했다. 이로써 군권을 거머쥔 전두환은 간판만 바꿔 군사정권을 신장개업할 수 있었다.

어차피 독재는 민주 세력의 힘으로 몰아냈어야 했다. 이미 한국 국민은 그런 경험이 있었다. 4·19로 이승만 독재를 무너뜨렸다. 더 결정적인 것은 당시 경제 상황이 집권 세력에게 크게 불리했다는 점이다. 김재규가 부마 항쟁 보고서에서 지적했듯이 '부마 항쟁은 물가고에 대한 반발까지 겹친 민중 봉기'였다. 한국은 제2차 석유 위기의 한가운데로 들어서고 있었다. 국민들은 독재가 아니라 물가고에 신음하고 있었다. 지금까지 독재 정권인 박정희 정권을 용인해 온 것은 그래도 생활 형편이 갈수록 나아졌기 때문이다. 그런데 경제가 엉망이 되고 있었다. 한국 경제는 제1차 석유 위기 때, 다른 국가들에 비해 크게 영향을 받지 않았다. 오히려 건설업이 중동에 진출하는 계기가 됐다. 그러나 제2차 석유 위기 때는 극심한 피해를 입었다. 1979년 경제성장률이 6.5%로 하락한 데 이어 1980년에는 마이너스 5.2%를 기록했다. 경상수지 적자 폭은 1979년 42억 달러, 1980년 53억 달러로 2년 연속 사상 최고치를 경신했다. 1차 석유 위기 이후 100억 달러를 넘어선 외채는 2차 석유 위기를 계기로 200억 달러를 상회하고 있었다. 경제 하나로 버텨온 정권이 최대의 경제 위기를 맞고 있었던 것이다. 민중 봉기는 정치보다 경제가 그 원인인 경우가 많다. 1989년 중국의 천안문 시위도 근본 원인은 경제문제였다. 당시 중국은 가격자유화 조치로 인해 살인적인 인플레이션을 겪고 있었다.

1979년 11월 3일 중앙청 광장에서 43개국의 조문 사절이 참석한 가운데 박정희 대통령의 영결식이 거행됐다. 출처: 국가기록원

1972년 12월 23일 통일주체 국민회의에서 대통령을 선출하는 모습. 박정희는 이 회의에서 8대 대통령에 선출됐다. 출처: 국가기록원.

　김재규 때문에 오히려 국민이 박정희 체제를 타도할 기회를 놓쳤을 수도 있다. 만약 김재규가 박정희를 살해하고 정권을 잡는 데 성공했다면 민주 투사(?)답게 민주 세력에게 정권을 이양했을까? 역사에 비약은 없다. 대한 민국은 광주시민의 피와 이로 인한 민주 세력의 확산으로 1987년 6·10항쟁 을 통해 비로소 군사독재를 무너뜨릴 수 있었다. 군부독재를 무너뜨리는 방 법은 민주의 힘 말고는 없었다.

'권력욕이란 이름의 폭주 기관차'

　5·16쿠데타 이후 형식적이지만 민주주의를 유지하며 통치하던 박정희는 유신을 통해 형식적 민주주의마저 부정하고 일인 독재의 길로 나섰다. 그는

그 업보로 자신의 '체제 경호실장'에게 살해되는 비참한 최후를 맞았다.

박정희는 변신의 귀재였다. 초등학교 교사에서 만군 장교로, 만군 장교에서 광복군 장교로, 광복군 장교에서 한국군 장교로, 한국군 장교에서 남로당 군사부 간부로, 다시 한국군 장교로, 한국군 장교에서 대통령으로, 대통령에서 종신 대통령으로 현란한 변신을 거듭했다. 그의 변신은 한국 현대사의 영욕과 궤를 같이한다. 우리 선배들은 변화무쌍한 시대에 살아남기 위해 변신에 변신을 거듭해야 했다.

박정희는 변신을 거듭했지만 그의 행동에는 일관성이 있었다. 권력에 대한 추구였다. 그는 항상 권력이 있는 곳으로 움직였다. 일제강점기 시절 박정희는 남들이 다 부러워하는 초등학교 교사직을 그만두고 만군에 자원했다. 해방이 되자 만군에서 광복군으로 재빠르게 변신했다. 한국군이 된 후에는 남로당에 가입해 활동했다. 해방 공간에서 좌익이 우익을 압도하고 있었다. 농업 국가인 한국에서 땅을 무상 분배하겠다는 좌익의 선동에 넘어가지 않을 사람은 지주계급 외에는 없었다. 이승만이 토지분배를 신속히 하지 않았더라면 한국도 공산화됐을지 모른다. 좌익에 가담했던 박정희는 좌익 동료들을 밀고하고 다시 한국군에 복귀했다. 박정희는 한국군에 복귀한 뒤 호시탐탐 쿠데타를 노리다 5·16쿠데타에 성공함으로써 대통령이 됐다. 대통령이 된 후에는 종신 대통령이 되고 싶었다. 집요한 권력욕이었다.

박정희는 '권력욕이란 이름의 폭주 기관차'였다. 그런데 그 기관차는 브레이크가 없었다. 브레이크 없는 기관차는 사고가 나야만 멈출 수 있다. 박정희는 자신이 가장 믿는 최측근 부하에게 총을 맞는 사고를 당한 뒤에야 브레이크 없는 기관차에서 내릴 수 있었다. 그 자신뿐 아니라 부인인 육영수 여사도 총을 맞아야 했다. 국가 정상 부부가 총격에 의해 사망한 것은 세계사에서 유례를 찾기 힘들 것이다.

박정희의 끝없는 권력욕은 결국 부부가 총격에 의해 사망하는 비극적 결말로 끝이 났다.

1969년 경부고속도로 대구~부산 구간 개통식을 마치고 박정희 대통령이 고속도로에 샴페인을 뿌리며 기뻐하고 있다.

박정희의 유산

대한민국 근대화의 기수 박정희는 국민에게 두 가지 유산을 남겼다. 하나는 조국을 산업화 궤도에 진입시켜 선진국으로 도약할 수 있는 발판을 마련한 것이고, 또 다른 하나는 목표 달성에만 집착한 나머지 원칙을 유린한 것이다.

박정희의 경제개발은 양극화, 지가 및 물가 앙등이라는 한계가 있지만 한국을 발전 도상에 올려놓았다. 박정희는 1960년대 경공업 정책을 펼쳤고, 1970년대에는 중화학공업을 육성했다. 그의 진정한 경제적 업적은 한국 경제의 틀을 바꾼 것이다. 박정희는 초단기간 내에 대한민국을 농업 사회에서 경공업 사회로, 또 중공업 사회로 바꾸어놓았다. 특히 중화학공업 육성은 아무리 칭찬해도 지나치지 않다.

박정희는 그러나 부정적 유산도 남겼다. 그는 일생을 반칙으로 일관했다.

일제강점기 시절, 독립군 소탕이 주요 임무이던 만군에 자원한 것은 민족에 대한 반칙이다. 그리고 5·16쿠데타란 반칙으로 정권을 잡았다. 박정희는 쿠데타로 손쉽게 정권을 장악했지만 그의 라이벌인 김대중은 모두 다섯 번의 죽을 고비를 넘긴 끝에 겨우 집권에 성공했다. 박정희는 쿠데타라는 반칙을 썼지만 김대중은 민주주의라는 원칙을 지켰기 때문이다.

박정희는 경제개발 과정에서도 반칙을 일삼았다. 한국비료의 사카린 밀수 사건이 대표적인 예다. 사카린 밀수 사건은 한국비료가 정권의 비호 아래 사카린을 밀수한 일이다. 한국비료가 일본으로부터 공사 관련 리베이트를 들여올 방법이 없자 정부의 묵인 아래 사카린 등으로 대신 들여온 것이다. 당시 정부는 밀수를 사회의 5대악으로 규정하고 있었다. 사카린 밀수 사건은 목표 달성에 집착한 나머지 원칙을 저버린 경제 비리 사건의 전형이었다.

박정희는 군인이었다. 군인은 승리가 목표다. 수단과 방법을 가리지 않고 승리하면 그만이다. 박정희는 결과가 수단을 정당화한다고 믿었다. 반칙을 해서라도 승리만 하면 된다고 생각했다. 따라서 그까짓 원칙쯤은 가볍게 무시했다.

2014년 대한민국은 세월호로 집단 우울증에 빠져 있다. 세월호 사건을 한마디로 요약하면 '원칙이 무너진 사건'이다. 선장은 비상시 승객과 선원을 모두 대피시킨 뒤 마지막으로 선박에서 빠져나와야 한다. 이것이 원칙이다. 그러나 세월호 선장은 팬티 바람으로 제일 먼저 배를 빠져나왔다. 세월호가 실을 수 있는 최대 적재 화물량은 1070톤이었다. 그러나 사고 당일 세월호는 그 세 배가 넘는 3608톤의 화물과 차량을 실었다. 이 또한 적재 적량의 원칙을 위반한 것이다. 증개축으로 승선 인원은 804명에서 921명으로 늘어났지만 이로 인해 무게중심은 51센티미터 높아졌다. 이 때문에 복원력이 당초 설계보다 많이 떨어졌다. 선원들은 배가 가라앉을 위험이 있다며 선사에 개선을 호소했다. 그러나 청해진해운은 이를 무시했다. 이 또한 선사가 선박의 안전을 최우선해야 하는 원칙을 어긴 것이다.

일반 백성들은 윗사람을 보고 배운다. 윗사람부터 원칙을 저버리는데, 어떻게 일반인들에게 원칙을 지키라고 강요할 수 있을까? 한국은 경제적으로는 사실상 선진국이지만 정신적으로는 아직도 후진국에 머물러 있는, 아노미 상태다. 몸집은 어른이지만 정신은 아직도 소년기에 머물고 있는 것이다. '모로 가도 서울만 가면 된다'는 말처럼 원칙을 무시하고 목표 달성에만 집착했기 때문이다. 박정희는 탁월한 경제적 업적을 이뤘지만 길게 보면 그보다 더 중요한 원칙을 너무 쉽게 무너뜨렸다. 중국 일반 백성들의 말처럼 돈은 언제라도 벌 수 있다. 그러나 한번 무너진 원칙을 바로잡는 데는 엄청난 시간과 노력이 필요하다.

박정희가 대한민국 사회에 남긴 가장 부정적인 유산은 '가치관 전도 현상'일 것이다. 박정희는 반칙을 일삼고도 출세했다. 이후 한국 사회는 수단과 방법을 가리지 않고 무조건 출세하는 것이 최고의 가치가 됐다. '억울하면 출세하라'는 말이 나올 지경이었다. 원칙을 지키고 정직하게 사는 사람은 오히려 바보 취급을 받았다. '바보 노무현'처럼 말이다. 필자는 '바보 노무현'이 삶과 이별한 방식에 동의하지 않는다. 그는 또 대통령으로서는 너무 직설적인 언행을 했다고 생각한다. 그러나 "불의와 타협하지 않고도 출세할 수 있다는 것을 아이들에게 보여 주고 싶다"던 그의 연설은 어느 대통령의 연설보다 가슴에 와 닿았다.

이제 한국은 선진국의 문턱에 와 있다. 그러나 부패가 한국의 선진국 진입을 가로막고 있다. 대한민국은 세계 15위권의 경제 대국이다. 그러나 부패지수는 세계 46위다. 한국은 국제투명성기구가 세계 176개 국가 공공 부문 청렴도를 평가한 부패인식지수(CPI, Corruption Perceptions Index)에서 2013년 46위를 기록했다. 경제 규모는 이미 선진국이지만 사회의 부패 정도는 중진국 수준인 것이다.

부패는 사회문제일 뿐 아니라 경제문제이기도 하다. 부정부패가 심한 사회일수록 기회비용이 더 많이 들기 때문이다. 부정부패는 원칙이 아니라 반칙이 난무하는 사회에서 발호한다. 대한민국이 명실상부한 선진국이 되기 위해서 가장 필요한 것이 부패 근절이다. 부패를 근절하는 가장 좋은 방법은 결과가 아니라 과정이 중시되고, 반칙이 아니라 원칙이, 불의가 아니라 정의가 승리하는 사회를 만드는 것이다.

에필로그

필자는 '반신반인'이라는 단어 때문에 이 책을 집필했다. 2013년 11월 14일 박정희의 생일, 국내의 거의 모든 언론에 반신반인이라는 단어가 등장했다. 반신반인이라는 단어를 접했을 때, 가장 먼저 떠오른 인물이 마오쩌둥이었다. 중국인들이 국부 마오쩌둥을 반신반인으로 떠받들고 있기 때문이다.

중국인들은 자신들을 잘살게 해준 덩샤오핑보다, 굶주리게 했지만 체면을 살려준 마오쩌둥을 압도적으로 더 좋아한다. 그들 말대로 돈은 언제라도 벌 수 있기 때문이다.

공중도덕 수준으로만 본다면 중국놈, 한국인, 일본분쯤 될 것이다. 그러나 역사의식의 측면에서 본다면 일본놈, 한국인, 중국분쯤 될 것이다. 중국인들은 역사의식이 철저하다. 중국인들은 최초의 이민족 왕조였던 원나라 이후 원나라 지배에 협조한 한인들, 이른바 한간들을 철저히 청산했으며, 중일전쟁을 승리로 이끈 후에도 친일 분자들에 대해 대대적인 숙청을 가했다.

중국인들이 역사의식이 투철한 것은 그들이 세계의 표준을 정할 수 있었기 때문일 것이다. 현재 미국이 세계를 지배하는 것은 미국이 세계의 표준을 정할 수 있기 때문이다. 중국은 근대에 들어서 서구의 반식민지로 전락했지만 그전에는 항상 세계의 표준을 정할 수 있는 위치에 있었다. 중국은 세계의 표준을 정할 수 있었기 때문에 다른 나라의 눈치를 볼 필요가 없었다. 따라서 자주가 역사의 가장 큰 주제였다.

그러나 한국은 중국인들보다 역사의식이 투철하지 못하다. 한국은 세계의 표준을 정할 수 있는 나라가 아니었기 때문이다. 따라서 주변 강대국의 눈치를 볼 수밖에 없었다. 원나라 시절에는 고려의 부원배들이 국정을 농단했고, 명나라 시절에는 조선이 사대의 예를 갖춰 명나라를 상국으로 섬겼다. 그리고 일제강점기에는 친일파들이, 해방 이후에는 친일파와 친미파들이 득세했다. 한국인이 자주정신이 없다기보다는, 지정학적인 측면에서 한국은 주변 강대국의 눈치를 살필 수밖에 없는 위치에 있었기 때문이다. 역사 이래 한국은 강대국의 보편 질서를 따라야 했다. 따라서 중국인의 역사의식과 한국인의 역사의식을 평면 비교하는 것은 무리가 있다.

그렇지만 일제강점기 시절 일제의 주구인 만군에 들어가기 위해 충성을 맹세하는 편지와 혈서를 쓴 젊은이가 해방 후 한국의 대통령이 된 것은 오욕의 역사가 아닐 수 없다. 친일파 연구에 일생을 바친 임종국 선생에 따르면 해방 후 친일파 청산에 실패한 나머지 제1공화국은 각료의 34.5%, 제2공화국은 각료의 60%가 친일 경력이 있었다. 박정희 시절인 제3공화국, 제4공화국도 이와 비슷했다. 역대 대통령 가운데 박정희, 최규하(최규하는 만주국의 관리 양성 기관이었던 대동학원 출신으로, 일제가 패망하기 전까지 길림성 통양현의 행정과장으로 근무했다) 등이, 총리 중에는 장면, 백두진, 정일권, 진의종, 김정렬 등이 친일 경력이 있었다. 해방 이후 민족 진영이 친일파를 청산한 것이 아니라 민족 진영이 친일파에 의해 청산됐기 때문이다.

이로 인해 한국 침략의 원흉인 이토 히로부미(伊藤博文)를 처단한 안중근 의사와 대한민국의 정통성을 한 몸에 구현하고 있는 김구 선생을 '테러리스트'라고 궤변을 늘어놓는 자가 버젓이 행세하고, "일제 통치는 한국에 축복이었다"는 주장마저 나오고 있다. 이 나라가 일제로부터 독립한 나라인가 하는 의문이 절로 드는 대목이다.

필자는 박정희의 경제적 업적을 폄훼할 생각은 추호도 없다. 그가 한국의 경제 발전에 결정적 공헌을 했다고 생각한다. 그는 조국을 근대화한, 능력 있는 정치인이었다. 그러나 그의 이력은 문제가 있다. 그가 위인도 아닌 반신반인이라면 그의 이력도 완전무결해야 한다. 그러나 박정희는 혈서를 써가면서까지 일제의 침략 전쟁에 협력했고, 헌정 질서를 유린하고 정권을 잡았다. 그것도 모자라 유신이라는 제2의 쿠데타를 일으켰다.

사실 박정희는 반신반인은 물론 위인의 범주에 넣기도 힘들다. 위인은 보고 배울 것이 있어야 하기 때문이다. 박정희가 위인이라면 우리 아이들에게 이렇게 가르칠 수밖에 없다. 그래서도 안 되고, 그럴 리도 없지만.

"앞으로 식민 시대가 다시 온다면 식민 종주국에 충성해라. 앞으로 다시 군부독재 시절이 온다면 군부독재에 협력해라. 그리고 반칙을 일삼더라도 무조건 출세해라."

마오쩌둥과 덩샤오핑의 생애를 그리는 것은 어느 정도 자신이 있었다. 철든 후 지금까지 계속해서 자료를 모아왔기 때문이다. 필자의 인생을 바꾼 한 권의 책이 에드거 스노의『중국의 붉은 별』이다. 필자는 대학 시절 처음 이 책을 읽었다.『삼국지』보다 더 재미있었다. 이후 필자는 자칭 중국학도가 됐다. 중국 관련 데이터를 꾸준히 모아왔고, 관련 서적도 몇 권 썼다. 그러나 정작 우리나라 인물인 박정희에 대해서는 잘 몰랐다. 이번 집필을 계기로 박정희에 대한 공부를 할 수 있었다.

마오쩌둥과 덩샤오핑 부분은 주요 참고 문헌이 신이섭의『중국지』였다. 필자는 지금까지 중국학을 시작하려는 후배들에게 망설이지 않고『중국의 붉은 별』을 추천했다. 그러나 지금은『중국지』를 추천한다. 그동안 중국학 주요 서적은 대부분 외국인이 쓴 책을 한국어로 번역한 것이었다. 한국인 필자가 쓴 것은 드물었다. 그런데 드디어 한국의 필자가 우리의 시각에서 중국 혁명을 소화한 책이 등장했다. 그것이 바로 『중국지』다. 일단 『중국의 붉은 별』이 커버하는 시간은 중일전쟁 이전까지다. 그런데 『중국지』는 마오쩌둥 사망까지 담고 있다. 그리고 한국인이 쓴 것이기 때문에 중국 혁명과 한국전쟁과의 관계도 자세히 소개돼 있다. 또 중국의 3대 작곡가 가운데 한 명인 정율성, 에드거 스노의 부인 님 웨일스가 쓴 『아리랑』의 주인공 김산, 중국 인민군 포병의 아버지 무정 등 중국 혁명에 젊음을 바친 한국인의 이야기도 감동적으로 전하고 있다. 이제 중국 현대사를 알고 싶다면 『중국의 붉은 별』이 아니라 『중국지』를 보라.

박정희 부분은 조갑제의 『박정희』를 주 텍스트로 삼았다. 인용할 자료가 많았기 때문이다. 좋은 책의 첫 번째 조건은 인용할 것이 많은 것이다. 비록 생각은 다르지만 조갑제의 역작에 경의를 표한다. 우연치 않게 『중국지』와 『박정희』 모두 저자가 언론인 출신이다. 즉 기자다. 기자(記者)는 말 그대로 기록하는 사람이다. 이보다 기자를 잘 표현하는 단어는 없을 것이다. 필자 또한 기자 출신으로서 기록, 즉 역사에 대해서 다시 한 번 생각해 보는 계기가 됐다. 출전을 낱낱이 밝히려 노력했다. 혹 미흡한 것이 있을지도 모르겠다. 지적을 바란다.

덩샤오핑 부분은 필자의 저서 『덩샤오핑, 개혁개방의 총설계사』(살림출판사)를 바탕 글로 삼아 각종 통계와 사건을 업데이트해 리라이트(rewrite)한 것임을 밝히어 둔다.

권력은 총구에서 나왔다: 박정희 vs 마오쩌둥

1판 1쇄 발행 2014년 10월 25일

지은이 | 박형기
펴낸이 | 조영남
펴낸곳 | 알렙

출판등록 | 2009년 11월 19일 제313-2010-132호
주소 | 서울시 마포구 합정동 373-4 성지빌딩 615호
전자우편 | alephbook@naver.com
전화 | 02-325-2015
팩스 | 02-325-2016

ISBN 978-89-97779-43-7 03910

이 도서의 국립중앙도서관 출판예정도서목록(CIP)은 서지정보유통지원시스템 홈페이지(http://seoji.
nl.go.kr)와 국가자료공동목록시스템(http://www.nl.go.kr/kolisnet)에서 이용하실 수 있습니다.(CIP제어번호:
CIP2014029483)